U1076294

知识产权总论（第二版）

General Introduction to Intellectual Property

王肃 —————— 主编

知识产权出版社
全国百佳图书出版单位
—北京—

图书在版编目(CIP)数据

知识产权总论 / 王肃主编. — 2版. — 北京 : 知识产权出版社, 2023.1(2026.2重印)
ISBN 978-7-5130-8540-3

Ⅰ. ①知… Ⅱ. ①王… Ⅲ. ①知识产权—研究 Ⅳ. ①D913.404

中国国家版本馆CIP数据核字(2023)第000302号

内容提要:

本书第一编知识产权基础论,论述了一般意义上的知识产权法,以及知识产权与其他部门法,勾勒了"知识产权法学"轮廓。第二编知识产权多维论,阐述了知识产权与其他学科的融合,包括哲学、历史、经济、管理、社会、教育等,建构了以"知识产权法学"为主干,其他知识领域为分支的知识产权总框架。

本书内容全面、简单易读,适合作为初次接触知识产权的本科生、研究生的启蒙教材,也可作为政府、企业等知识产权从业人员的参考用书。

责任编辑:阴海燕　崔　玲　　**责任印制:**孙婷婷

知识产权总论(第二版)
ZHISHI CHANQUAN ZONGLUN(DI-ER BAN)
王　肃　主编

出版发行:知识产权出版社有限责任公司	网　　址:http://www.ipph.cn
电　　话:010-82004826	http://www.laichushu.com
社　　址:北京市海淀区气象路50号院	邮　　编:100081
责编电话:010-82000860转8693	责编邮箱:laichushu@cnipr.com
发行电话:010-82000860转8101	发行传真:010-82000893
印　　刷:北京中献拓方科技发展有限公司	经　　销:新华书店、各大网上书店及相关专业书店
开　　本:710mm × 1000mm 1/16	印　　张:21.25
版　　次:2023年1月第1版	印　　次:2026年2月第6次印刷
字　　数:344千字	定　　价:96.00元

ISBN 978-7-5130-8540-3

第一版序

近几年，借着国家对法学类本科的调整和人们对知识产权的偏爱之势，知识产权本科专业犹如路旁的小花，次第开放了起来。傍着经济学、管理学、信息学这些一级学科的“大款”，戴着各式帽子的知识产权硕士、博士出现在我们面前。就连纯粹的工科硕士生、博士生的课表中，也都写上了“知识产权基础与实务”。作为知识产权学人，或曰知识产权共同体，我们被这些信息的春风鼓舞着，看起来，知识产权学科与专业建设正要驶入高速公路。

对知识产权专业本科生，知识产权的硕士、博士，或者理工科的各级各类学生，似乎我们应该首先送给他们一张知识产权的“大地图”，开一门“知识产权总论”课程，以后再让他们从“世界地图”到“中国地图”，再到“××省市地图”，然后再引导他们按图索骥，步步进入每个知识产权的“街道”，仔细欣赏每个“街道”的风景。这个问题原先有些争议，好在争议不大，也不久。印象中每个知识产权本科专业，或者其他类别的学生，都有这门课，尽管名称有点不太统一。我们这个不太出名的学校——中原工学院，也不例外。但是，我们上课时总有些遗憾，合适的或曰适宜的教材类的“知识产权总论”，总像雾里的小岛，不太清晰地呈现在我们面前。于是，我们几个开设这门课的老师，以及开设相关课程的老师，便商量着尝试撰写这本书。

我们以为，知识产权既然已经把法学、哲学、经济学、管理学、信息学，甚至史学等学科专业知识都融合进来了，已经长成了一棵枝繁叶茂的大树；既然法学的基因，与经济、管理、哲学、史学、信息等已经相依为命、相辅相成，我们何不在“知识产权总论”中都简明扼要地涉及呢？这张知识产权的总地图，好像应该全面囊括，不然，总有种“盲人摸象”的感觉。沿着这个思路，我们在这本书中，阐释了知识产权的“法律观”——何谓知识产权，权利如何获取，权利主体是谁，权利客体为何，权利内容怎样，权利如何限制，权利如何行使，权利怎样救济。间或我们可以看到知识产权的“哲学观”“历史观”“经济管理观”的身影,接触到知识产权“服务观”,也可以观察到跨越国界的知识产权“国际观”。我们原本打算另辟蹊径,按照“知识产权法律”“知识产权经济”“知识产权管理”“知识产权哲学”“知识产权历史”“知识产权信息”“知识产权政策”等逻辑分块进行编排,似乎更加合理。可这些东西总像空中的蝴蝶,飞来飞去,捉摸不定,只好作罢。现在呈现在您面前的,也只是我们尽心尽力的结果。“食材也算是丰富,炒制也较是火候”,可端上来一看,总是没有完全抹去拼盘的痕迹。不论如何,请你们先行品尝,说不定有种别样的味道,应该不至于让教这门课或者相关课程的老师和学生太失望。

参加这本教材撰写的都是中原工学院知识产权学院的年轻老师,其中第一章、第十三章由罗宗奎主笔,第二章、第三章、第六章由陈铮主笔,第四章、第五章由宋贝主笔,第七章、第八章、第九章由张继文主笔,第十章、第十二章由高金娣主笔,第十一章由胡翠平主笔。且,胡翠平又费心进行统稿。他们都是我院知识产权教学科研的青年才俊、学界精英,有着法学、管理学,甚至史学、工学的学术背景。这本教材历时两年才成型,可能算不上精品,但应该是个力作。这本教材,凝聚了他们晶莹的汗水,也凝结着他们多年的智慧。照例,我这个主编,只是起着策划、组织、协调、修改、完善的作用,把握着方向盘,不至于让这艘小船偏离方向,也不至于力量分散。当然,按照法律的规定和约定俗成的规矩,我应该承担这本书的责任。我们应该感谢知识产权出版社的崔玲编辑,她是我们多年的合作伙伴,渊源颇深,情谊亦深。每每有著作或者教材要出版,她都及时地给予鼓励和支持。当然,她认真细心的专业精神,是最让我放心的。不可忘记的,还有我们的家人和同事,妻子、丈夫,父母、孩子……柴米油盐酱醋茶,以及心头的慰藉,都使我们在撰写本书时感到丝丝幸福。心存感谢的,还有书中引用参考或者没有提到的专家学者们,他们智识珍珠的光辉照耀着我们,走在他们铺就的路上,我们顺利到达了飘着黄丝带的这里。

期望尊敬的读者,您读后不吝赐教,给我们改正完善的机会,以期在以后再版或改版时更好。这或许也是对我国知识产权人才培养、对我国知识产权事业发展的无私贡献，在此道一声：谢谢！

中原工学院知识产权学院

王　肃

2020年7月17日

第二版序

六月的一天，听闻同事说我们编写的《知识产权总论》已经售罄，编辑想要重印，让我们小小的修订一下。深处一想，心中窃喜。虽然此本教材我们是自费出版，是否重印在经济上与我们无关，对我们却是“智力创造成果”的另外一种肯定与奖赏。毕竟，自己编写的书不但有众多读者捧场购买，不是“束之高阁，落满灰尘”，还呈更多读者购买使用之趋势，似乎有点“大丈夫立德、立功、立言”的味道。

经与编辑深度沟通，双方达成共识：还是全面审视，修订成第二版为好。一为新法施行，相应而变；二为心中不甘，想有个新体系。原版自序曾说，知识产权已然成为一个体系，按道理《知识产权总论》这个“大地图”应该逻辑清晰、简明扼要地展示知识产权所有内容，可遗憾的是我们在原版没有做到这一点。有了这个修订契机，我们反复商议，确定了“探索尝试”之方针。第二版在体例上分为了两编：第一编是“知识产权基础论”，主要是讲知识产权法学，或曰知识产权法律观。既然知识产权以法律的民事权利为起点，那么我们就先行阐述知识产权法律，包括知识产权概念，以及权利主体、权利客体、权利获取、权利内容、权利行使、权利限制、权利救济等。特别强调的是，在介绍知识产权基本内容后，随之讨论了知识产权与宪法、知识产权与民法、知识产权与行政法、知识产权与诉讼法、知识产权与刑法、知识产权与国际法等，以期构建大格局意义上的“知识产权法学”。同时，在知识产权概念中更加强调“要从宏观方面体现大知识产权含义及外延”，知识产权运用中按照“自我实施，他人实施（转让、许可、特许经营等）及其资本化”，并将第一版的“知识产权国际保护”并入“知识产权与国际法”一节中，以更加符合常规逻辑。第二版较大的创新是第二编，根据知识产权的延伸或扩展内涵，我们增加了“知识产权多维论”，主要讨论理论上比较成熟的知识产权哲学、知识产权历史学、知识产权经济学、知识产权管理学、知识产权社会学、知识产权教育学等问题。不过,还是感到“有点心虚”“不自信”,因此第二编中的“学”,我们都使用了“观”,即知识产权哲学观、知识产权史学观、知识产权经济观、知识产权管理观、知识产权社会观、知识产权教育观等——一个观点而已,不敢讲已经讲清楚了该门“学问”,若说得不甚妥当,也有个角落做退路,以图个心安,不至于太难堪。修订再版,照例由我统筹规划,确定全书框架、体系风格、基本思想、表达方式,写作班子基本未动,“谁撰写的,谁来修订”,增加的章节重新分配。其中第一章、第九章、第十四章由罗宗奎修订撰写,第二章、第三章由宋贝修订撰写,第四章、第十章、第十一章由陈铮修订撰写,第五章、第六章、第七章由张继文修订撰写,第八章、第十五章由高金娣修订撰写,第十二章由王肃撰写,第十三章由胡翠平修订撰写。全书由胡翠平帮助整理规范。感谢我们这个团队的辛苦付出,他们都是在知识产权界深耕日久的青年学者,修订完善过程中的认真、勤奋和专业令人印象深刻。时过经年,但愿现在的我们能通过这本书给您另外一种悠远清香的感觉。感谢我们参考文献的作者和可能没有提到的引用作品的专家,“站在巨人的肩膀上”才能使我们眺望远方,有些可能的些许创新。感谢我们写作时,在背后给我们默默支持帮助的家人和朋友,这些情谊绵绵在心。感谢知识产权出版社的阴海燕编辑和崔玲编辑的鼓励和支持,给我们提高和成长的机会,没有她们“架桥铺路”“呐喊助威”,我们如何能到达彼岸?

第二版杀青付梓之际,确闻“知识产权交叉学科”“知识产权专业学位硕士研究生”等好消息先后传来,“知识产权”的发展势头奔腾不息,觉得出版此书第二版,似乎有点“正当其时,合乎事宜”的时尚感。但我们还是深知水平有限,距离“尽善尽美”相差尚远,对许多问题,尤其是“知识产权多维论”篇中的诸多论题,理解或把握得也许不那么准确,介绍或讨论的可能不那么全面,分析或阐述得不那么深入细致,“蜻蜓点水”“以点带面”“我行我素”的感觉多些,敬请读者不吝赐教,为本书勘误优化,当是为知识产权事业贡献大智慧。无论如何,在此诚挚地道一声“谢谢”!

王　肃

2022年7月22日于郑州·缺月斋

目　录

第一编　知识产权基础论

第二编 知识产权多维论

第一编　知识产权基础论

第一章　知识产权概念

知识产权是“知识”产权化的最终结果，它是促进知识生产的激励机制之一。知识产权概念有列举式和概括式两种定义方式，又存在多种不同视角的概括。关于知识产权的概念又发展出多种理论学说，如信息产权论、无形财产说、形式说、信号说、符号说等。知识产权是一种民事权利，但与其他民事权利相比又有独特之处。知识产权的特征包括独占性、地域性和时间性。从多维视角对知识产权进行界定，知识产权是直接支配特定知识产品并享有其利益，并基于此而具有多学科交叉价值、体现特定社会功能的排他性民事权利。

第一节　知识与知识产权

一、知识

哲学家恩斯特·卡西尔说：“与其他动物相比，人不仅生活在更广泛的实在中，而且可以说，他生活在一个新的维度。”这个新的维度就是“符号”，以及由符号建构起来的人类知识大厦。人类正是因为对数字、语言文字等符号系统的使用，才得以清晰地表达观念、思想，记录心灵活动的成果，创造和积累丰富的知识，并继而学会制造和使用工具，最终使人与动物具有了本质区分。

因此知识之于人类，不但是生存和发展所需，更是人之为人的关键。在漫长的历史长河中，人类对知识的尊重有增无减。在远古传说中，拥有最先进知识的人会被推举为部落首领，而且世代被人传颂，如钻木取火的燧人氏等等。正是由于知识的创造和累积，人类在不断的发现和发明中逐步掌握自然规律并利用自然规律，使我们从茹毛饮血过渡到刀耕火种，从石器时代发展到青铜时代，又从铁器时代进入蒸汽时代，再从电气时代跨入网络信息时代。到如今，人工智能、基因工程、大数据、纳米科技、可控核聚变、量子力学等高精尖的科学技术正如火如荼地开展，这些科技的成功可能又会将人类社会带入一个更新的阶段。当然，人类不仅有自然科学的知识，更有文学、历史、艺术、宗教、法律等领域的知识。这些知识保障人类社会在不断前进的过程中把握正确的方向，保持基本的伦理、道德和法律等社会规范，陶冶人的情操、反思人的行为，保持社会安定和秩序。在当今“知识经济”的世界，知识就是竞争的砝码，知识就是力量的体现，知识就是财富的象征。随着知识在人类社会中重要性的不断增加，以知识为对象的“知识产权”在国内外的热度近年来也是不断升温。那么在知识和知识产权两者之间有什么内在的逻辑联系？这可能是我们理解知识产权概念的重要切入点。

关于人类知识，基于研究需要，我们在此关注三个方面的内容。第一，知识的存在形态和特征。一栋房屋，一辆汽车，一个苹果，这样有形有体的物是我们看得见、摸得着的，实实在在存在于物理世界中，因此将它们作为法律上的“物”——“财产”时，一般不会因为该物本身而发生分歧。但知识与之相比，则具有不同的存在形态和特征。孔狄亚克在《人类知识起源论》中指出，研究人类知识起源的目的，就是“对人类精神的研究，这种研究并非为了揭示精神的本性，而是在于认识精神的活动”❶。孔狄亚克的言下之意，即人类知识就是人类精神活动的产物。这种精神活动的创造物不像实体的存在物，它是无体的，是非物质性的，只能通过人类的大脑创造和产生，也只能以人类的大脑去学习和理解。如果不是语言等符号系统的发明和应用，人类知识甚至不能在有形的载体上重现，而只能在人类个体的脑海中留存，并随其死亡而消逝。❷正因如此，在法律上我们总是称“知识产权”为精神成果、精神财富。作为非物质性的知识，它就有了与有体物不同的特征。比如，它不会因为他人的使用而损耗，它可以在无数的载体上、无数人的脑海中相安无事地并存，它不会在一本书、一张光盘、一台电脑被毁掉后而消失，它可以被迅速地复制和传播。而这一切都决定了以其为对象的知识产权与民法上物权的不同，导致了知识产权法的独特秉性和内在结构。第二，知识的归属问题。按照知识的非物质性和易复制、易传播的特征，只要知识被创造和公开出来，那么它就必然成为全人类共有的财富。以我国历史上的四大发明为代表的古代知识发现和

❶ 孔狄亚克．人类知识起源论[M]．洪洁求，洪丕柱，译．北京：商务印书馆，1989：6.

❷ 有许多传统文化知识如那些口传心授的传统知识就是这样的存在形态，一旦未能及时传承就会马上面临失传的风险。

发明,在那个时代是不存在归属问题的,它们毫无保留地进入所谓“公共领域”(public domain)之中,公众可以免费使用。但是在知识产权制度及其之前的某些制度产生之后,知识的归属便成为一个问题。这些制度致使知识在人类世界中的存在分成了两种形态:一种是私有领域的知识,须有偿使用;一种是公共领域的知识,可无偿使用。第三,知识的生产问题。即如何激励知识的持续创造和生产,这正是知识产权制度存在的重要原因。人类历史早期的知识生产激励机制我们无从得知,知识生产可能完全是一种为了生存和壮大的无意识行为,或者是出于好奇、博爱、获得大家的称赞等,不过这种无意识行为逐渐被有意识的激励机制代替,最终促成了知识产权制度的诞生。

二、知识的制度关注

在人类历史上,对知识的制度关注可能导向两个不同的方向,一是古代帝王对思想、观念的控制,这是可能对知识生产造成影响的制度安排,且这种影响更大程度上可能是负面的。不论是古代的中国还是古代的西方,这种影响都曾存在,不过这不是我们研究的重点,我们更多关注的是第二个方向,即有可能激励知识生产的制度安排。这些制度包括政府采购、奖赏或奖励、资助或赞助、荣誉或声望等。下面分述之。

(一)政府(或帝王、皇室)采购

政府采购是指政府或古代的帝王、皇室在一些重大工程技术研发领域的直接采购。它可能是通过“政府雇员”的方式,也可能是直接“购买”的方式。比如,传说中的古埃及第一位著名发明家伊姆贺特普(Imhotep),他是第一座金字塔的建造者,是一名“政府雇员”。而在他之后的若干位金字塔建造者又不断取得新的发明成就,他们也都是政府的雇员。在金字塔建造中,一开始政府雇员们能够解决如何搬运50吨重花岗石的难题,而400年之后就能够解决重达1000吨的雕像的搬运难题了。[1]这些实用知识的创造得益于政府(帝王、皇室)对雇员的支持,也就相当于政府的采购。再如在古希腊,“锡拉库扎的暴君狄奥尼修斯曾雇用阿基米德为顾问,来检验王冠是否确实是由纯金打造

[1] 斯科奇姆.创新与激励[M].刘勇,译.上海:格致出版社,上海人民出版社,2010:4.

的，这项任务导致了以阿基米德名字命名的浮力定律的诞生。”[1]这等于是购买一种技术服务。狄奥尼修斯的技术购买规模甚至庞大到“大规模研究团队”的程度。“公元前399年，他通过征募、高薪以及红利等多种方式，从地中海各地吸引熟练工人从事军事技术工作，这些技术包括巨型战舰和投射武器。这些早期实验的产物之一就是投石机。”[2]

（二）奖赏或奖励

奖赏或奖励即由政府或古代的君主等给做出知识创新的人以奖金等方式的奖赏或奖励，以褒扬其成就。例如，早在古罗马时代，取得杰出成就的发明家就可以向皇帝邀赏，这样他们就能从自己所做的知识生产活动中获取部分利益。有记载的，例如，发明了中央供热系统的发明家瑟吉厄斯·奥拉塔，以及设计了新颖的攻城武器和抛石机的马库斯·维普萨尼乌斯·阿格里帕。[3]在近代的欧洲，奖赏仍然在知识的生产中发挥着重要作用，比如詹姆斯·麦克斯韦在重赏之下思考得出了一种土星环数学理论，亨利·希赫兹则探测到了无线电波。[4]现代社会的奖励也发挥着同等的作用，诺贝尔奖的奖金就是对各学科做出重大贡献的人的激励，我国每年的科学技术奖励大会都会按照知识创造的贡献大小分等级奖励。相对于知识产权制度，这些奖励制度对知识的生产和创造的作用同样不容小觑，尤其是对基础科学研究的激励。

（三）资助或赞助

资助或赞助即由政府、帝王或企业等资本雄厚的主体提供研发费用用于知识生产。在欧洲早期就存在这种制度模式。比如，为了解决知识匮乏的难题，托勒密一世和二世出资建造了亚历山大图书馆（the Library of Alexandria）。该图书馆购买了75万本图书，在当时是独一无二的智力资源，其提供的设施可以为从世界各地招募的著名学者提供住宿、开展试验、举办讲座及存储书籍。在这样大规模的皇室资助下，无数发现和发明相继问世。

居住于此的学者们绘制了前所未有的精确的星图（希巴克斯），度量了地

---

❶ 斯科奇姆．创新与激励[M]．刘勇，译．上海：格致出版社，上海人民出版社，2010：4.

❷ 斯科奇姆．创新与激励[M]．刘勇，译．上海：格致出版社，上海人民出版社，2010：5.

❸ 斯科奇姆．创新与激励[M]．刘勇，译．上海：格致出版社，上海人民出版社，2010：6.

❹ 斯科奇姆．创新与激励[M]．刘勇，译．上海：格致出版社，上海人民出版社，2010：10.

球大小,精确度在15%(埃拉托色尼),发明了太阳系的日心说理论(阿里斯塔克斯),开创了几何学(欧几里得)。图书馆还培育了两位一流的工程方面的发明家。第一位是特西比乌斯,有时被称为“古代爱迪生”。他的发明包括改良的水泵、第一根金属弹簧、第一台气动管风琴、第一个键盘,以及一座改良的水漏钟表。……另一位最著名的发明家是希罗,他发明了改进的齿轮、一种测量仪器、一个空气驱动的喷泉,以及一个著名的由蒸汽喷射驱动的引擎。❶

近代欧洲的资助活动仍然盛行。比如,丹麦国王资助第谷·布拉埃(以及开普勒)进行天文观测,证实地球围绕太阳旋转;在英格兰,当威廉·赫胥尔发现天王星之后,乔治三世奖励他一年200英镑的津贴,赫胥尔用这些钱建造了欧洲最大的望远镜❷;等等。

进入现代社会,赞助或资助的形式更为多样化。最典型的资助来自政府,如政府设立项目基金或各种专项基金,研究人员申请基金项目从而有目的地进行研究,如我国政府设立的国家自然科学基金项目、国家社会科学基金项目、“863”计划、火炬计划等,资助金额巨大。再如政府拨款设立实验室,汇聚最优秀的科研人才进行研发。如曾由美国科学研究发展局(OSRD)设立的位于新墨西哥州的洛斯阿拉莫斯国家实验室(原子弹武器研究)、麻省理工学院的实验室(雷达研究),以及后来的美国国立卫生研究院(NIH)、林肯实验室、应用电子实验室、斯坦福线性加速器中心、费米实验室、美国国家射电天文台、美国国家光学天文台等。

在资助或赞助制度中,来自私人或企业的力量也不容小觑,起初的典型赞助模式为基金会。由于“私人手中聚集了前所未有的财富,在1900年到1930年期间,成立了大约70个基金会。……第一家卡内基和洛克菲勒委员会每家都拥有1000万美元的捐赠资产”。❸比较著名的还有1950年成立的福特基金会。后来,企业实验室模式开始兴起,由企业直接在内部设立实验室从事基础研究。例如,20世纪30年代的贝尔实验室发起了一项固体物理学研究项目,研制出晶体管,从而获得了诺贝尔奖,打开了现代电子学的大门。20世纪30

❶ 斯科奇姆.创新与激励[M].刘勇,译.上海:格致出版社,上海人民出版社,2010:5-6.

❷ 斯科奇姆.创新与激励[M].刘勇,译.上海:格致出版社,上海人民出版社,2010:10.

❸ 斯科奇姆.创新与激励[M].刘勇,译.上海:格致出版社,上海人民出版社,2010:15.

年代后期，杜邦公司从哈佛大学重金聘请了华莱士·卡罗瑟斯，结果后者发明了尼龙。❶

（四）荣誉或声望

在早期知识激励的制度安排中，荣誉或声望也占据着一个独特的地位。比如在古希腊，对那些将自己的时间和资源贡献给科学的富豪们，希腊文化给予他们崇高的尊敬和声望。❷在近代欧洲，腓特烈大帝就声称，欧洲最伟大的数学家应该居住在欧洲最伟大国王的宫殿之内。于是他就将伦哈特·欧拉和拉格朗日重金聘请到柏林。伟大的科学家即使在死后也能得到人们的高度礼遇。比如，牛顿之墓就位于威斯敏斯特教堂的“科学家之角”，牛顿于1727年3月28日入葬威斯敏斯特教堂时，葬礼仪式高贵隆重，大部分英国皇家学会会员都参加了葬礼，他的抬棺人是英国大法官兼上议院长、两位公爵和三位伯爵，他的墓碑上镌刻着“人们为此欣喜：人类历史上曾出现如此辉煌的荣耀”。

三、知识的权利

在知识产权制度诞生以后，我们对知识之上存在权利的事实是明晰的。那么在这一制度产生之前，在知识之上是否也像在土地、汽车之上那样存在着什么权利呢？这些知识之上的权利跟知识产权之间又有什么区别和联系？这些问题对我们理解知识产权可能具有重要的作用。通过对相关历史进程的考察，我们发现这种知识之上的权利确曾存在，而且它们与知识产权之间也有紧密的联系。这些权利可概括为两种，一种是知识创造者享有的荣誉权或首创权，另一种是作为知识产权之源头的封建垄断特权。

（一）荣誉权或首创权

考察知识产权制度出现之前的历史，虽然那时在知识之上的确不存在现代所谓的所有权，亦即人们不能对他生产的知识拥有所有者权利，据为己有。一般而言，不论是谁创造的知识，一旦公开，都随之进入公共领域，公众皆可

❶ 斯科奇姆. 创新与激励[M]. 刘勇，译. 上海：格致出版社，上海人民出版社，2010：23.

❷ 斯科奇姆. 创新与激励[M]. 刘勇，译. 上海：格致出版社、上海人民出版社，2010：4.

无偿使用。[1]但在这一创新知识之上有一项权利却是可以由创造者独立享有的,即创新者本人基于这一创新知识享有的“荣誉权”,而这一荣誉往往是因为他是首创者才能够获得的,因此也可称之为“首创权”。这一权利与创新者本人的姓名密不可分,所以当我们提到浮力定律时自然联想到阿基米德,提到万有引力定律时就想起牛顿。人们会记住首创者的名字并同时赋予其极高的荣誉,这一存在于知识之上的权利即使在当时没有制度依据的情况下也是存在的。而且这一权利与知识的激励机制紧密相连,著名社会学家罗伯特·K.默顿曾经指出:“正是通过首创性,科学获得了或大或小的进展。”[2]

另外,就荣誉权或首创权与现代知识产权的关系而言,罗伯特·K.默顿在评价“科学优先权冲突”的社会学价值时,曾涉及首创权或首创性与知识产权的关系问题。他说:“就我所知,有关优先权争论最初在16世纪变得频繁起来,它构成了进一步研究中的一个十分有趣的问题,它意味着对首创性和竞争做出崇高的评价……整个问题都和剽窃、专利、版权等概念以及其他管理知识产权的制度模式的兴起紧密相关。”[3]看来默顿已经注意到科学优先权、首创性问题与知识产权制度之间的紧密联结关系。如果我们联系现代的民法和知识产权法就会发现,荣誉权本身属于民法中人身权的范畴,而知识产权则不仅包含人身权也包括财产权。因此我们有理由认为,荣誉权或首创权本质上与现代知识产权中的人身权紧密相关,如发明人表明发明者身份的权利,或者著作权中的署名权等著作人身权。或者可以说,知识产权中的人身权正是从以前的荣誉权或首创权发展而来。

(二)封建垄断特权

所谓封建垄断特权,是指由君主个人,或由封建国家、代表君主的地方官对一些特定的技术以及书籍印刷事宜授予某些个人在一定期限内的垄断性权利。

针对技艺的垄断特权,比如1331年,英王爱德华三世曾授予弗兰德的工

---

[1] 当然我们不排除有人会将他创新的知识作为机密予以保留,就像今天的商业秘密模式一样。不过这毕竟是少数。

[2] 默顿.十七世纪英格兰的科学、技术与社会[M].范岱年,等译.北京:商务印书馆,2000:12.

[3] 默顿.十七世纪英格兰的科学、技术与社会[M].范岱年,等译.北京:商务印书馆,2000:12.

艺师约翰·卡姆比(John Kempe)在缝纫与染织技术方面“独专其利”。该早期“专利”的授予目的,在于避免外国的制造作坊将在英国使用着的先进技术吸引走。[1]1421年,在意大利的佛罗伦萨,建筑师布鲁内莱西为运输大理石而发明的“带吊机的驳船”,也曾获得类似早期英国的专利。不过这时专利已有了保护期(3年)。[2]1552年,英国国王授予了一项“诺曼底玻璃”的特权,这项技术的制造者亨利·史密斯(Henry Smith)允诺将制造技术带到英国实施,以此换取20年期限的垄断特权。[3]1881年,我国早期民族资产阶级的代表人物郑观应曾经就上海机器织布局采用的机器织布技术向清朝皇帝申请专利,1882年光绪皇帝批准了该局可享有10年专利,这是较有影响的我国历史上的钦赐专利。[4]

针对印刷的垄断特权,郑成思先生在版权起源的考察中就列举了众多我国的事例,比如南宋时期刻印的《东都事略》一书有一段牌记就写道:“眉山程舍人宅刊行,已申上司,不许复板。”[5]再如宋代段昌武《丛桂毛诗集解》三十卷前的在国子监登记的“禁止翻版公据”,其中也都有禁止翻版的明确声明。[6]在欧洲,15世纪末,威尼斯共和国授予印刷商冯·施贝叶在威尼斯印刷出版的专有权,有效期5年。这被认为是西方第一个由统治政权颁发的保护翻印之权的特许令。在此之后,罗马教皇于1501年,法国国王于1507年,英国国王于1534年,都曾为印刷出版商颁发过禁止他人翻印其书籍的特许令。[7]

这些封建垄断特权,虽然确实是在知识之上设定了权利,但显然不是我们今天所讲的在公平、正义、民主、自由的氛围中,由公开透明的法律制度设定的权利。这些权利的授予与否、授予期限的长短完全取决于封建统治者的需要,其主要目的在于对新技术的引进或防止其流失,以及对思想的控制。其授予的主体也未必是真正的知识创造者。不过,一个无可争辩的事实是,正是这

---

❶ 转引自:郑成思.知识产权论[M].北京:法律出版社,2003:3.

❷ 转引自:郑成思.知识产权论[M].北京:法律出版社,2003:3.

❸ 转引自:吴汉东.知识产权制度基础理论研究[M].北京:知识产权出版社,2009:79.

❹ 郑成思.知识产权论[M].北京:法律出版社,2003:6.

❺ 郑成思.知识产权论[M].北京:法律出版社,2003:13.

❻ 郑成思.知识产权论[M].北京:法律出版社,2003:17.

❼ 郑成思.知识产权论[M].北京:法律出版社,2003:22.

样的封建垄断特权构成了现代知识产权的源头。这个转变过程是伴随着一系列政治、经济、文化等历史因素形成的,在这个过程中,知识的产权化终于完成,知识产权终于诞生了。

四、知识的产权

知识的产权,是指在知识上设定产权,意味着知识的“产权化”。而知识的“产权化”,是指将知识“纳入一个财产权法律制度之中”。[1]以这样的标准审视封建时期的垄断特权,显然并未实现知识的产权化。不过,封建垄断特权毕竟奠定了知识产权化的基础,在这个基础上,知识的产权化过程逐渐完成。

从专利权来看,其经历了一个“技术知识”产权化的过程,这个过程的起点乃是1474年《威尼斯专利法》,它被认为是世界上第一部专利法。但还只能说是专利法的雏形,因为它虽然是以法律的形式授予专利,但却采取一种半公开的方式,类似于“准技术秘密”[2]的一种模式。真正现代意义上的第一部专利法诞生在1624年的英国,称为《垄断法规》(*The Statute of Monopolies*)。之所以称其为现代意义上的专利法,首先,它是议会中新兴的资产阶级以立法取代钦赐特权的成功尝试,本身就意味着以“财产权”取代“封建特权”,目的就是要将技术知识纳入一个财产权法律制度之中。其次,规定了发明专利权的主体、客体,可以取得专利的发明主题,取得专利的条件,专利有效期等内容,尤其是将专利权的主体由特权时代的技术引进者转变为真正的发明者,即真正的知识创新者,这样就真正实现了知识的财产权确认,而且是采用一种规范的方式。在此之后的18世纪初,资产阶级革命胜利后的英国又相继完善专利制度,专利说明书开始出现。并在之后的进一步改善中增加了登记、注册、审查等制度,技术知识的产权化逐渐完成。

从著作权来看,则经历了由特权时代的印刷商特权向作者财产权转变的一个过程。事实上,在中国古代的翻印之权的描述中,已经隐现关于作者权保护的内容,如上述《丛桂毛诗集解》中禁止翻版公据中就有“先叔刻志穷经,平

---

[1] 兰德斯,波斯纳.知识产权法的经济结构[M].金海军,译.北京:北京大学出版社,2005:1.

[2] 参见:郑成思.知识产权论[M].北京:法律出版社,2003:4.

生精力，毕于此书。倘或其他书肆嗜利翻板，则必窜易首尾，增损音义”之语了。在欧洲，第一个要求享有作者权的是德国宗教改革领袖马丁·路德。之后，随着欧洲资产阶级革命的进行，财产权概念发生了深刻变化。1690年，哲学家洛克在《论国民政府的两个条约》中指出：作者在创作作品时花费的时间和劳动，与其他劳动成果的创作人的花费没有什么不同，因此作品也应当像其他劳动成品一样，获得应有的报酬。作者权的呼声终于在1709年《安妮法》中体现出来，其全称为《为鼓励知识创作而授予作者及购买者就其已印刷成册的图书在一定时期内之权利的法》。该法虽然还有对出版商权利保护的内容，但已经明确规定作者是第一个应当享有作品中的无形产权的人。到了1793年，《法国作者权法》彻底将保护重点转移到作者权之上，不仅包括作者财产权，还包括作者的精神权利（人身权）。这之后，源自出版、印刷的版权法，逐步脱离了出版、印刷这些字眼，而更大程度上进入了作者权的范畴，以至于我们对作品相关的法律不再称版权法，而是称为著作权法。这之后，著作权法又逐步细化和完善，最后完成了文学、艺术等知识的产权化过程，著作权诞生。

不过，上述知识产权化的过程还只是其中的一个阶段，按照谢尔曼和本特利的话说，这个阶段其产权化的重心在于智力劳动成果，“（此时）知识产权法的定义性特征，就是它对智力劳动或者创造性的关注。”[1]商标法在那个时期就很难被纳入知识产权法，其中的重要原因就是它关注的主要是伪造和欺诈问题，而非创造性知识。但到了19世纪下半叶，知识产权法实现了从创造到对象的转移。“法律将其注意力从在保护对象上所体现的劳动价值那里，转移到了该对象本身的价值上。……趋向于更加依赖于使用政治经济学和功利主义的话语和概念。”[2]此时，知识的产权化程度进一步加深，对知识的保护褪去了创造性的神秘色彩，而专注于其财产权性质和经济价值了。

综上，知识产权乃是“知识”产权化的结果，它是众多激励知识生产的制度体系之一，是将知识纳入一套财产权法律制度之中而发生的历史转变过程。借用谢尔曼和本特利的话：到19世纪下半叶，该法律（知识产权法）开始变成

---

[1] 谢尔曼，本特利．现代知识产权法的演进：英国的历程（1760—1911）[M]．金海军，译．北京：北京大学出版社，2006：206.

[2] 谢尔曼，本特利．现代知识产权法的演进：英国的历程（1760—1911）[M]．金海军，译．北京：北京大学出版社，2006：207.

了现在为人熟知的模式,该法律架构已经完成并得到了适当定位。这意味着知识的产权化过程的完成,现代意义上的知识产权和知识产权法诞生了。[1]

第二节 知识产权的定义

一、知识产权的词源

“知识产权”一词译自英文“Intellectual Property”,但事实上该词的翻译并不唯一。例如,我国在1986年《民法通则》颁布实施之前,法学界通用的译称为“智力成果权”。我国台湾地区则一直沿用“智慧财产权”一词。而且,即使是“Intellectual Property”一词在国际知识产权界的统一使用也是自1967年签订《建立世界知识产权组织公约》(*The Convention Establishing the World Intellectual Property Organization*)后才实现的。在此之前还存在其他一些术语用于指称来自智力成果的权利,如1875年德国学者科拉就提出用“Intangible Property”(译为“无形财产权”或“无体财产权”)来概括有别于有体财产权的无体财产权利类型。因此,“知识产权”这一术语并非描述其项下权利类型的唯一、确切的称呼,而是一个约定俗成的称呼,在“知识产权”这一术语之下的权利类型究竟应该如何界定,这是知识产权定义需要解决的主要问题。对此,国内外主要有两种定义方法。

二、知识产权的几种定义

(一)列举式定义

由于包含在知识产权项下的客体范围极为复杂,为避免抽象概括过程中可能的遗漏,列举式定义方法不失为一个务实的方案。

列举式定义最典型的两个代表是世界知识产权组织(WIPO)和世界贸易组织(WTO)的定义。1967年《建立世界知识产权组织公约》第2条第8款规定:“知识产权”包括:(1)关于文学、艺术和科学作品的权利;(2)关于表演艺术家的演出、录音和广播的权利;(3)关于人类创造活动的一切领域内的发明

[1] 谢尔曼,本特利.现代知识产权法的演进:英国的历程(1760—1911)[M].金海军,译.北京:北京大学出版社,2006:167.

的权利；(4)关于科学发现的权利；(5)关于工业品外观设计的权利；(6)关于商品商标、服务标记以及商业名称和标志的权利；(7)关于制止不正当竞争的权利；(8)其他来自工业、科学、文学艺术领域的智力创作活动所产生的权利。其中，第(8)项的兜底条款大大扩展了世界知识产权组织关于知识产权的定义范围。

世界贸易组织在《与贸易有关的知识产权协定》(简称《知识产权协定》，*Agreement on Trade - Related Aspects of Intellectual Property Rights*, TRIPs)中所规定的知识产权类型为：(1)版权与邻接权；(2)商标权；(3)地理标志权；(4)工业品外观设计权；(5)专利权；(6)集成电路布图设计权；(7)未披露的信息专有权。

西方的一些知识产权学术著作也采用列举式定义，如著名的柯尼什教授在其知识产权教科书中就没有直接去概括知识产权，而是将“保护技术发明和设计的专利权”“保护文学艺术创造的著作权”和“保护经营标记的商标权”合称为知识产权。❶

列举式定义方式清晰明了，能够使读者对知识产权的范围一目了然。但也有列举不全面、无法面对动态变化、不能揭示知识产权权利本质等缺陷。

(二)概括式定义

与国际组织和国外的列举式定义不同，我国知识产权法学界主要采取概括方式来定义知识产权，如郑成思教授曾将知识产权定义为“人们可以就其智力创造的成果依法享有的专有权利”❷。这是典型的早期定义，其特点是将知识产权对象仅限定在智力创造成果之上，认为如商标标识也具有创造性，应归为智力创造成果。

但是在20世纪90年代中期之后，我国知识产权法学界对知识产权对象的认识发生了变化，认为知识产权项下的对象不能仅用智力创造成果来概括，商业标识类的对象不能被包含在智力成果之内。因此刘春田教授将知识产权定义为：“知识产权是基于创造性智力成果和工商业标记依法产生的权利的统

❶ 转引自：吴汉东．知识产权基本问题研究：总论[M]．北京：中国人民大学出版社，2009：4.

❷ 郑成思．知识产权法教程[M]．北京：法律出版社，1993：5.

称。”[1]而吴汉东教授认为:“知识产权是人们对于自己的智力活动创造的成果和经营管理活动中的标记、信誉所依法享有的专有权利。”[2]吴汉东教授将知识产权的对象分为三大部分,即创造性成果权、经营性标记权和经营性资信权,其中经营性资信权是其独特的一个概括,包括特许经营权、信用权、商誉权等。吴汉东教授认为,这种权利对象系工商业企业所获得的优势和信誉,这种专营优势与商业信誉形成了特定主体高于同行业其他一般企业获利水平的超额营利能力。[3]

然而,上述对知识产权的概括定义重心在于知识产权对象的概括,并未能体现知识产权的权利特征,如知识产权在民事权利体系中的定位,与物权、债权等权利的不同,等等。因此,还有一部分学者从兼顾知识产权权利对象和权利内容的视角进一步完善知识产权的定义。例如,张俊浩教授认为:“知识产权是直接支配智慧产品并享受其利益的权利。”[4]张玉敏教授认为:“知识产权是民事主体所享有的支配创造性智力成果、商业标志以及其他具有商业价值的信息并排斥他人干涉的权利。”[5]陶鑫良和袁真富认为:“知识产权是指直接支配特定的智力成果或商业标识,并享受其利益的排他性民事权利。”[6]概括式定义模式既包括了知识产权的权利对象,又突出了“支配性”“排他性”“民事权利”这些知识产权的权利内容和性质特征,更能将知识产权与物权、债权等民事权利的区别和联系体现出来,因此更为全面和深刻。

第三节 知识产权概念的发展

随着知识产权客体的不断扩张和知识产权研究的逐步深入,基于统一知识产权客体或对象的需要,对知识产权体系化的努力一直未曾中断,也导致新的知识产权概念学说不断涌现,本节主要就这些理论学说作一简单介绍。

---

[1] 刘春田.知识产权法[M].北京:中国人民大学出版社,2002:6.

[2] 吴汉东.知识产权法学[M].北京:北京大学出版社,2014:4.

[3] 吴汉东.知识产权法学[M].北京:北京大学出版社,2014:6.

[4] 张俊浩.民法学原理[M].北京:中国政法大学出版社,1997:459.

[5] 张玉敏.知识产权的概念和法律特征[J].现代法学,2001(5):103-110.

[6] 陶鑫良,袁真富.知识产权法总论[M].北京:知识产权出版社,2005:67.

一、信息产权论

信息产权论将知识产权的客体归结为信息，这样，知识产权实际上就是信息产权，知识产权法也可被称为“信息产权法”。

自20世纪下半叶始，随着计算机技术、网络技术的发展，一场新技术革命即信息革命席卷全球，导致了人类社会财产观的一次重大变革，信息财产的价值迅速崛起，超越了以往的土地、机器等财产的价值。“信息产权”理论也随之发展起来。而知识产权中的专利技术、作品、商标等其本质就是各种信息。1984年澳大利亚学者彭德尔顿在其所著的《香港的工业产权和知识产权法》一书中就认为，“专利就是反映发明创造深度的技术信息”。“商标是贸易活动中使人认明产品标志的信息。”“著作权则是信息的固定的、长久的存在的形式。”[1]从而将知识产权与信息产权联结起来。日本东京大学的中山信弘教授认为：“所谓知识财产，是指禁止不正当模仿所保护的信息。”[2]日本的田村善之教授在定义知识产权法时指出，所谓知识产权法就是指那些对情报信息利用行为设定权利的专利法、实用新型法、外观设计法、商标法、著作权法及反不正当竞争法的总称。可见，田村善之也认为，知识产权的客体就是各单行知识产权法中体现出来的情报信息。

信息产权论的出现具有较强的事实和法律依据。就事实而言，首先传统知识产权法中专利技术、作品和商标能够用信息产权论予以解释，其次新出现的客体内容更证实了知识产权客体的信息产权适应性，如商业秘密，在TRIPs中就直接被称为“未披露的信息”。而源自计算机和网络技术出现的数据库，更是一种信息无疑，且20世纪90年代后期对“无独创性数据库”的立法保护，更是抛却了对创造性的依赖，似乎仅仅依其信息本质就给予了法律保护，更让人们接受了知识产权为信息产权的理论。因此，该理论获得了较大程度的认可。郑成思教授就指出：“其实，知识产权这个概念与信息产权是可以互替的。”[3]“信息产权包含传统的知识产权以及新的、虽与传统知识产权有关，但

[1] 陶鑫良，袁真富．知识产权法总论[M]．北京：知识产权出版社，2005：60.

[2] 中山信弘．多媒体与著作权[M]．张玉瑞，译．北京：专利文献出版社，1997：1.

[3] 郑成思．知识产权论[M]．北京：法律出版社，2003：53.

又具有完全不同的受保护主体或客体、完全不同的保护方式的法律。”[1]但也有学者表示质疑,如吴汉东教授就认为,知识产权并不能简单地等同于信息产权。因为信息财产有三种类型:一是为传统知识产权保护的知识信息,二是原属于公共领域的公共信息,三是未公开披露过的保密信息。后两者原不属于传统知识产权法的保护范围,后来将其纳入专门法的保护之下,实际上是突破了传统知识产权法鼓励创作的范畴,而发展到兼顾保护投资的目标[2],实际上已经改变了传统知识产权法的主旨。可见,对信息产权论仍然存在争议,争议的原因首先源自对知识产权本身范围认识的不同。事实上,对信息产权论的争议还有其他法理上的原因,这点可进一步参见“信号说”部分的内容。不过无论如何,信息产权论的提出对我们理解知识产权客体问题提供了重要帮助,正如郑成思教授所言,之所以提出信息产权理论,意在提起人们对知识产权客体的信息本质的注意。[3]

二、无形财产权说

无形财产说即将知识产权的客体归纳为知识产品这种“无形财产”,而知识产权就是人们对于自己的智力活动创造的成果和经营管理活动中的标记、信誉依法享有的一种“无形财产权”。

该学说首先继续使用“无形财产权”这一学界已经熟悉的术语,以“无形”来概括知识产权客体的本质特征,以“财产”说明客体的经济效益特点,很好地解释了知识产权客体的特点。其次,它对无形财产进行了裁剪,去除掉无形财产中的债权、精力等无形物,仅指人的精神活动产生的无形物,即概念中限定的智力创造活动的成果、经营管理活动中的标记、信誉。这样,无形财产说实际上是对以前无形财产理论的修正。虽然这一说法并不新颖,因为学界很早就注意到了知识产权与无形财产权的联系,但经过这样修正的无形财产说,用来解释知识产权,却具有更强的现实合理性。因为首先,其所限定的无形财产范围具有扎实的国内外实证法依据,具有较强的实证基础。其次,“无形性”特征的概括在知识产权学术界具有较强的理论基础,被广泛接受。再次,

[1] 郑成思.知识产权论[M].北京:法律出版社,2003:53.

[2] 吴汉东.知识产权制度基础理论研究[M].北京:知识产权出版社,2009:12-13.

[3] 郑成思.知识产权论[M].北京:法律出版社,2003:53.

将其客体描述为“知识产品”或“知识财产”，这样的称谓又能很好地体现知识产权的经济属性。最后，因为无形财产权的概括范围较大，该学说又为知识产权未来的变动和发展预留了一定的空间，具有一定的灵活性和未来适应性。❶

三、形式说

认为知识产权的对象是“形式”，知识产权就是基于一种形式的产权。形式说认为，知识产权的对象首先是知识，但知识是“形式”的，形式才是知识的本体，知识不是无形物，也不完全等同于无体物。

形式说致力于探究知识产权对象的本质属性。该学说首先从知识产权的对象说起，认为知识产权的对象是那些导致知识产权法律关系发生的事实因素。按照这样的逻辑，物权的对象是物，债权的对象是人的行为，而知识产权的对象是知识，这是毫无疑问的。但对于知识的本质属性的认识，现有的无形财产说和无体财产说都是有问题的。无形财产说认为知识产权的对象是无形物，也就是说，知识是无形物。形式说认为这一认识是错误的，因为知识是人类对自己认识的描述，人类认识自然规律、设计和创造作品与技术方案等活动，这些都是人类认识的体现，而能够将这些认识、思想表达出来的方式就是知识，因此知识肯定是有形的，否则如何表达这些认识和思想呢？对于无体财产说，形式说认为其关于知识的无体性、非物质性的认识是正确的，但无体财产不仅包括知识，还包括债权、商业信誉、贸易中的服务、劳力等其他许多类型。所以，知识产权与无体财产权之间不能画等号，无体财产权与非物质财产权的称谓不能反映知识产权的本质特征。另外，形式说认为，无形财产说、无体财产说以及相关的非物质财产、准物权等理论学说都只是停留在称谓的选择上，而未能触及知识的本体究竟是什么的问题，并未厘清知识产权对象的根本属性。而且，以“无”“非”“准”这些字眼给知识产权定义的方法不符合正常的逻辑，它不是以肯定的语句和正概念去描述一个事物，而是以否定的语句和负概念去描述，不能客观准确地反映事物的本质。形式说认为，人类的创造活动，不论是创造科学技术，还是文学艺术，都是构造形式的活动，这些人造的

❶ 关于无形财产说的内容可参见：吴汉东．知识产权制度基础理论研究［M］．北京：知识产权出版社，2009：13，可进一步参考：吴汉东，胡开忠．无形财产权制度研究［M］．北京：法律出版社，2005.

形式,就是知识。除去形式,便没有知识,这就是知识的本质。[1]

四、信号说

信号说认为,智慧产品(即知识产品)是信息型产品——特定的信号集合,那么知识产权也就是基于信号的产权。信号说是在信息说的基础上提出的,信号说认为信息说存在以下缺陷,因而不能成立。首先,信息与信号是内容与形式的关系,信息不能独立存在,而是负载于一定的信号上,并且通过信号的传输而传输。其次,信息作为不能独立存在的东西,是不可能作为权利支配的客体而存在的,相反,能够作为权利客体而予以支配的只能是信号。以信号说的观点来看,著作权的客体即作品,事实上是语言信号的集合,或是造型语言信号的集合,而不是思想、主题等信息。就专利权而言,其客体即专利技术,同样是一种技术信号而非技术信息。因为,技术信息在专利权获得的同时已经向社会公开,专利权人能够支配并禁止他人实施的,并非技术本身,而只是技术信号。如他人在未经专利权人授权的情况下以营利为目的实施的制造、使用、销售等行为,这些行为之所以被禁止,是因为其违法地利用了以语言、图形等为体现方式的技术信号。商业标记的信号属性更是不言而喻。另外,信号说也很容易解释知识产权客体的易复制性和易传播性。[2]

五、符号论

符号论,是将知识产权的对象解释为"符号组合",因此知识产权就是基于符号组合的产权。符号论可以说是在信号说基础上进一步研究的结果。符号说认为,符号是人为创设的、具有指代功能的信号。符号首先具有信号的共同属性,其上都负载着特定的信息,但并非所有的信号都是符号,信号既有人为创设的,也有自然形成的。"乌云密布是大雨将至的信号,但乌云属于自然物,不是人工符号。"[3]而符号论涉及的符号仅限于人为创设的信号,如人类的语言、文字、图形等。另外,符号论还专门指出,符号本身属于公有领域,知识产

---

❶ 形式说的内容可参见:刘春田.知识财产权解析[J].中国社会科学,2003(4):109-121,206.

❷ 信号说的相关内容可参见:张俊浩.民法学原理[M].北京:中国政法大学出版社,1997:459-460.

❸ 李琛.论知识产权法的体系化[M].北京:北京大学出版社,2005:126.

权的对象是人利用符号形成的“符号组合”,并且只有当组合的程度达到法律的要求时,才能成为知识产权的对象。例如,我们使用的语言文字,其本身处于公有领域,谁都可以无偿利用,但利用这些语言文字写出来的小说却可以成为作品,小说就是这种“符号组合”,是知识产权的对象。

另外,就符号的功能而言,符号具有指代功能和创生功能。指代功能是指符号作为一种记号能够代表另一个事物的功能,这一功能与知识产权对象中的商业标记相联结。创生功能是指符号可以通过组合构建新的形式,这一功能与知识产权中的智力成果相联结。因此,符号不仅能表征商业标记,还能表征智力成果,是两者的构成要素,因此符号使知识产权的对象获得了统一的基础。

最后,符号论的目标是统一知识产权的对象,在用符号统一知识产权对象的过程中,符号论也在重构知识产权法的体系。符号论认为,知识产权制度应走下鼓励创造的神坛,步入分配利益的俗境,知识产权法的价值原则应从创造伦理转向分配伦理。[1]

第四节 知识产权的性质与特征

一、知识产权的性质

对知识产权性质的探讨主要涉及知识产权在整个法律权利体系中的定位及其特殊性,是认识和理解知识产权的重要一环。

从最本质的角度而言,知识产权是一种私权利,它是与物权、债权等相并列的一种民事权利。这个认识在学界得到了最广泛的认同,可以说,这是知识产权的本质属性和基本属性。《知识产权协定》在其序言中开宗明义地强调,知识产权是一项私权(private rights)。在我国,从《中华人民共和国民法通则》到《中华人民共和国民法总则》再到最新颁布的《中华人民共和国民法典》都将知识产权作为一种民事权利类型列入,这些都是立法对知识产权私权性质的确认。正如吴汉东教授所言:“权利本体的私权性是知识产权归类于民事权

[1] 符号论的相关内容可参见:李琛.论知识产权法的体系化[M].北京:北京大学出版社,2005:124-138.

利范畴的基本依据。”[1]

不过,知识产权又具有与其他民事权利不同的一些特性。

首先,其权利客体具有独特性。不论是专利权、著作权还是商标权,其权利客体均是一种无形的形态,或者说非物质的形态。事实上,“权利客体的非物质性是知识产权区别于财产所有权的本质特性。”[2]正是权利客体的非物质性,导致了知识产权与物权的根本不同。比如,一部手机被摔碎,存在于该手机上的物权就不复存在或至少出现价值的重大贬损。而存在于手机之上的各种专利技术则丝毫不受影响。再如,你买了一部手机,物权发生了转移,但其上的专利权则不会同时转让给你。你买到的手机可以由你个人占有,可以放在包里,拿在手里,一般而言,这种占有就意味着你对手机的绝对支配权。但一个专利权人一旦获得专利,其专利技术即公之于众,如果没有国家权力的介入,他将再也不能绝对支配其专利技术,即不能排除他人对这项技术方案的学习、利用。因此,对知识产权的支配永远不可能达到对物权的支配程度。正因如此,学界在研究知识产权与物权的关系时,习惯将其称为“类物权”,虽然与物权很相似,但又不同于物权。

其次,由于知识产权获取的独特途径和在当代的巨大价值,知识产权的私权属性也附加了更多的限制。如冯晓青教授指出:“知识产权作为一种私权公权化的权利,兼具有私权属性和公权属性。”[3]但冯晓青教授并不是要否认知识产权的私权性,而是从知识产权人利益和公共利益平衡的视角强调对私权的限制,对公共利益的保护。的确,知识产权在私权的本质属性之外,需要承担激励创新、造福社会的巨大公益责任。而且,像专利权、商标权等知识产权的获取通常需要国家公权力的介入,经过严密的审查程序,这一过滤的过程也意味着知识产权这种私权受限于公权的行使。对知识产权这种私权利的另一种限制可能来自人权。在《知识产权协定》明确规定知识产权为私权之后,《世界人权公约》却赋予了知识产权人权意义。尤其在《多哈宣言》通过之后,对公共健康保护的人权要求一定程度上限制了知识产权权利人的私权主张。对

[1] 吴汉东.知识产权法学[M].北京:北京大学出版社,2014:6.

[2] 吴汉东.知识产权法学[M].北京:北京大学出版社,2014:7.

[3] 冯晓青,刘淑华.试论知识产权的私权属性及其公权化趋向[J].中国法学,2004(1):68.

此，吴汉东教授指出："在私权与人权的统一范畴中把握与认知知识产权法，有助于我们考察这一法律制度的价值理念和社会功能。"[1]

二、知识产权的特征

知识产权的特征是界定知识产权与其他民事权利的关键标准。但是，由于知识产权语词适用的不规范，关于知识产权特征的描述出现了众多不同观点，截至目前仍不统一。这种不规范的用法产生的问题就是："知识产权"一词究竟是指代知识产权的客体还是指代一种法律权利？当我们说B公司使用了A公司的知识产权时，其指代的应该是知识产权的客体，如专利技术或计算机软件等，但我们习惯上都是用"知识产权"一词。而当我们说B公司侵犯了A公司的知识产权时，其指代的则应是一种法律权利了，因为侵犯的只能是一种权利。这种情况不仅在国内出现，国外也存在。比如英语语境下，人们也未能严格区分"IP"（Intellectual Property）和"IPR"（Intellectual Property Rights）。

这种习惯造成了一个问题，即在界定知识产权的特征时，究竟是从知识产权客体的视角出发，还是从知识产权权利的视角出发，进而造成知识产权特征界定的不同。[2]代表性的观点，如郑成思教授将知识产权的特征归结为五个方面，即无形性、专有性、地域性、时间性、可复制性。[3]吴汉东教授将知识产权的特征总结为三个，即独占性、地域性和时间性。[4]张玉敏教授则归结为四个特征，即知识产权的保护对象是非物质性的信息；属于对世权、支配权；可分地域取得和行使；具有可分授性。[5]陶鑫良和袁真富教授则将知识产权的特征归结为五个，即知识产权是由法律直接创设的权利；是对智力成果或商业标识直接支配的权利；是依附于智力成果或商业标识的权利；是一种在特定条件下，可由多个主体同时对同一智力成果或商业标识享有知识产权的权利；是在利用上没有排他性的权利。[6]

---

[1] 吴汉东．知识产权的私权与人权属性：以《知识产权协议》与《世界人权公约》为对象[J]．法学研究，2003(3)：66.

[2] 陶鑫良，袁真富．知识产权法总论[M]．北京：知识产权出版社，2005：75-76.

[3] 郑成思．知识产权论[M]．北京：法律出版社，2003：63-77.

[4] 吴汉东．知识产权法学[M]．北京：北京大学出版社，2014：7-10.

[5] 张玉敏．知识产权的概念和法律特征[J]．现代法学，2001(5)：103-110.

[6] 陶鑫良，袁真富．知识产权法总论[M]．北京：知识产权出版社，2005：83.

不过总体而言,将知识产权的特征归结为独占性、地域性和时间性是学界较为通行的做法。

首先,关于独占性。独占性是知识产权的一个基本特征,从理论基础上来说,知识产权人对某一知识产品的独占是为了补偿其付出的创作、创新或经营成本。不过知识产权的独占又与物权法中对物的独占略有不同,其权能不像所有权那样全面,其所受到的限制也不同于所有权。独占性的基本含义是,知识产权人在取得知识产权后,在法定的时间和权利范围内垄断这种权利并受到法律的严格保护,未经权利人许可或者法律规定,任何人不得使用。比如一项发明专利,当专利权人获得专利权之后,他就在法定的时间内,在其权利要求书规定的权利范围内享有独占权,任何人未经许可均不得使用其专利技术。独占性还意味着针对同一项权利客体,一般不允许有两个以上的主体同时取得权利。在专利、商标领域这种特征尤其明显。不论是专利申请还是商标申请,大多数国家实施的都是“申请在先”原则,即针对同一项专利或同一个商标标识,只有申请在先的主体才有可能获得权利,在后申请的主体不能获得权利。著作权法虽然较为特殊,因为著作权人权利的获得不以申请为要件,是自动获得的,在极端的情况下可能会出现两人或多人作品的高度重合,从而都可能获得著作权,但这是极个别的情况。

其次,关于地域性。知识产权的地域性意味着知识产权的效力范围只在特定地域空间内有效,一般而言只限于一国领土范围之内。在一个国家获得的知识产权仅受到该国法律的保护,一旦跨越该国领土,除非签订有国际条约、公约或双边协定,否则另一国并没有保护的义务。如果权利人想获得另一国的法律保护,则必须在这个国家申请并取得知识产权。知识产权的地域性特征,也是其权利与物权相比的一个重大的不同。一个自然人从A国到B国,其所携带的个人物品当然地也受到B国法律的保护,A国的一个公司投资到B国的财产当然地也受到B国法律的保护,这是一个国际通行的准则。这一物权法上的通行准则在知识产权领域就行不通了。为什么呢?这主要与知识产权制度产生的历史有关。知识产权脱胎于封建时期的封建特权,当时君主授予封建特权的目的是鼓励技术引进或防止技术外流,因此当然要将其效力限制在本国之内。虽然之后封建特权转化为知识产权,但由于知识产权对一国经济、文化等发展的重要性，以及世界各国发展阶段的差异，各国知识产权制度参差不齐，从保护客体、保护范围、权利获得程序和要件等诸多方面均有较大差异，因此地域性限制始终难以突破。截至目前，世界各国已经在通过知识产权国际公约等方式努力消除地域性带来的不便，寻求达成统一的知识产权制度安排，但该目标的实现任重而道远。

最后，关于时间性。知识产权的时间性特征是指，知识产权这种法律权利只在法定的特定期间内有效，超过法定期间，其独占效力即归于消灭，法律不再对其进行保护。知识产品即进入公共领域，任何人可以自由使用。时间性是对知识产权的重要限制措施之一，之所以规定时间期限，乃是知识产权人私人权利和社会公共利益平衡的结果。人类知识需要公开、共享，只有这样才能实现知识的不断积累，进而推动社会进步。如果一项专利技术永久掌握在特定主体手里，垄断这种技术，则必然不利于社会进步。时间性也是知识产权区别于物权的一大特征。你拥有一个水杯，则只要该水杯没有灭失，你对水杯拥有的所有权将永远存在。物权的这种永续性不会带来什么社会问题，因为即使如不动产的房屋，其物理存在也绝不是永久的，随着物的灭失，物权也就不复存在。知识产权的时间性不同于物权的这种“永续性”，其理由也是明显的。试想，如果知识产权可以永续存在，那么由于其客体是非物质性的物，比如智力成果，这种客体是真正可以永久存在的，这样，一项技术方案将永远掌握在权利人手中，知识的传播和利用必将受到私权的限制，对社会进步带来负效应。

第五节　多维视角的知识产权定义

关于知识产权，现有的定义不论是列举式还是概括式，均主要从法律视角切入，这也是知识产权学科发展的历史特点造成的。然而，由于知识产权的独特性质，以及在现代社会作用的日益凸显，其不仅是法学研究的对象，还成为其他诸多学科的研究对象，比如管理学、经济学、哲学、历史学、社会学、政治学等，知识产权学科也有逐渐独立的趋势。在这种背景下，知识产权的法律定义已不足以涵盖其多学科交叉研究对象的含义，因此，对知识产权进行一种非纯粹法律意义上的界定是有必要的。事实上，这种意义上的知识产权定义之前也有研究者提出过,如日本学者富田彻男就将知识产权定义为"保护技术开发或创造经营等正常进行的一种权利制度,它是和技术开发—产业—消费者组成的市场结构相对应的一种权利"[1]。富田彻男的定义着重于市场竞争和法律的交叉视角。

基于此,本书尝试在现有定义基础上,从多学科交叉视角对知识产权进行一种非纯粹法律意义的定义,以抛砖引玉,为知识产权学科发展提供借鉴。根据上述意图,可将知识产权定义为:知识产权是直接支配特定知识产品并享有其利益,体现多学科交叉价值、具备特定社会功能的排他性民事权利。

在这一定义中,首先仍将知识产权的法律定义作为其核心内涵,即"直接支配特定知识产品并享有其利益的……排他性民事权利"。这一法律定义采纳知识产权法学界的研究成果,不仅关注知识产权客体,且将"支配性""排他性""民事权利"等权利特征体现出来。另外,与现有定义不同的是,将具体的客体"智力成果""商业标识"等用"知识产品"统一替代,范围更加宽泛,更加适合目前知识产权客体日益扩张的需要,比如"数据""数据库"这种客体的保护。值得一提的是,笔者认为法律意义上的定义仍然是知识产权定义的核心,因此该定义最后落脚点仍然是"排他性民事权利",凸显法律核心地位,因为不论是知识产权创造、运用、保护还是管理,所有关于知识产权的多学科研究,均是建立在知识产权是一种"法定权利"基础上的,这一点不可忽视。

其次,在法律内涵之外,增加了"并基于此而具有多学科交叉价值、体现特定社会功能"的外延。由于知识产权的多学科研究价值,用任意一个学科含义来定义知识产权的外延都有"失之偏颇"之嫌,比如上述富田彻男的定义。因此,多维视角的知识产权定义必须关注多学科交叉的价值定位,在定义中不应过于狭窄和局限,"具有多学科交叉价值"的表述可以最大限度包容这层含义。另外,"体现特定社会功能"的表述是为了凸显知识产权的功能全面性,将知识产权从"仅作为一种法律权利"的角色中解脱出来,赋予其更多样的社会角色和地位。众所周知,知识产权虽然是一种合法的独占权,一种私权利,但绝非不受限制的权利。对权利人的保护与对公众利益的保护,从知识产权制度确立之初就是天平两端的平衡砝码。知识产权在现代社会还被赋予了更

---

[1] 富田彻男.市场竞争中的知识产权[M].廖正衡,译.北京:商务印书馆,2000:6.

多不同的社会功能:市场竞争的工具,科技创新的动力,文化繁荣的杠杆,国际贸易的纽带,国家发展的战略资源等,因此,这样一种表述可以呈现多维样态的知识产权形象。这样,一个更加立体化、全面性的多维视角的知识产权定义就浮现出来了。

【案例分析】

谷米公司诉元光公司案

原告深圳市谷米科技有限公司(以下简称"谷米公司")与被告武汉元光科技有限公司(以下简称"元光公司")分别为公交信息查询App"酷米客"和"车来了"的运营者。原告谷米公司为提高公交信息准确度,与公交公司达成合作,通过安装定位器获取实时公交位置数据。元光公司为避免公交信息延迟、获取精准数据,破解了谷米公司的酷米客App加密系统,并利用爬虫技术爬取了酷米客App内实时数据。被告元光公司的相关个人被依法追究刑事责任,谷米公司以不正当竞争为由起诉元光公司。

法院认为,存储于App后台的公交实时信息系人工收集、分析、整合并配合GPS精准定位所得,酷米客App凭借信息的准确度和精准性获得同类软件中的竞争优势,因此该信息具备无形财产属性。该信息虽可供公众免费查询,但数据需以不违背权利人意志的合法方式获得,被告元光公司利用爬虫技术大量获取、无偿使用他人数据的行为,非法占用了他人无形财产权益,破坏了他人的市场竞争优势,具有为自己谋取竞争优势的主观故意,其行为违反了诚实信用原则,扰乱了市场竞争秩序,构成不正当竞争。

该案涉及企业数据信息的不正当使用问题。企业在经营活动中形成的无独创性的数据信息(该案涉及的数据信息尚未构成无独创性数据库)进入知识产权客体范畴,首先意味着知识产权客体的进一步扩张。而这一特殊客体的引入,意味着仅仅对知识的投资而不需要创造性因素的介入即可进入知识产权的范畴。这是知识产权概念进一步发展的体现。

【基本概念】

知识产权;信息产权;无形财产权;符号论。

【思考与分析】

1. 试述知识与知识产权的关系。

2. 简述知识生产的激励机制有哪些。

3. 试述知识产权的定义。

4. 关于知识产权的概念有哪些新理论学说，内容分别是什么？

【延伸阅读书目】

[1]斯科奇姆. 创新与激励[M]. 刘勇，译. 上海：格致出版社，上海人民出版社，2010.

[2]郑成思. 知识产权论[M]. 北京：法律出版社，2003.

[3]吴汉东. 知识产权制度基础理论研究[M]. 北京：知识产权出版社，2009.

[4]谢尔曼，本特利. 现代知识产权法的演进：英国的历程(1760—1911)[M]. 金海军，译. 北京：北京大学出版社，2006.

[5]吴汉东. 知识产权基本问题研究(总论)[M]. 北京：中国人民大学出版社，2009.

[6]陶鑫良，袁真富. 知识产权法总论[M]. 北京：知识产权出版社，2005.

[7]李琛. 论知识产权法的体系化[M]. 北京：北京大学出版社，2005.

第二章　知识产权获取

知识产权获取是指如何获取知识产权或者知识产权是如何产生的，一般分为两类，一类是自动获取，无须进行审批或者登记，如著作权、商业秘密权；另一类是审查批准或登记获取，如专利权、商标权、植物新品种权等。按照知识产权客体的分类，知识产权获取可以分为专利权获取、著作权获取、商标权获取与其他知识产权获取。

第一节　知识产权获取概述

知识产权获取，根据知识产权权利来源的方式与形式的不同，其获取方式也不同。根据知识产权权利来源的方式，知识产权获取可以分为原始取得和继受取得。根据知识产权权利来源的形式，知识产权获取可以分为自动取得和申请取得。

一、知识产权的原始取得与继受取得

知识产权的原始取得，又称为知识产权的固有取得，是指非依据他人的权利及意思表示，而直接依据法律的规定取得知识产权。主要通过下面两种方式取得：(1)依法申请取得，即依法向国家相关审查部门进行申请或者注册从而取得知识产权的方式。例如，专利的申请授权、商标的申请注册等；(2)依法自动取得，即不进行申请程序，依法自动取得知识产权的方式。例如，作者完成作品之后自动取得著作权。

知识产权的继受取得，又称为知识产权的传来取得，是指基于一定的法律事实，依赖于他人意思表示而取得的知识产权。主要通过下面几种方式取得：(1)受让；(2)许可；(3)赠与；(4)继承；(5)其他。例如，因专利的许可而取得专利的使用权。

二、知识产权的自动取得与申请取得

知识产权的自动取得与申请取得是从权利来源形式的角度进行分类的,其均属于知识产权的原始取得。可以自动取得知识产权的类型有:著作权(包括邻接权)、发明权、商业秘密权等。可以通过申请取得知识产权的类型有:专利权、商标权、植物新品种权、商号权、特殊标志权等。

第二节　专利权获取

一、专利申请原则

专利权的获取,必须由申请人按照规定向国家专利主管部门提出专利申请,并且按照一定程序经过审批才能获得。根据专利法的相关规定,申请专利一般要遵循四项基本原则:书面申请原则、先申请原则、单一性原则、优先权原则。

(一)书面申请原则

书面申请原则,指申请人为获得专利权所需履行的众多法定手续都必须依法以书面形式办理。书面申请原则适用于专利申请、专利审查、专利代理、专利实施等各个环节。我国《专利法实施细则》第2条规定,"专利法和本细则规定的各种手续,应当以书面形式或者国务院专利行政部门规定的其他形式办理。"

书面申请原则要求,提交的专利申请文件以及专利审批过程中的各项手续必须是书面形式,并按规定格式和要求撰写和填写,不能以口头、电话、传真、光盘等代替。书面申请原则,不只是在提出申请时采用,在专利申请过程中、在办理各种手续时也要采用书面形式。随着计算机网络技术的普及,目前通过电子文件提交专利申请已经成为主流,电子文件是书面文件的一种特殊形式,其格式和内容都必须遵守原有的规范。

(二)先申请原则

如果有两个或者两个以上的申请人分别就同样的发明创造申请专利,且他们的申请都符合专利法的要求,那么专利权应当授予谁?就世界各国的专

利法来看，对此问题只有两种解决方法：一是以申请的时间先后为准，只对最先提出申请的人授予专利权，此即先申请原则；二是以发明的时间先后为准，只对最先完成发明的人授予专利权，此即先发明原则。

从理论上讲，先发明原则也具有一定合理性，可以更好地保护“第一个真正的发明人”的合法权益。但是由于先发明原则在确定发明时间上较为困难，需要发明人自己去举证，而专利行政部门对于发明人举证的确认也较为困难。此外，先发明原则不利于新技术的及时公开。

而先申请原则克服了先发明原则的种种弊端，通过保护最先申请专利的人，从而鼓励发明人尽早申请专利，对促进科技和经济的发展具有一定的益处。并且，先申请原则在实施过程中，其申请时间的确认较为容易，对于专利的审查工作来说，可以节约时间和成本。因此，基于其具有相对的合理性，目前世界上绝大多数国家都采用先申请原则。

我国自1985年《专利法》实施以来，一直采用先申请原则。在我国，两个以上的申请人分别就同样的发明创造申请专利的，专利权授予最先申请的人。两个以上的申请人在同一日分别就同样的发明创造申请专利的，应当在收到国务院专利行政部门的通知后自行协商确定申请人。如果协商意见不一致，则对两件申请都进行驳回，不予授权。

(三)单一性原则

单一性原则，也称为一发明一申请原则，是指一件专利申请只限于一项发明创造。单一性原则的目的在于便于专利申请的分类，便于专利的检索与审查，同时防止申请人只支付一件专利的费用而获得几项不同专利的保护。

单一性原则要求一份专利申请文件只能就一项发明创造提出专利申请。但是属于一个总的发明构思的两项以上的发明或者实用新型，可以作为一件申请提出；用于同一类别并且成套出售或者使用的产品的两项以上的外观设计，可以作为一件申请提出。同样的发明创造只能授予一项专利权。但是，同一申请人同日对同样的发明创造既申请实用新型专利又申请发明专利，先获得的实用新型专利权尚未终止，且申请人声明放弃该实用新型专利权的，可以授予发明专利权。

(四)优先权原则

优先权包括外国优先权和本国优先权。优先权的主要内容是,申请人自发明或实用新型在外国第一次提出专利申请之日起12个月内,或者自外观设计在外国第一次提出专利申请之日起6个月内,又在中国就相同主题提出专利申请的,依照该外国同中国签订的协议或者共同参加的国际条约,或者依照相互承认优先权原则,可以享有优先权。申请人自发明或实用新型在中国第一次提出专利申请之日起12个月内,又向国务院专利行政部门就相同主题提出专利申请的,可以享有优先权。前者为外国优先权,后者为本国优先权,两者在适用的专利类型、申请地点上,都有所不同。优先权的实际意义是,以其第一次提出专利申请日为判断新颖性的时间标准,第一次提出申请的日期,称为优先权日,上述特定的期限,称为优先权期限。

二、专利申请文件

(一)发明和实用新型专利申请的基本文件

申请发明专利的,申请文件应当包括:发明专利请求书、权利要求书、说明书(必要时应当提交说明书附图)、说明书摘要(必要时应当提交摘要附图)。

申请实用新型专利的,申请文件应当包括:实用新型专利请求书、说明书摘要及其摘要附图、权利要求书、说明书、说明书附图。

1. 请求书

请求书是申请人向专利主管部门表示请求授予其专利意愿的文件,是确定发明和实用新型专利申请的依据,可以使用国家知识产权局制定的统一表格。请求书应当包括发明或者实用新型的名称、发明人的姓名、申请人的姓名或者名称、地址以及其他事项。发明名称应当简短、准确,一般不得超过25个字。发明人应当是个人。发明人可以请求国家知识产权局不公布其姓名。申请人是个人的,应当填写本人真实姓名,不得使用笔名或者其他非正式姓名;申请人是单位的,应当填写单位正式全称,并与所使用公章上的单位名称一致。请求书中的地址(包括申请人、专利代理机构、联系人的地址)应当符合邮件能够迅速、准确投递的要求。

2. 说明书

说明书是专利申请文件中很重要的一种文件，它起着公开发明的技术内容、支持权利要求的保护范围的作用。要想获得发明创造的专利权，就必须向国家专利局提交专利申请说明书，办理专利申请必备手续。专利申请说明书的主要功能是清楚、完整地公开发明或实用新型，使所属技术领域的科技人员能够理解和实施该发明或实用新型。专利制度的公开性就是通过公布专利申请说明书来实现的。专利申请说明书还用于支持专利申请权利请求，并在确定发明或者实用新型专利权的保护范围时，可以用以解释权利要求。

说明书第一页第一行应当写明发明名称，该名称应当与请求书中的名称一致，并左右居中。发明名称前面不得冠以“发明名称”或者“名称”等字样。发明名称与说明书正文之间应当空一行。

说明书应当包括以下各部分，并在每一部分前面写明标题。

（1）技术领域：写明要求保护的技术方案所属的技术领域。

（2）背景技术：写明对发明或者实用新型的理解、检索、审查有用的背景技术；有可能的，并引证反映这些背景技术的文件。

（3）发明内容：写明发明或者实用新型所要解决的技术问题以及解决其技术问题采用的技术方案，并对照现有技术写明发明或者实用新型的有益效果。

（4）附图说明：说明书有附图的，对各幅附图作简略说明。

（5）具体实施方式：详细写明申请人认为实现发明或者实用新型的优选方式；必要时，举例说明；有附图的，对照附图。

3. 说明书附图

说明书附图应当使用包括计算机在内的制图工具和黑色墨水绘制，线条应当均匀清晰、足够深，不得着色和涂改，不得使用工程蓝图。用文字足以清楚、完整地描述发明技术方案的，可以没有附图。实用新型专利必须有附图。

4. 权利要求书

权利要求书是申请人要求专利保护范围的书面文件。在发明创造被授予专利权后，权利要求书是确定发明或实用新型专利权范围的依据，也是判断他人是否侵权的依据，因此，权利要求书是申请文件中最为重要也是最为核心的文件。

权利要求书应当有独立权利要求,也可以有从属权利要求。独立权利要求应当从整体上反映发明或者实用新型的技术方案,记载解决技术问题的必要技术特征。从属权利要求应当用附加的技术特征,对引用的权利要求作进一步限定。

权利要求书有几项权利要求的,应当用阿拉伯数字顺序编号,编号前不得冠以"权利要求"或者"权项"等词。权利要求中可以有化学式或者数学式,必要时也可以有表格,但不得有插图。权利要求书应当用阿拉伯数字顺序编写页码。

5. 说明书摘要

说明书摘要应当写明发明或者实用新型专利申请所公开内容的概要,即写明发明或者实用新型的名称和所属技术领域,并清楚地反映所要解决的技术问题、解决该问题的技术方案的要点以及主要用途。

6. 摘要附图

说明书有附图的,申请人应当提交一幅最能说明该发明技术方案主要技术特征的附图作为摘要附图。

(二)外观设计专利申请的基本文件

申请外观设计专利的,申请文件应当包括:外观设计专利请求书、图片或者照片(要求保护色彩的,应当提交彩色图片或者照片)以及对该外观设计的简要说明。

1. 外观设计专利请求书

外观设计的产品名称应当与外观设计图片或者照片中表示的外观设计相符合,准确、简明地表明要求保护的产品的外观设计。产品名称一般应当符合国际外观设计分类表中小类列举的名称。产品名称一般不得超过20个字。

2. 图片或者照片

外观设计专利权的保护范围以表示在图片或者照片中的该产品的外观设计为准,简要说明可以用于解释图片或者照片所表示的该产品的外观设计。申请人提交的有关图片或者照片应当清楚地显示要求专利保护的产品的外观设计。

3. 简要说明

简要说明应当包括下列内容。

(1)外观设计产品的名称。简要说明中的产品名称应当与请求书中的产品名称一致。

(2)外观设计产品的用途。简要说明中应当写明有助于确定产品类别的用途。对于具有多种用途的产品,简要说明应当写明所述产品的多种用途。

(3)外观设计的设计要点。设计要点是指与现有设计相区别的产品的形状、图案及其结合,或者色彩与形状、图案的结合,或者部位。对设计要点的描述应当简明扼要。

(4)指定一幅最能表明设计要点的图片或者照片。指定的图片或者照片用于出版专利公报。

三、专利申请审批

依据专利法规定,发明专利申请的审批程序包括受理、初审、公布、实审和授权五个阶段。实用新型或者外观设计专利申请在审批中不进行早期公布和实质审查,只有受理、初审和授权三个阶段。

(一)受理

专利申请的受理,是指国务院专利行政部门接受专利申请人提交的专利申请文件,并发给相应凭证的活动。国务院专利行政部门收到申请文件后,对符合相关规定的专利申请发出受理通知书,确定专利申请日,给予专利申请号。

(二)初审

专利初步审查也称为“形式审查”或“格式审查”,是国务院专利行政部门对发明、实用新型和外观设计专利申请是否具备形式条件进行的审查。初步审查的主要目的,是查明申请专利的发明是否符合专利法关于形式要求的规定,为以后的公开和实质审查做准备;查明申请专利的实用新型和外观设计是否符合专利法关于授予专利权的规定,对符合授权条件的实用新型和外观设计依法授予专利权。

《专利法》第40条规定:“实用新型和外观设计专利申请经初步审查没有

发现驳回理由的,由国务院专利行政部门作出授予实用新型专利权或者外观设计专利权的决定,发给相应的专利证书,同时予以登记和公告。实用新型专利权和外观设计专利权自公告之日起生效。"该规定表明,我国对于实用新型专利和外观设计专利仅进行初步审查。

(三)公布

专利申请的公布,是指国务院专利行政部门将请求书中记载的著录事项和说明书的摘要刊登在发明专利公报上,并将发明专利申请的说明书及其附图和权利要求书另行全文出版。

国务院专利行政部门收到发明专利申请后,经初步审查认为符合专利法要求的,自申请日起满18个月,即行公布;国务院专利行政部门也可以根据申请人的请求早日公布其申请。发明专利申请公布后,申请人可以要求实施其发明的单位或者个人支付适当的费用。

(四)实审

专利实质审查,是指国务院专利行政部门对申请专利的发明的新颖性、创造性、实用性等实质性内容所作的审查。发明专利申请自申请日起3年内,国务院专利行政部门可以根据申请人随时提出的请求,对其申请进行实质审查;申请人无正当理由逾期不请求实质审查的,该申请即被视为撤回。

对发明专利申请进行实质审查的目的在于确定发明专利申请是否应当被授予专利权,特别是确定其是否符合专利法有关新颖性、创造性和实用性的规定。实质审查程序通常由申请人提出请求后启动。发明专利申请经实质审查没有发现驳回理由的,专利局应当作出授予发明专利权的决定。

实质审查的主要内容有:

(1)是否符合专利法及其实施细则中规定的发明定义,即对产品、方法或者其改进所提出的新的技术方案;

(2)申请专利的主题是否有违反国家法律、社会公德或者妨害公共利益的情况,是否属于不能授予专利权的客体;

(3)专利申请是否符合三性要求,即新颖性、创造性和实用性的要求;

(4)专利申请是否符合单一性的要求;

(5)申请人对申请进行修改或提出分案申请时,是否超出了原说明书(包括附图)和权利要求书记载的范围。

(五)授权

发明专利申请经实质审查没有发现驳回理由的,由国务院专利行政部门作出授予发明专利权的决定,发给发明专利证书,同时予以登记和公告。发明专利权自公告之日起生效。实用新型和外观设计专利申请经初步审查没有发现驳回理由的,由国务院专利行政部门作出授予实用新型专利权或者外观设计专利权的决定,发给相应的专利证书,同时予以登记和公告。实用新型专利权和外观设计专利权自公告之日起生效。

四、专利申请的复审

专利申请人在接到驳回专利申请通知后3个月内可以决定是否请求复审。复审程序启动的主体是专利申请人,只有专利申请人才有资格提起复审请求,其他任何单位和个人都无权启动复审程序。

国家知识产权局专利局复审和无效审理部(以下简称"复审和无效审理部")经过形式审查受理复审请求从而启动复审程序后,首先将复审请求书连同原申请案卷一并送交作出驳回申请决定的原审查部门进行前置审查。原审查部门应当向复审和无效审理部提出前置审查意见。除特殊情况外,原审查部门应当自收到案卷之日起1个月内完成前置审查。原审查部门在前置审查意见中同意撤销原驳回决定的,由复审和无效审理部直接作出撤销原驳回决定的复审决定,通知复审请求人,并且由原审查部门继续进行审批。原审查部门在前置审查意见中坚持原驳回决定的,复审和无效审理部成立合议组进行审查。

合议组经审查后作出复审决定。复审决定有两大类:一种是撤销原驳回决定。专利申请将恢复到作出驳回决定前的状态,国务院专利行政部门继续进行审查程序。另一种是维持原驳回决定。在这种情况下,专利申请人对复审和无效审理部作出的维持原驳回决定不服的,可以在法定期限内进入后续司法救济程序。

根据《专利法》第41条第2款的规定:"专利申请人对国务院专利行政部门

的复审决定不服的,可以自收到通知之日起3个月内向人民法院起诉。”专利申请人未在规定的期限内起诉的,复审决定生效。

五、专利权的无效宣告

自国家知识产权局公告授予专利权之日起,任何单位或个人认为该专利权的授予不符合专利法规定的,可以请求复审和无效审理部宣告该专利权无效。我国专利权无效宣告制度的设置,是为了纠正国家知识产权局对不符合专利法规定条件的发明创造授予专利权的错误决定,维护专利权授予的公正性。

世界各国专利法中关于专利权无效宣告制度设置大体有两种情形:一是不规定专门的无效宣告程序,而允许专利侵权诉讼中的被告提出专利权无效宣告以作为抗辩手段;二是专门规定无效宣告程序,允许公众对不符合专利法规定条件的发明创造专利权提出无效宣告请求,也可以在专利侵权诉讼中将专利权无效宣告作为一种抗辩手段。

第三节　商标权获取

一、商标使用取得原则

使用取得原则,是指在商业活动中实际使用的商标即使不注册,也能取得商标权,商标权属于最先使用的人。使用取得理论认为,商标注册仅是从法律上对商标权利进行公告,但不是决定商标权的归属,这是由商标的性质决定的。因为商标是表明商品来源的手段,如果商标不使用,则商标既不能证明商品的来源又不能保证商品的质量,商标就毫无意义。

二、商标注册取得原则

(一)申请在先原则

申请在先原则是指两个或者两个以上的申请人,在同一种商品或者类似商品上,以相同或者近似的商标申请注册的,商标局受理最先提出的商标注册申请,对在后的商标注册申请予以驳回。申请在先是根据申请人提出商标注册申请的日期来确定的,商标注册的申请日期以商标局收到申请文件的日期为准。因此,应当以商标局收到申请文件的日期作为判定申请在先的标准。

两个或者两个以上的申请人,在同一种商品或者类似商品上,分别以相同或者近似的商标在同一天申请注册的,各申请人应当自收到商标局通知之日起30日内提交其申请注册前在先使用该商标的证据。同日使用或者均未使用的,各申请人可以自收到商标局通知之日起30日内自行协商,并将书面协议报送商标局;不愿协商或者协商不成的,商标局通知各申请人以抽签的方式确定一个申请人,驳回其他人的注册申请。商标局已经通知但申请人未参加抽签的,视为放弃申请,商标局应当书面通知未参加抽签的申请人。

（二）自愿注册原则

自愿注册原则,是指商标使用人可以根据需要自主决定对其使用的商标是否向商标主管机关申请注册以获得商标权的原则,是商标注册申请的国际惯例,符合民事活动的意思自治原则与商标权的私权性质。

商标是否注册并不影响商标的使用,但注册商标和非注册商标在法律上的地位不同。商标一旦注册,商标注册人即取得专用权、禁止权等权利,排除他人在相同或类似商品上相同或近似商标的使用。而非注册商标使用人一般只能自己使用,不享有商标的专用权,也不能排除他人在相同商品或类似商品上相同或近似商标的使用。

在实行自愿注册原则的同时,商标法对极少数商品仍保留了强制注册的规定。其中《商标法》第6条规定:“法律、行政法规规定必须使用注册商标的商品,必须申请商标注册,未经核准注册的,不得在市场销售。”目前要求必须使用注册商标的商品是烟草制品。

（三）优先权原则

根据我国商标法的规定,商标优先权分为申请优先权和使用优先权。申请优先权是指商标注册申请人自其商标在外国第一次提出商标注册申请之日起6个月内,又在中国就相同商品以同一商标提出商标注册申请的,依照该外国同中国签订的协议或者共同参加的国际条约,或者按照相互承认优先权的原则,可以享有优先权。使用优先权是指商标在中国政府主办的或者承认的国际展览会展出的商品上首次使用的,自该商品展出之日起6个月内,该商标的注册申请人可以享有优先权。

优先权不是自动产生的,而是申请人在提出商标注册申请的时候提出要求优先权的书面声明,并且在3个月内提交第一次提出的商标注册申请文件的副本或者展出其商品的展览会名称、在展出商品上使用该商标的证据、展出日期等证明文件;未提出优先权声明或者逾期未提交证明文件的,视为未要求优先权。

三、商标注册的申请

商标注册,是指商标使用人将其使用的商标依照法律规定的条件和程序,向国家商标主管机关提出注册申请,经国家商标主管机关依法审查,准予注册登记的法律事实。在中国,商标注册是商标得到法律保护的前提,是确定商标专用权的法律依据。商标使用人一旦获准商标注册,就标志着它获得了该商标的专用权,并受到法律的保护。

(一)商标注册文件

1. 商标注册申请书

商标注册申请书是格式文件,由申请人填写,应当载明申请人的名称、地址、拟注册的商标、使用的商品或服务的类别、名称等情况。划分使用的商品或服务类的类别,我国现在采用的是《商标注册用商品和服务国际分类尼斯协定》,即尼斯分类表。

2. 商标图样

商标图样应当清晰,便于粘贴,用光洁耐用的纸张印制或者用照片代替,长和宽应当不大于10厘米,不小于5厘米。以三维标志申请商标注册的,应当在申请书中予以声明,说明商标的使用方式,并提交能够确定三维形状的图样,提交的商标图样应当至少包含三面视图。

3. 证明文件

申请商标注册的,申请人应当提交其身份证明文件。商标注册申请人的名义与所提交的证明文件应当一致。

(二)商标注册的另行申请、重新申请、变更申请

1. 另行申请

商标注册另行申请,是指注册商标在同一类的其他商品上使用的,应另行提出商标注册申请。因为原批准注册的商标专用权效力仅以原申请书指定的范围为限,超出这个范围的就得不到法律的保护。注册商标在同一类其他商品上的扩大使用,视为新的商标,应提出注册申请。

2. 重新申请

商标注册的重新申请,是指商标权人需要改变注册商标标识时提出的申请。

3. 变更申请

商标注册变更申请,是指以变更注册人名义、地址或其他注册事项为内容而进行的申请。注册商标需要变更注册人名义、地址或其他注册事项的,应当提出变更申请。如不及时提出变更申请,依商标法在限期内又拒不改正的,商标局可撤销其注册商标。变更不涉及注册商标的文字、图形及使用商品,不发生商标专用权的移转。

四、商标注册的审查

(一)形式审查

(1)商标局收到商标注册申请件后,首先进行的是形式审查。

(2)形式审查主要分三个部分:申请书件的审查(文件是否齐全、填写是否规范、签字或印章是否完备),对商标图样的审查(图样规格、清晰度、数量、样式是否符合要求,必要的说明是否完整),以及分类审查(对填报的商品或服务项目的审查)。

(3)根据形式审查的结果,商标局主要发出三种通知书:受理通知书、补正通知书与不予受理通知书。

(二)实质审查

形式审查之后,商标局将进行实质审查,对不能注册商标的绝对理由和相对理由进行主动审查。对于符合规定的,或者在部分指定商品上使用商标的注册申请,符合规定的,予以初步审定并予以公告。对于不符合规定的,予以

驳回。商标注册申请人不服的,可以自收到通知之日起15日内向商标评审委员会申请复审。商标评审委员会应当自收到申请之日起9个月内作出决定,并书面通知申请人。有特殊情况需要延长的,经国务院工商行政管理部门批准,可以延长3个月。当事人对商标评审委员会的决定不服的,可以自收到通知之日起30日内向人民法院起诉。

1. 驳回商标注册申请的绝对理由

驳回商标注册申请的绝对理由,是以该申请将侵害社会公共利益作为驳回商标注册申请的理由。为了保护社会公共利益,任何人都可以要求驳回侵害公共利益的商标注册申请,商标注册管理机关也可以主动驳回该注册申请。驳回申请的绝对理由主要包括以下类型。

(1)不符合法定构成要素。《商标法》第8条规定:“任何能够将自然人、法人或者其他组织的商品与他人的商品区别开的标志,包括文字、图形、字母、数字、三维标志、颜色组合和声音等,以及上述要素的组合,均可以作为商标申请注册。”商标注册首先要满足商标法规定的法定构成要素。

(2)不具有显著性。商标作为一种识别性标志,必须具有表示经营者提供的商品或服务并将不同经营者提供的商品或服务相区别开来的功能。商标所具有的标识功能和区别功能被称为商标的显著性,商标必须具有足够的显著性才能注册。

(3)违背社会道德风尚或者有其他不良影响。商标注册不得有违于社会公序良俗,不得违背社会道德风尚或有其他不良影响。社会道德风尚,是指我国人民共同生活及其行为的准则、规范以及在一定时期内社会上流行的良好风气和习惯;其他不良影响,是指商标的文字、图形或者其他构成要素对我国政治、经济、文化、宗教、民族等社会公共利益和公共秩序产生消极的、负面的影响。

2. 驳回商标注册申请的相对理由

驳回商标注册申请的相对理由,是指以申请注册的商标侵害了他人在先权利作为驳回商标注册申请的理由。《商标法》第9条规定,申请注册的商标不得与他人在先取得的合法权利相冲突。第32条规定,“申请商标注册不得损害他人现有的在先权利,也不得以不正当手段抢先注册他人已经使用并有一定影响的商标。”驳回申请的相对理由主要包括以下类型。

（1）侵害他人在先商标。在先商标包括在先注册商标、申请中的商标、被代理人或被代表人的商标、在先使用并有一定影响的商标以及驰名商标。

（2）侵害他人在先权利。在先权利范围非常广泛，包括他人依法享有的外观设计专利权、著作权、姓名权、肖像权、商号权、域名权、植物新品种权、地理标志权等。

五、商标注册的异议与核准

（一）商标异议

对初步审定公告的商标，自公告之日起3个月内，在先权利人、利害关系人认为违反相对理由的，或者任何人认为违反绝对理由的，可以向商标局提出异议。公告期满无异议的，予以核准注册，发给商标注册证，并予以公告。对初步审定公告的商标提出异议的，商标局应当听取异议人和被异议人陈述事实和理由，经调查核实后，自公告期满之日起12个月内作出是否准予注册的决定，并书面通知异议人和被异议人。

商标局作出准予注册决定的，发给商标注册证，并予以公告。异议人不服的，可以依照《商标法》第44条、第45条的规定向商标评审委员会请求宣告该注册商标无效。商标局作出不予注册决定，被异议人不服的，可以自收到通知之日起15日内向商标评审委员会申请复审。商标评审委员会应当自收到申请之日起12个月内作出复审决定，并书面通知异议人和被异议人。有特殊情况需要延长的，经国务院工商行政管理部门批准，可以延长6个月。被异议人对商标评审委员会的决定不服的，可以自收到通知之日起30日内向人民法院起诉。人民法院应当通知异议人作为第三人参加诉讼。

（二）核准注册

对初步审定的商标，在法定期限内无人提出异议的，予以核准注册。对初步审定的商标，自公告之日起3个月内，虽有人提出异议，但经商标局审查，作出异议不能成立的裁定时，商标局应予核准注册；商标评审委员会受理复审申请后，经过调查审议，认为申请人或者被异议人理由成立时，应更正商标局的决定，准予注册，并予以公告。

由于核准商标注册是承认一个商标在法律上取得专用权的根据,因此,一经核准注册的商标应将商标登记于《商标注册证》,并颁发《商标注册证》。可见,核准商标注册是商标专用权产生的关键程序。《商标注册证》是商标局颁发给商标注册人的法律凭证。商标注册人必须妥善保管《商标注册证》,不得擅自转让,不得遗失、涂改和损坏,涂改无效;如有损坏或遗失,应及时向商标局声明,并申请补发。

第四节 著作权获取

著作权的获取,又称著作权的产生,是指作者因其创作作品而获得著作权的制度,其取得方式主要分为自动取得和登记取得。

一、自动取得

自动取得是指著作权因作品创作完成而自动产生,无须另外履行任何手续。这一制度所依据的原则也称为著作权自动取得原则或自动保护原则。这是《伯尔尼公约》所确立的原则,也是世界上大多数国家著作权法确立的著作权取得原则。自动取得制度的优点在于,作品一经创作完成即可及时获得保护,可以有效地制止侵犯著作权的行为,保护水平较高。但缺点在于,发生著作权纠纷时,未经登记的作品取证困难,所以有些国家的著作权法通过设立自愿登记制度作为补充。我国著作权法在著作权取得上采取自动取得制度。《著作权法》第2条第1款规定:“中国公民、法人或者非法人组织的作品,不论是否发表,依照本法享有著作权。”即著作权自作品完成创作之日起产生,并受著作权法的保护。

二、登记取得

登记取得制度是指以登记注册作为取得著作权的条件,作品只有经登记注册之后才能产生著作权。这种著作权登记取得的原则,又称登记主义或注册主义。登记取得制度的出现,在历史上起过积极的作用。实行登记取得制度,可以明确有效地证明著作权人的身份,有利于及时处理著作权纠纷,保护著作权人的合法权益。但是,登记取得制度并不能充分保护那些未及时登记的作品,也不能保护那些来自未实行著作权登记取得制度国家的作品。这是与《伯尔尼公约》的精神相违背的，因此，世界上大多数国家不采用这一制度。一些实行登记取得制度的国家也放弃了这一做法，转而实行自动取得制度。

第五节　其他知识产权获取

一、集成电路布图设计权的获取

根据我国的国情需要，参照世界上多数国家的做法，《集成电路布图设计保护条例》第8条第1款规定："布图设计专有权经国务院知识产权行政部门登记产生。"未经登记的布图设计即使符合授权条件，也不能取得集成电路布图设计权。

我国对布图设计规定的登记制度是一种简单的注册制，对申请登记的布图设计只作形式审查，不进行实质审查。这种设计是考虑到实质审查难以实行，且不适合布图设计技术迅猛发展的状况，可能导致集成电路产品无法及时进入市场。

二、植物新品种权的获取

育种人在完成植物新品种育种后，向国家审批机关提出申请，经国家审批机关审查和批准后，申请人才享有植物新品种权。

（一）植物新品种权的审批机关

我国植物新品种的审批机关，是农业农村部、国家林业和草原局。农业农村部负责农作物新品种的审批，国家林业和草原局负责林木新品种的审批。它们按照职责分工，共同负责植物新品种权的受理和审查。对符合条件的植物新品种，授予申请人植物新品种权。

（二）植物新品种权的申请

中国的单位和个人申请植物新品种权的，可以直接或者委托代理机构向审批机关提出申请。如申请的植物新品种涉及国家安全或者重大利益需要保密的，应当按照国家有关规定办理。外国人向中国申请植物新品种权的，应当满足对外国申请主体的要求。

植物新品种权的申请人，必须向审批机关提交有关申请文件。申请文件包括符合规定格式要求的申请书、说明书和该品种的照片。申请书应当用中文书写。

(三)植物新品种权的受理

对于符合规定的申请,审批机关应当予以受理,明确申请日,给予申请号,并自收到申请之日起1个月内通知申请人缴纳申请费。对不符合或者经修改后仍不符合申请条件的,审批机关不予受理,并通知申请人。

(四)植物新品种权的审查批准

初步审查,申请人缴纳申请费后进入初步审查阶段。审批机关在初步审查阶段,对植物新品种权申请的下列内容进行审查。

(1)客体审查。审查申请的植物品种是否属于植物品种保护名录列举的植物属或者种的范围;审查申请的植物品种是否符合新颖性的规定。

(2)申请主体审查。对外国申请主体资格进行审查,审查向我国申请植物新品种权的外国人、外国企业或者外国其他组织是否具有在我国提出申请的资格。

(3)命名审查。审查植物新品种的命名是否适当。

实质审查,申请人在初步审查合格后按照规定缴纳审查费,进入实质审查阶段。审批机关在实质审查阶段,对植物新品种权申请的特异性、一致性和稳定性进行审查。实质审查主要依据申请文件和其他有关书面材料进行。审查机关认为必要时,可以委托指定的测试机构进行测试,或考察业已完成的种植或者其他实验的结果。因审查需要,申请人应当根据审批机关的要求提供必要的资料和该植物新品种的繁殖材料。对符合实质审查条件的申请,审查机关应当作出授予植物新品种权的决定,颁发植物新品种权证书,并予以登记和公告。对不符合实质审查条件的申请,审批机关应予以驳回,并通知申请人。

复审,申请人对于审批机关驳回植物新品种权申请的决定不服的,可以自接到通知之日起3个月内,向植物新品种复审委员会请求复审。植物新品种复审委员会应当自收到复审请求之日起6个月内作出决定,并通知申请人。申请人对植物新品种复审委员会的决定不服的,可以自接到通知之日起15日内向人民法院提起诉讼。

三、地理标志权的获取

地理标志产品实行的也是审核批准和注册登记制度。根据《地理标志产品保护规定》第5条，凡是申请地理标志产品保护的，都应依照该规定经审核批准，任何单位或者个人要使用地理标志产品专用标志，也都必须依照该规定经注册登记，并接受监督管理。因此，我国的地理标志产品保护实际上推行的是两级申请制度，第一级申请是申报机构提出的地理标志产品保护申请，第二级申请则是生产者所提出的地理标志产品专用标志的使用申请。

四、商业秘密权的获取

商业秘密权的取得方式与著作权的取得方式相同，都属于原始取得，即不需依据他人的权利及意思表示就可直接依据法律规定而取得相应权利。商业秘密一旦出现，与之对应的商业秘密权即告产生，无须履行任何手续，也无须经过国家任何部门的审批。商业秘密权取得的重要前提是作为其保护对象的技术信息和经营信息具有秘密性。相关信息一旦被公开，不论以何种方式公开、何人公开和是否合法公开，商业秘密权即归于消灭。

【案例分析】

安徽万燕公司的前车之鉴

安徽万燕公司曾因推出“中国第一台VCD机”而辉煌一时。当时已经开创出一个市场，并形成一整套成熟技术的万燕公司，本应拥有占据VCD全部市场而独霸天下的绝对优势。然而“申请不申请专利似乎意义不大，关键是要让产品占领市场”这一错误认识，致使万燕人把VCD生产销售的大好局面拱手送给了别人，以致形成了日后VCD市场“诸侯纷争”的局面。人们可以想一想，没有专利，缺乏强有力的知识产权法律保护，怎么能独占市场呢？正是因为没有专利保护，万燕推出的第一批1000台VCD机几乎被国内外各家电厂商全部买去作为样机，成为被其解剖的对象和日后争夺VCD市场的“依靠”。万燕公司面对自己千辛万苦研制的新产品在为他人作嫁衣的情况，却无可奈何。缺乏专利保护，使得推出中国第一台VCD机的安徽万燕公司丢掉了市场，失去了商机。

可见，知识产权的获取对于一项新产品、新技术是至关重要的，申请专利在产品研发过程中就必须进行考虑，如此才能在产品推向市场时获得相应的法律保护，而不至于为他人作嫁衣。

【基本概念】

知识产权获取；原始取得；自动取得；登记制；优先权；初步审查；实质审查；复审；无效；商标异议。

【思考与分析】

1. 简述著作权的取得原则。
2. 简述专利的审查批准程序。
3. 简述驳回商标注册申请的理由。

【延伸阅读书目】

[1]高志宏.知识产权：理论·法条·案例[M].南京：东南大学出版社，2016.
[2]中华人民共和国国家知识产权局.专利审查指南2010(修订版)[M].北京：知识产权出版社，2017.
[3]吕淑琴.知识产权法学[M].北京：北京大学出版社，2007.

第三章　知识产权主体

知识产权主体是知识产权的权利所有人，包括著作权人、专利权人、商标权人等。按照知识产权取得方式，知识产权主体可以分为原始主体与继受主体。按照主体国籍，可以将知识产权主体分为本国主体与外国主体。按照知识产权客体的分类，知识产权主体可以分为专利权主体、著作权主体、商标权主体与其他知识产权主体。

第一节　知识产权主体概述

知识产权主体，即为权利所有人，包括专利权人、著作权人、商标权人等。知识产权主体可以是自然人，也可以是法人，在一定条件下还可以是非法人单位甚至国家。

一、原始主体与继受主体

根据知识产权取得方式的不同，知识产权的主体分为原始主体与继受主体。

（一）原始主体

知识产权的原始主体，指直接根据法律规定或国家行政授权，在没有其他基础性权利的前提下，对智力成果享有知识产权的人。

不同于一般财产权利，知识产权的原始主体资格取得往往需要具备两个条件：创造者的创造性行为和国家机关的授权行为。比如，获得授权的专利发明人、核准注册的商标权所有人。即使诸如著作权、商业秘密权、产地标记权等不需要经过国家机关审查与批准即可取得的知识产权，其主体资格的原始取得也必须依据法律的直接规定。

（二）继受主体

知识产权的继受主体，指因受让、继承、受赠或法律规定的其他方式取得全部或者部分知识产权的人。

在民法学理论上,继受取得区别于原始取得有两个标准:一是意志特征,即取得须根据物(或知识产品)的原所有人的意志方能发生。二是权利来源,即继受取得需以原所有人的权利为根据并通过权利转移方式才能产生。继受主体对于知识产权的取得必须依赖前一权利人的知识产权。

根据一般财产所有权中的"一物一权"原则,在同一物上不能设立两个或两个以上内容相同的所有权或其他内容相互排斥的物权。从继受取得的角度来说,一方让渡了权利,即丧失了权利主体资格,而继受了权利的另一方,则成为新的财产所有权主体。

由于知识产权的特点,基于继受取得,同一知识产品之上拥有若干权利主体的情形普遍存在,大致分为三类:第一,某知识产权下的财产权和人身权由不同主体享有。最典型的例子就是作者保留其著作人身权而将著作财产权转让他人。第二,某知识产权是不完全转让,继受主体只能在约定的财产权项上享有利益,使共同使用该知识产品的原始主体和继受主体同时存在。第三,某知识产权的许可可以同时在不同地域范围进行,但是,若干被许可人只能在各自的有效区域内行使权利,即主体地位独立,权利互不相涉。例如,著作权人或者专利权人可以分别在数国许可其权利,这样就会出现两个或两个以上独立的权利主体。

二、本国主体与外国主体

根据主体国籍的不同,可以将知识产权的主体分为本国主体与外国主体。

本国主体,是指享有知识产权的具有中国国籍的自然人、法人或其他组织。外国主体,是指享有知识产权的不具有中国国籍的自然人、法人或其他组织,包括外国人和无国籍人。

本国主体与外国主体的区分的意义主要在于:

(1)对待外国主体,国内立法常常采用互惠或对等原则、国民待遇原则处理,而不是无条件地给予外国人以知识产权保护;

(2)外国主体在本国取得的知识产权往往设置有一定的限制或附加有一定条件;

(3)外国主体获得知识产权保护的条件有时也不同。

三、单一主体与共同主体

根据主体人数的不同,可以将知识产权的主体分为单一主体和共同主体。

单一主体,是指由一人作为知识产权的主体。例如,如单独创作完成作品的著作权作者,单独申请注册商标的商标权人等。共同主体,是指由两人或两人以上构成的知识产权主体。共同主体可能是基于合作、委托、履行职务或者共同申请而产生的。单一主体和共同主体区分的意义在于,有关知识产权归属的规定和行使权利的形式不同。

第二节　专利权主体

专利权的主体,是指依照专利法享有专利权利并承担与此相应的专利义务的人,包括自然人和法人以及其他社会组织。根据专利法规定,可以成为专利权主体的人包括发明人或设计人、专利申请人或专利权人、合作委托发明权利人、外国专利主体等。

一、发明人或者设计人

发明人、设计人是对发明创造的实质性特点做出创造性贡献的人。根据我国专利法的规定,发明人、专利申请人与专利权人具有相对独立的身份,发明人或设计人是确立专利申请人或专利权人的基本依据。也就是说,发明人、专利申请人和专利权人并没有必然的统一性,在大多数情况下是可以分开的,发明人不一定是专利权人,专利权人也不一定是发明人。

《专利法实施细则》第13条明确规定:“专利法所称发明人或者设计人,是指对发明创造的实质性特点作出创造性贡献的人。在完成发明创造过程中,只负责组织工作的人、为物质技术条件的利用提供方便的人或者从事其他辅助工作的人,不是发明人或者设计人。”由上述规定可知,只有对发明创造的实质性特点作出创造性贡献的人才能是发明人或者设计人,只负责组织工作的人、为物质技术条件的利用提供方便的人或者从事其他辅助工作的人,不是发明人或者设计人。

二、专利申请人

(一)非职务发明创造

非职务发明创造,是指既不是执行本单位的任务,也没有主要利用单位提供的物质技术条件所完成的发明创造。对于非职务发明创造,申请专利的权利属于发明人或者设计人。发明人或者设计人对非职务发明创造申请专利,任何单位或者个人不得压制。申请被批准后,该发明人或者设计人为专利权人。

(二)职务发明创造

对于职务发明创造来说,专利权的主体是该发明创造的发明人或者设计人的所在单位。职务发明创造,是指执行本单位的任务或者主要是利用本单位的物质技术条件所完成的发明创造。这里所称的“单位”,包括各种所有制类型和性质的内资企业和在中国境内的中外合资经营企业、中外合作企业和外商独资企业;从劳动关系上讲,既包括固定工作单位,也包括临时工作单位。职务发明创造分为两类。

1. 执行本单位任务所完成的发明创造

执行本单位任务所完成的发明创造包括三种情况:(1)在本职工作中作出的发明创造;(2)履行本单位交付的本职工作之外的任务所作出的发明创造;(3)退职、退休或者调动工作后1年内作出的,与其在原单位承担的本职工作或者原单位分配的任务有关的发明创造。在第(3)种情况中,只有同时具备两个条件,才构成职务发明创造:第一,该发明创造必须是发明人或设计人从原单位退职、退休或者调动工作后1年内作出的;第二,该发明创造与发明人或设计人在原单位承担的本职工作或者原单位分配的任务有联系。

2. 主要利用本单位的物质技术条件所完成的发明创造

“本单位的物质技术条件”是指本单位的资金、设备、零部件、原材料或者不对外公开的技术资料等。一般认为,如果在发明创造过程中,全部或者大部分利用了单位的资金、设备、零部件、原料以及不对外公开的技术资料,这种利用对发明创造的完成起着必不可少的决定性作用,就可以认定为主要利用本单位物质技术条件。如果仅仅是少量利用了本单位的物质技术条件,且这种物质条件的利用，对发明创造的完成无关紧要，则不能因此认定是职务发明创造。对于利用本单位的物质技术条件所完成的发明创造，如果单位与发明人或者设计人订有合同，对申请专利的权利和专利权的归属作出约定的，从其约定。

职务发明创造的专利申请权和取得的专利权归发明人或设计人所在的单位。发明人或设计人享有署名权和获得奖金、报酬的权利，即发明人和设计人有权在专利申请文件及有关专利文献中写明自己是发明人或设计人；被授予专利权的单位应当按规定向对职务发明创造的发明人或者设计人发放奖金；在发明创造专利实施后，单位应根据其推广应用的范围和取得的经济效益，对发明人或者设计人给予合理的报酬。发明人或设计人的署名权可以通过书面声明放弃。

三、委托发明权利人

委托发明是基于当事人的合作关系，通常当事人会签订书面合同，主体权利的归属首先由当事人协商，如果没有协商，除另有协议外，申请专利的权利属于研究开发人，研究开发人取得专利权的，委托人可以免费实施该专利。

四、合作发明权利人

两个以上单位或者个人合作完成的发明创造、一个单位或者个人接受其他单位或者个人委托所完成的发明创造，除另有协议的以外，申请专利的权利属于完成或者共同完成的单位或者个人；申请被批准后，申请的单位或者个人为专利权人。

五、外国专利主体

依照我国专利法的规定，外国人有权依法在我国申请专利。这里的外国人，既包括外国自然人，也包括外国法人或外国其他组织。根据《巴黎公约》的国民待遇原则，在我国有经常居所或真实营业所的外国人，享有和我国公民或单位同等的专利申请权和专利权。同时，我国《专利法》第17条规定：“在中国没有经常居所或者营业所的外国人、外国企业或者外国其他组织在中国申请专利的,依照其所属国同中国签订的协议或者共同参加的国际条约,或者依照互惠原则,根据本法办理。”

第三节 商标权主体

商标权主体又称商标权人,是指依法享有商标权的自然人、法人或者其他组织,包括商标权的原始主体和继受主体。商标权的原始主体是指商标注册人,继受主体是指依法通过注册商标的转让或者移转取得商标权的自然人、法人或者其他组织。

根据我国商标法规定,商标权主体包括依法成立的企业、事业单位、社会团体、个体工商户、个人合伙及外国人或外国企业,他们是商标权利的享有者。

一、商标权的原始主体

根据我国《商标法》第4条规定:“自然人、法人或者其他组织在生产经营活动中,对其商品或者服务需要取得商标专用权的,应当向商标局申请商标注册。不以使用为目的的恶意商标注册申请,应当予以驳回。本法有关商品商标的规定,适用于服务商标。”申请注册的商标被核准注册后,该商标注册申请人就成了该注册商标的商标注册人、商标权的原始主体。

根据我国《商标法》第5条的规定,两个以上自然人、法人或者其他组织可以共同申请注册同一商标,商标注册申请人共同申请注册的同一商标被核准注册后,该商标注册申请人就成为该注册商标的商标注册人、商标权的共有原始主体。

我国《商标法》第17条规定:“外国人或者外国企业在中国申请商标注册的,应当按其所属国和中华人民共和国签订的协议或者共同参加的国际条约办理,或者按对等原则办理。”也就是说,作为商标权主体的外国人或者外国企业必须具备一定的条件,即外国人或者外国企业的所属国和中华人民共和国签订的协议有与商标有关的,或者共同参加的国际条约有与商标有关的,或者按照对等原则办理外国人或者外国企业的商标注册事宜。如果外国人或者外国企业的所属国和中华人民共和国没有签订与商标有关的协议,也没有共同参加与商标有关的国际条约，且不适用对等原则，那么，该外国人或者外国企业就不能在我国取得商标权、成为商标权的主体。

应当说明的是，这里的外国人或者外国企业是指在中国没有经常居所或者营业所的外国人或者外国企业。

二、商标权的继受主体

商标权的原始主体可以依法转让其注册商标。作为商标权原始主体的自然人死亡后，该注册商标可以依法移转给其继承人；作为商标权原始主体的法人或者其他组织终止后，该注册商标可以依法移转给有关法人或者其他组织。自然人、法人或者其他组织依法通过注册商标的转让或者移转取得商标权后，就成为该商标权的继受主体。

第四节　著作权主体

一、著作权主体的概念

著作权的主体，也称著作权人，是对文学、艺术和科学作品依法享有著作权的自然人、法人或者非法人组织。在特定的情况下，国家也可以成为著作权主体。

二、著作权主体的分类

（一）原始主体和继受主体

根据著作权的取得方式，可以将著作权主体划分为原始主体和继受主体。

原始主体指在作品完成后，直接根据法律规定或合同约定，在不存在其他基础性权利的前提下对作品享有著作权的人。原始主体一般情况下为作者，特殊情况下作者以外的自然人或组织也可能成为著作权原始主体。

继受主体指通过受让、继承、受赠或法律规定的其他方式取得全部或部分著作权的自然人、法人或非法人组织。

（二）完整主体和部分主体

根据主体所享有的著作权的完整程度，可以将著作权主体划分为完整的著作权主体和部分的著作权主体。完整主体指对其创作的作品享有全部著作财产权和著作人身权的作者。部分主体指通过转让或继承关系而取得部分著作权的自然人、法人或非法人组织。

创作作品的作者一般都是完整的著作权主体。如果作者将自己的著作财产权的一部分或全部转让给他人,自己只有部分著作财产权和著作人身权或只有著作人身权,此时作者也就成了部分的著作权主体。在某些情况下,作者甚至可能不是或不再是著作权主体,如我国著作权法规定将法人视为作者的情况,事实上的自然人作者就不是著作权主体。

(三)内国主体和外国主体

根据著作权人的国籍标准,可将著作权主体划分为内国主体和外国主体。内国主体是指享有著作权的中国公民、法人或者非法人组织。外国主体则是指享有著作权或者受著作权法保护的外国人和无国籍人。内国主体和外国主体因为著作权的地域属性,在著作权保护上的待遇是不相同的。

(1)保护条件不同:中国作者和其他著作权人的作品无论是否发表,依据著作权法直接取得保护;外国人的作品若首先在中国境内发表,依照我国著作权法享有著作权。外国人在中国境外发表的作品,根据其所属国与中国签订的协议或者共同参加的国际条约享有的著作权,受我国法律保护。

(2)作品首次发表的规定不同:中国作者作品的首次发表,指作品首次在中国境内或境外发表。对外国作者来说,其作品首次在中国境内发表,指外国人未发表的作品首先在中国境内出版,或外国人的作品首先在中国境外出版后,30天内又在中国境内出版的,也被视为作品首先在中国境内发表;或外国人的作品未发表,但经授权改编、编译后在中国境内出版的,也视为该作品首先在中国境内发表。

(3)著作权保护期的起算不同:中国公民、法人或者非法人组织的作品,其著作权从作品创作完成之日起产生。外国人的作品首先在中国境内发表的,其著作权保护期自首次发表之日起计算。外国人在中国境外发表的作品,其保护期根据其所属国同中国签订的协议或共同参加的国际条约及中国著作权法的规定来确定。

三、著作权主体的确定

著作权人是著作权法保护的主体，即享有著作权权利和承担著作权义务的人。《著作权法》第9条规定："著作权人包括：（一）作者；（二）其他依照本法享有著作权的自然人、法人或者非法人组织。"

（一）作者

作者首先是自然人。《著作权法》第11条第2款规定："创作作品的自然人是作者。"直接创作作品的自然人是著作权的原始主体。所谓直接创作的作品，指作者通过自己的独立构思，运用自己的技巧和方法，直接（包括书面的、口头的和立体的形式表现）反映自己的思想与感情、个性与特点的作品。帮助作者修改、编辑、校对、审读稿件的人不能成为作者，因为他们是在作者创作基础上进行修改的。

被视为作者的法人和非法人单位也是著作权原始主体。《著作权法》第12条规定："在作品上署名的自然人、法人或者非法人组织为作者，且该作品上存在相应权利，但有相反证明的除外。"

（二）其他享有著作权的自然人、法人或者非法人组织

自然人、法人或者非法人组织通过继承、遗赠、转让、委托关系可以成为著作权的主体。

《著作权法》第21条规定："著作权属于自然人的，自然人死亡后，其本法第10条第1款第五项至第十七项规定的权利在本法规定的保护期内，依法转移。"也就是说，著作权中的财产权可以作为遗产继承。

（三）特殊作品的著作权主体

1. 演绎作品的著作权主体

演绎作品，指改编、翻译、注释、整理已有作品而产生的作品。

演绎作品的作者享有独立的著作权，但其著作权的行使不得侵犯原作品的著作权。第三人在使用演绎作品时，应征求原作者和演绎作者的同意。

2. 合作作品的著作权主体

合作作品，指两人以上共同创作的作品。合作作者须具备的条件：一是，合作作者有共同的创作愿望，他们对创作行为及后果有明确认识，目标一致。

二是,合作作者参加了共同的创作活动。如果没有参加创作,仅为创作提供咨询意见、物质条件、素材或其他辅助劳动的人不能称为合作作者。

合作作品的著作权归全体合作作者共同享有,行使著作权时应征得全体合作作者同意。对可以分割使用的合作作品,作者对各自创作的部分可以单独享有著作权,但行使著作权时不得侵犯合作作品整体的著作权。不可分割使用的合作作品,是不能单独使用的作品,合作作者对著作权的行使如果不能协商一致,则任何一方无正当理由不得阻止他方行使。

3. 汇编作品的著作权主体

汇编作品,即是对若干作品、作品的片段或不构成作品的数据或其他材料,在内容的选择或编排上体现独创性的作品,如选集、期刊、报纸、百科全书等。

汇编作品的著作权由汇编人享有。汇编人可是自然人,也可是法人或非法人单位。由单位组织人员进行创作,提供资金或资料等创作条件,并承担责任的百科全书、辞书、教材、大型摄影画册等编辑作品,其整体著作权归法人或非法人组织所有。

4. 职务作品的著作权主体

职务作品,指自然人为完成法人或非法人组织工作任务而创作的作品。因此,职务作品与自然人所担任的职务紧密关联,它是法人或者非法人组织安排其雇员或工作人员履行职责和任务而创造的成果。所以,职务作品既不是自然人个人的作品,也不是法人或者非法人组织委托创作的作品。

(1)利用法人或非法人组织的物质技术条件创作,并由其承担责任的工程设计、产品设计图纸及其说明、计算机软件、地图等职务作品,作者享有署名权,其他权利由法人或非法人组织享有。

(2)法律规定或合同约定著作权由法人或非法人组织享有的职务作品,作者享有署名权,其他权利由法人或非法人组织享有,法人或非法人组织可给予作者奖励。

(3)属于自然人为完成法人或非法人组织工作任务所创作的其他职务作品,其权利归作者享有,但法人或非法人组织有权在其业务范围内优先使用。

5. 委托作品的著作权主体

委托作品是指作者接受他人委托而创作的作品。委托作品的创作基础是委托创作合同，既可以是口头的，也可以是书面的；既可以是有偿的，也可以是无偿的。委托作品应体现委托人的意志，实现委托人使用作品的目的。

委托作品的著作权归属由委托人和受托人通过合同约定。合同未作明确约定或者没有订立合同的，著作权属于受托人，但委托人在约定的使用范围内享有使用作品的权利；双方没有约定使用作品范围的，委托人可以在委托创作的特定目的范围内免费使用该作品。

四、邻接权主体

邻接权，又称作品传播者权，是与著作权相邻近的权利，是指作品传播者对其在传播作品过程中所作出的创造性劳动和投资所享有的权利。在中国，邻接权主要是指出版者的权利、表演者的权利、录像制品制作者的权利、录音制作者的权利、电视台对其制作的非作品的电视节目的权利、广播电台的权利。邻接权的主体是出版者、表演者、音像制作者、广播电视组织，除表演者以外，多为法人或者其他组织。

第五节 其他知识产权主体

一、集成电路布图设计权的主体

集成电路布图设计权的主体，是指那些能够依法取得集成电路布图设计权的人，包括原始主体和继受主体。原始主体，指因创作或合同约定而享有集成电路布图设计权的人。能够成为原始主体的有创作人、共同创作人、单位（包括雇主、委托人）。继受主体，指因继承、转让、执行等从原始主体那里取得集成电路布图设计权的人。

二、植物新品种权的主体

植物新品种权的主体，也叫品种权人。执行本单位的任务或者主要是利用本单位的物质条件所完成的植物育种，植物新品种的申请权属于该单位；非职务育种，植物新品种的申请权可以依法转让。申请被批准后，品种权属于申请人。委托育种或者合作育种,品种权的归属由当事人在合同中约定;没有合同约定的,品种权属于受委托完成或共同完成育种的单位或者个人。

三、地理标志权的主体

地理标志权的主体,其基本要求为该申请地理标志产品的持有人,包括经营者、行政管理部门、行业协会等组织或其集合。地理标志属于该地区全体生产者的知识产权,不能为个人所拥有。另外,这种申请是一种整体性的保护。因此,其申请人必须要由该地区的政府来指定或者认定,并征求相关部门的意见。可以提出地理标志产品保护申请的主体包括以下三类:

(1)当地县级以上人民政府指定的地理标志产品保护申请机构;

(2)人民政府认定的协会,一般为行业协会、商会等社会团体;

(3)人民政府认定的企业,即生产或经营该产品的企业或企业的集合。

四、商业秘密权的主体

1993年我国《反不正当竞争法》把商业秘密纳入保护范围,但对商业秘密的主体和商业秘密侵权主体限制为经营者。反不正当竞争法的相关规定导致许多学者认为商业秘密的主体和商业秘密的侵权主体只能是经营者,即从事商品经营或者营利性服务的法人、其他经济组织和个人,而不从事经营活动的个人不能成为商业秘密的所有人。但实践表明,把商业秘密的主体范围仅仅限制为从事商品经营或营利性服务的法人、其他经济组织和个人太过于狭窄,不利于真正保护商业秘密权利人的合法权益,保障市场良好的竞争秩序,促进经济的迅速稳定发展。

【案例分析】

谁拥有著作权?

优秀青年教师郭甲,通过总结自己多年从事教学工作的经验和体会,撰写了一篇关于教学改革的论文,准备参加本校第四届论文研讨会。为此,郭甲找到本校打字员赵乙,让其帮忙打印。其间,赵乙的同学肖丙看到该论文后很欣赏,遂以自己学习为名向赵乙索要一份,之后,以自己的名义在某杂志上发表。郭甲了解此事后,指责肖丙剽窃了自己的论文,侵犯了自己的著作权。而肖丙则辩解，自己当时看到的郭甲的论文还未公开发表，自己只是赞同郭甲的观点，并下了一番功夫写了该论文，且已正式发表，自己才依法享有该论文的著作权。

郭甲应享有该论文的著作权。理由如下：

（1）著作权的客体即作品是指作者的创作活动所取得的具有一定表现形式的智力成果，它必须具备两个条件：独创性和可复制性。独创性即作品为作者创造性的劳动所取得的成果，而非抄袭他人作品。可复制性指能以一定的客观形式表现出来，即能被他人感知，如手稿、演讲等。该案中郭甲总结自己多年的教学经验和体会，独立创作完成了该论文，并以手稿的形式表现了出来，完全符合作品的构成要件。

（2）根据《著作权法》第2条的规定，作品只要创作完成，不论是否发表，作者即可获得著作权。因此，郭甲的论文虽未公开发表，但已自然取得著作权；肖丙剽窃他人作品，虽已发表，但不受著作权法保护，根据《著作权法》第52条的规定，肖丙应承担停止侵害、消除影响、赔礼道歉、赔偿损失的民事责任。

【基本概念】

知识产权主体；原始主体；继受主体；内国主体；外国主体；发明人；申请人；专利权人；著作权人；商标权人；作品；职务作品；职务发明。

【思考与分析】

1. 简述如何确定作品的作者。

2. 简述如何确定职务发明创造的专利申请人。

【延伸阅读书目】

[1]张玉敏.知识产权法学[M].北京：法律出版社，2016.

[2]吴汉东.知识产权法学[M].北京：北京大学出版社，2014.

第四章 知识产权客体

知识产权的客体是知识产品,即知识产权所支配的智力创造成果和工商业标识。知识产权的客体可划分为智力成果和商业标识两大类,同时涉及未被涵盖的其他客体,包括专利权客体、商标权客体、著作权客体和其他知识产权客体。知识产权的客体具有创造性、无形性、可复制性、公开性和专有性等特点。

第一节 知识产权客体概述

一、知识产权客体的概念

关于知识产权客体,学界有不同的观点。一种观点认为知识产权的客体与知识产权的对象是不同范畴,二者既有联系又有区别。知识产权的对象是知识本身,专指“合于法律规制的创造性智力成果和工商业标记”,是具体的、客观的、第一性的;知识产权的客体则是“基于对知识产权的对象的控制、利用和支配行为而产生的利益关系或称社会关系”,是抽象的、理性的、第二性的。[1]另一种观点是目前学界的主流观点,即认为知识产权的客体与知识产权的对象是同一范畴。本书将知识产权的客体定义为知识产品,即知识产权所支配的智力创造成果和工商业标识。一方面,这一概念描述了知识产品的本质含义,强调知识产品的客体产生于科学、技术、文化等精神领域,是精神劳动的产物,具有非物质性特征;另一方面,突出了知识产品在商品经济条件下的商品意义,反映了知识产权所包含的财产权性质。

---

[1] 参见:刘春田.知识产权法[M].北京:高等教育出版社,2000:5.持有此观点的还有杨雄文,他认为知识产权的对象是一个事实存在的物体,如一件作品、一幅画等,如果这个作品用在外观设计上,申请专利保护,就成为专利法保护的利益,这种利益才是专利权法律关系的客体。对象和客体的混同使用在传统社会条件下不会出现问题,但随着个人信息普遍商业化的知识时代的发展,对二者不加区分的做法则会遇到麻烦。参见:杨雄文.知识产权法总论[M].广州:华南理工大学出版社,2013:30-32.

二、知识产权客体的分类

目前学界对知识产权的客体分类主要有两分法和三分法两种。在两分法中，一种是以知识的消费方式为标准，将其分为著作权和工业产权；另一种则以知识产权价值的来源为标准，将其分为创造性智力成果权和工商业标记权。[1]三分法则将知识产权分为创造性成果、经营性标记和经营性资信。创造性成果包括作品及其传播媒介、工业技术。[2]本书采用两分法，即将知识产权客体划分为智力成果和商业标识两大类，同时涉及未被涵盖的其他客体。[3]

（一）智力成果

所谓智力成果，指的是在文化、科技等领域从事智力创造活动获得的成果，它具有创造性。主要包括发明、实用新型、外观设计、集成电路布图设计、植物新品种、商业秘密、科学发现等。

（二）商业标识

商业标识也称工商业标识、商业标记、商业标志、营业标记等，指的是“工业、农业、商业活动中，用以标识产品来源、表彰自己身份、表明产品质量以及表明其他商业情况的标记”[4]。需要注意的是，商业标识不可简称为“商标”，商业标识的范围远大于商标，它不仅包括商标，还包括商号、产地名称等。仅就商标而言，它包括商品商标、服务商标、证明商标等。商业标识的基本职能在于区分商品和厂家，使人们易于识别，因此需具有标记性。例如我国《商标法》第9条第1款就明确规定：“申请注册的商标，应当有显著特征，便于识别，并不得与他人在先取得的合法权利相冲突。”

（三）其他客体

随着社会的变迁、经济的发展和科技的进步，知识产权客体的外延也在不断延展，原有的智力成果和商业标识的客体界限已不足以反映知识产权客体的全貌。例如传统知识、遗传资源和民间文艺表达等由于产生年代久远，权利

---

[1] 参见：刘春田．知识产权法[M]．北京：高等教育出版社，2000：13-15.

[2] 参见：吴汉东．知识产权总论[M]．北京：中国人民大学出版社，2013：48.

[3] 参见：王锋．知识产权法学[M]．郑州：郑州大学出版社，2010：12.

[4] 参见：王锋．知识产权法学[M]．郑州：郑州大学出版社，2010：12.

主体不明确,难以为现行知识产权法保护,但它们作为长期流传下来的知识、经验的总和,无疑具有潜在的或实际的价值,法律上的空白不能成为对这些智力成果不予保护的依据。事实上,国际上已高度重视对传统文化的保护,世界知识产权组织已成立专门的政府间委员会,讨论和研究传统知识、遗传资源、民间文艺与知识产权的关系问题。[1]2003年,世界知识产权组织召开会议并提出《关于与遗传资源和传统知识有关的公开要求问题的技术研究报告草案》,该草案明确指出遗传资源及相关传统知识作为原材料对日益重要的生物技术发明具有潜在的价值,因此对遗传资源和传统知识的保护应当予以重视。[2]此外,随着人工智能的出现,机器人创作的绘画、写作和谱曲等作品也日渐增多,它们能否作为著作权法意义上的作品受到保护?这些作品的主体是人工智能还是人工智能的所有者?这些仍然是亟待研究和解决的问题。

第二节 专利权客体

专利权客体是专利制度的重要组成部分,也称专利法的保护对象,是专利权人的权利和义务指向的对象,主要指人类的发明创造。世界各国对专利权客体的规定不尽相同,如德国和日本等国将专利权客体限定为发明;美国规定专利法保护的对象为发明专利、植物专利和外观设计专利;我国则将专利权客体限定为发明、实用新型和外观设计三种。

一、发明

发明是专利法主要保护的对象。我国《专利法》第2条第2款规定:“发明,是指对产品、方法或者其改进所提出的新的技术方案。”

(一)发明的特点

(1)发明是一种技术方案。发明是解决某一技术问题的具体方案,必须能够实施,达到一定的技术效果并具备可重复实施性。这种技术方案并不需要已经实施,也不需要将其转化为具体的、实实在在的产品,只需该方案具有完

---

[1] 如世界知识产权组织和联合国教科文组织制定的:《保护民间文艺表达免受违法利用和其他损害示范法》(1982)。

[2] 参见:吴汉东.知识产权法学[M].北京:北京大学出版社,2019:22.

整性和可实施性即可。

（2）发明是一种创新。所谓“创新”，是指与现有技术相比，发明必须是前所未有的。它可以借鉴、利用，但不能简单地重复他人已有的技术成果，要在此基础上有实质性的改进。

（3）发明要利用自然规律或自然现象。从专利法的角度来说，凡不利用自然规律或自然现象的技术成果不能称之为发明。如数学运算方法、财务会计方法、游戏规则、动植物品种、疾病的治疗方法等，都不是专利法上的发明。但需要说明的是，违背自然规律的创造以及自然规律本身都不是发明。例如，违背热力学第二定律的各种第二类永动机，虽然不违背能量守恒定律这个第一定律，但因其违背自然规律，因而不具有实际的技术效果，也不能称之为发明。此外，自然规律本身是客观存在的，它不是人类创造的，只可以被“发现”，而不能被“发明”。

（二）发明的种类

根据不同的标准，发明可以划分为不同的种类。例如，根据参与发明创造的人数，发明可分为独立发明和合作发明；根据发明人的国籍，发明可分为本国发明和外国发明；根据发明的权利归属，发明可分为职务发明和非职务发明；根据发明间的关系，发明可分为基本发明和改良发明；等等。按照我国专利法对发明的定义，可以将发明分为两大类：产品发明和方法发明。

1. 产品发明

产品发明是指通过人们的智力活动创造出来的具有特定性质的、有形的物品。这种产品既可以是一个独立、完整的产品，也可以是设备或仪器中的零部件。主要包括：

（1）制造品：如各种机器、设备以及各种用具等；

（2）材料物质：如化学物质、组合物、药品、食品等；

（3）具有新用途的产品：指在不改变物品固有形态的情况下，揭示该物品前所未有的用途和功能，如发现木炭可以制造火药等。

但需要注意的是，未经人的加工、完全处于自然状态的东西，如宝石、矿物质等都不能称之为产品发明。

2. 方法发明

方法发明是指把一种物品或者物质改变成另一种状态或另一种物品所采用的步骤和手段的发明。这种方法和手段可以是制造方法、化学方法、通信方法等。主要包括:

(1)制造方法:即制造特定产品的方法;

(2)化学方法:如合成树脂等方法;

(3)生物方法:如杂交水稻培育方法等;

(4)其他方法:如通信方法、测量方法、分析方法等。

针对一项具体的发明创造,要严格区分产品和方法,有时有一定的难度。一般而言,方法作为技术方案在构成上包含时间因素,也就是说"方法通常是由多个行为或若干现象按一定规则、在时间坐标上同时或分别展开所形成的组合。其中包含着时间延续的因素"[1]。即便有的方法可能是多个行为或现象同时进行,也还是有一个时间过程。

二、实用新型

与发明专利制度相比,实用新型制度在世界范围内的普及尚不够广泛。有的国家,如美国,就没有实用新型制度;有的国家,如意大利、乌拉圭,将实用新型制度与外观设计制度合并。世界上对实用新型的保护始于英国,但将其作为一种单独的工业产权予以保护的国家是德国,德国在1891年颁布了第一部正式的《实用新型保护法》,对实用新型给予3年的保护期。实用新型虽然在技术水平上略低于发明专利,被人称为"小发明"或"小专利",但有其自身的特点,对其加以保护也有特别的意义。因此,我国《专利法》第2条第3款明确规定:"实用新型,是指对产品的形状、构造或者其结合所提出的适于实用的新的技术方案。"

(一)实用新型的特点

1. 实用新型是一种技术方案

实用新型与发明一样,也是一种具体的技术方案,这种方案只要是完整的、可以实施的即可,并不需要将其转化为实在的产品。

[1] 刘春田. 知识产权法[M]. 北京:高等教育出版社,2000:160.

2. 实用新型是一种技术创新

与已有技术相比，实用新型需有实质性特点和进步，不能是对已有技术成果的简单重复。

3. 实用新型产品是具有一定形状和构造的产品

从我国专利法对实用新型的定义可以看出，实用新型的对象是产品，而不是方法。

根据2010年修订的《专利法实施细则》以及《专利审查指南》相关规定，下列情况不能申请实用新型专利：

（1）一切方法以及未经人工制造的自然存在的物品，包括产品的制造方法、使用方法、通信方法、处理方法、计算机程序以及将产品用于特定用途等。

（2）无确定形状的产品，如气态、液态、粉末状、颗粒状的物质或材料。

（3）物质的分子结构、组分、金相结构等。

（4）未采用技术手段解决技术问题，以获得符合自然规律的技术效果的方案。

（5）产品的形状以及表面的图案、色彩或者其结合的新方案，没有解决技术问题的。

（6）产品表面的文字、符号、图标或者其结合的新方案。例如，仅改变按键表面文字、符号的计算机或手机键盘；以十二生肖形状为装饰的开罐刀；仅以表面图案设计为区别特征的棋类、牌类等。

（二）实用新型与发明的区别

如前所述，实用新型又称"小发明"，可见二者之间存在许多相似之处，都是具有可实施性的、新的技术方案。在我国专利法中，对它们的保护模式也完全相同。但二者之间仍然存在着明显的不同。

1. 实用新型与发明的对象不同

实用新型对象是具有一定形状和构造的产品，而发明对象则既可以是产品，也可以是方法。

2. 实用新型与发明的创造性要求不同

发明要求具有突出的实质性特点和显著的进步，实用新型则具有实质性特点和进步即可。

3. 实用新型与发明的审查程序不同

实用新型专利申请的审查程序较为简单、快捷,只需通过初步审查,就可公告授权;发明的专利申请则采取早期公开、延迟审查制度,即不仅要有形式审查,还要进行公开和实质审查后,才可以授予专利权。这是因为实用新型多是一些简单技术,其市场寿命往往短暂,如果审查程序较长或较复杂,则该项技术可能很快被淘汰,失去原本的价值和意义。

4. 实用新型与发明的保护期限不同

一般情况下,各个国家都对发明给予较长的保护期,而对实用新型则给予较短的保护期。我国《专利法》规定,发明专利的保护期为20年,实用新型专利的保护期为10年,均从申请日起计算。

三、外观设计

外观设计,又称工业品外观设计,或简称为工业设计。始于18世纪初法国里昂对该市丝绸织品图案的保护。1806年,法国正式建立了比较完整的外观设计保护制度,并颁布了相应的法律。此后,世界各国逐渐建立起对外观设计保护的制度。一些国家,如德国、日本等,制定了专门的外观设计法;一些国家,如英国,将其纳入著作权法体系中;而另一些国家,如美国、中国等,则采用专利法的模式来保护外观设计。我国《专利法》第2条第4款规定:"外观设计,是指对产品的整体或者局部的形状、图案或者其结合以及色彩与形状、图案的结合所作出的富有美感并适于工业应用的新设计。"

(一)外观设计的特点

(1)外观设计以特定的产品为依托。从外观设计的定义来看,它是一种对产品的设计,离开了具体的产品,外观设计只能算作受著作权法保护的美术作品。

(2)外观设计的构成要素是:产品的形状、图案或其结合,以及色彩与形状、图案的结合。

(3)外观设计应富有美感性。外观设计不考虑产品的实用性,而只关注视觉美感。

(4)外观设计需适用于工业应用,即外观设计能够通过工业手段大量复制,用于实际生产。

（二）外观设计与实用新型的区别

（1）所涉及范围不同。实用新型既可以涉及产品的外形，也可以涉及产品的内部结构；外观设计则与产品的内在结构无任何关系，只涉及产品外在的形状、图案、色彩等。

（2）强调的效果不同。实用新型是技术方案，强调技术效果；外观设计则是美学设计，强调的是美感。

（3）法律保护的对象不同。实用新型专利保护的是作为创造性技术方案的产品本身；在外观设计中，产品仅是设计的载体，法律保护的是设计本身，而不是设计附着的产品。

四、专利权客体的排除

根据我国《专利法》的相关规定，以下各项不能被授予专利权。

（1）违反公共秩序、社会公德或公共利益的发明创造。世界各国一般把与公共秩序和善良风俗相抵触的发明创造排除在专利权客体之外。公共秩序是国家和社会存在与发展所必需的一般秩序；善良风俗是社会公众普遍承认的一般伦理道德观念。如果一项发明创造与公共秩序和善良风俗相违背，则不能被授予专利权。我国《专利法》第5条第1款明确规定："对违反法律、社会公德或者妨害公共利益的发明创造，不授予专利权。"

（2）违反国家法律的发明创造。我国《专利法》第5条第2款明确规定："对违反法律、行政法规的规定获取或者利用遗传资源，并依赖该遗传资源完成的发明创造，不授予专利权。"例如，伪造货币的设备或方法、吸食毒品的工具等，虽然具备创新性和实用性，是技术方案，但其创造的目的和作用违反了法律的规定，也不能被授予专利。

（3）科学发现。科学发现是对自然界客观存在的物质现象或特定自然规律的认知，不是人们改造客观世界的技术方案，故不能被授予专利权。

（4）智力活动的规则和方法。智力活动是抽象的思维活动，不是利用自然规律的过程，更不是一项技术方案，因此不能被授予专利权。

（5）疾病的诊断和治疗方法。

（6）动物和植物品种。根据我国现行《专利法》的规定，动植物品种本身不能被授予专利,但培育或生产动植物新品种的方法可以被授予专利。

(7)用原子核变换方法获得的物质。原子核变换方法获得的物质,指由核裂变或核聚变方法获得的元素或化合物。自然衰变不属于原子核变换方法,且非人力所能掌控,故不属于专利法保护范围。人工核反应所获得的物质不授予专利权,一方面是基于国家安全和公共安全的考虑,另一方面是为了保护本国核工业。

(8)对平面印刷品的图案、色彩或者二者的结合作出的主要起标识作用的设计。

第三节 商标权客体

商标权的客体是商标。我国商标法未对商标作出定义,仅对商标的构成要素作了规定。《商标法》第8条规定:"任何能够将自然人、法人或者其他组织的商品与他人的商品区别开的标志,包括文字、图形、字母、数字、三维标志、颜色组合和声音等,以及上述要素的组合,均可以作为商标申请注册。"可见,商标是一种商业标识,是经营者所使用的将自己的商品或服务与他人的商品或服务相区别的标记。它包含三种要素:首先,商标的主体是经营者,即自然人、法人或其他组织;其次,商标的标志是图形、文字、颜色、声音等;最后,使用商标标识的商品或服务。

一、商标的特点

(1)商标是一种可感知的符号,由文字、图形、字母、数字、三维标志、颜色组合和声音等构成,可以通过视觉或听觉等感知。

(2)商标是一种用于商品或服务的标志。这是商标在适用对象上的特征。商标不能与商品或服务脱离,它依附于商品或服务。否则,任何符号都不是商标。

(3)商标是区别相同或相近商品、服务的标志。这是商标的本质特征。商标的这一特征为消费者正确判断商品的来源、经营者的资质和接受服务提供了依据和便利。

二、商标的种类

依据不同的标准，商标可以分为不同的种类。例如，根据商标是否登记注册，可分为注册商标和未注册商标；根据商标使用者的不同，可分为制造商标和销售商标；根据商品适用对象的不同，可分为商品商标和服务商标；根据视觉能否感知，可分为视觉商标和非视觉商标；根据商标的空间结构不同，可分为平面商标和立体商标；根据商标使用目的的不同，可分为联合商标和防御商标等。根据我国《商标法》第8条的规定，商标包括如下几类。

（1）文字商标，指仅用文字构成的商标，包括汉字和少数民族文字、外国文字或以各种不同字组合的商标。

（2）图形商标，指仅用图形构成的商标。图形商标又可以分为：记号商标，即用某种简单符号构成图案的商标；几何图形商标，即以较抽象的图形构成的商标；自然图形商标，即以人物、动植物、自然风景等自然物象为对象构成的商标。

（3）字母商标，指用拼音文字或注音符号的最小书写单位，包括拼音文字、外文字母如英文字母、拉丁字母等构成的商标。

（4）数字商标，指用阿拉伯数字、罗马数字或者是中文大写数字所构成的商标。

（5）三维标志商标，又称为立体商标，指用具有长、宽、高三种度量的三维立体物标志构成的商标，它与我们通常所见的表现在一个平面上的商标图案不同，是以一个立体物质形态出现的，这种形态可能出现在商品的外形上，也可以表现在商品的容器或其他地方。

（6）颜色组合商标，指由两种或两种以上的色彩排列组合而成的商标。文字、图案加色彩构成的商标，不属于颜色组合商标，只是一般的组合商标。

（7）声音商标，即以音符编成的一组音乐或以某种特殊声音作为商品或服务的商标。

（8）上述各种要素的组合商标，又称为复合商标，指由两种或两种以上成分相结合所构成的商标。

除上述商标法明确规定的商标种类之外，还有气味商标，即以某种特殊气味作为区别不同商品和不同服务项目的商标。目前，气味商标只在个别国家被承认,在我国尚不能注册为商标。

三、商标权客体的例外

根据我国《商标法》第10条、第11条的规定,商标权的客体有两种例外情形。

(一)不得作为商标使用的情形

(1)同中华人民共和国的国家名称、国旗、国徽、国歌、军旗、军徽、军歌、勋章等相同或者近似的,以及同中央国家机关的名称、标志、所在地特定地点的名称或者标志性建筑物的名称、图形相同的。

(2)同外国的国家名称、国旗、国徽、军旗等相同或者近似的,但经该国政府同意的除外。

(3)同政府间国际组织的名称、旗帜、徽记等相同或者近似的,但经该组织同意或者不易误导公众的除外。

(4)与表明实施控制、予以保证的官方标志、检验印记相同或者近似的,但经授权的除外。

(5)同"红十字""红新月"的名称、标志相同或者近似的。

(6)带有民族歧视性的。

(7)带有欺骗性,容易使公众对商品的质量等特点或者产地产生误认的。

(8)有害于社会主义道德风尚或者有其他不良影响的。

此外,县级以上行政区划的地名或者公众知晓的外国地名,不得作为商标。但是,地名具有其他含义或者作为集体商标、证明商标组成部分的除外;已经注册的使用地名的商标继续有效。

(二)不得作为商标注册的情形

(1)仅有本商品的通用名称、图形、型号的。

(2)仅直接表示商品的质量、主要原料、功能、用途、重量、数量及其他特点的。

(3)其他缺乏显著特征的。

但是,若前两种情况下的商品标志经过使用取得显著特征,并便于识别的,可以作为商标注册。

此外,还需要注意的是,《商标法》第12条的规定,以三维标志申请注册商标的,仅由商品自身的性质产生的形状、为获得技术效果而需有的商品形状或者使商品具有实质性价值的形状,不得注册。

第四节　著作权客体

著作权的客体是作品。我国《著作权法》第3条明确规定,作品是指以文字、声音、摄影、图纸等形式表达的文学、艺术和自然科学、社会科学、工程技术等智力成果。

一、作品的特点

(1)作品是思想、情感的表达,而不是思想、情感本身。著作权理论认为,作品是由"思想"和"表达"构成。思想是对物质存在、客观事实、人类情感的认知,是被描述、被表现的对象,属于主观范畴,是抽象的、无形的,它不受法律保护。表达则是将这种思想借助物质媒介表现出来,把"意象"转化为"形象","抽象"转化为"具象"。[1]著作权法保护的是表现形式,而不是被表达的思想和情感。应当注意的是,这里所说的表达不限于文字形式,也包括声音、形体、色彩等。

(2)作品是文学、艺术和科学领域内的表达。这里的文学、艺术和科学领域有别于工商业等应用领域。

(3)作品必须具有独创性。独创性也称原创性,是作品的本质属性,指作品必须是作者独立创作出来的。值得指出的是,著作权法所保护的作品并不要求具有首创性,只要作品的表达是作者独立创作完成的,就应当认定作者享有著作权。

(4)作品必须具有可复制性。仅仅存在于人的大脑,而无法为他人所感知其思想或表达的,法律则无法为其提供保护。作为著作权保护的客体,作品需要借助言语、文字、声音、色彩、符号等媒介物表现出来,使人能够通过感官觉察作品的存在,并以某种有形物质载体复制。

[1] 刘春田.知识产权法[M].北京:高等教育出版社,2000:46.

二、作品的种类

依据不同的标准,作品可以分为不同的种类。例如,依创作人划分,可分为自然人作品和法人作品;依创作主体人数划分,可分为个人作品和合作作品;依创作与职务的关系划分,可分为职务作品和非职务作品;依作品是否发表划分,可分为已发表作品和未发表作品;依作品是否署名划分,可分为署名作品和匿名作品等。根据我国《著作权法》第3条的规定,作品包括以下形式创作的文学、艺术和自然科学、社会科学、工程技术等智力成果。

(一)文字作品

文字作品主要指小说、散文、诗词等以文字、数字、符号表现的作品。因其创作形式多样、创作数量多、运用领域广,世界各国一般将其列为第一类作品进行保护。文字的书写方式、字数的多少不影响文字作品的性质。

(二)口述作品

口述作品也称口头作品,是指即兴的演说、授课、法庭辩论等以口头语言形式表现出来的作品。它不以文字为载体,而是以声音为物质载体、随机创作、即兴完成。

(三)音乐、戏剧、曲艺、舞蹈、杂技艺术作品

音乐是指歌曲、交响乐等能够演唱或演奏的带词或不带词的作品,基本表现形式为旋律和节奏;戏剧作品是指话剧、歌剧、地方戏等供舞台演出的作品,是一种表演艺术形式;曲艺也称说唱艺术,是指相声、大鼓、评书等以说唱为主要形式叙述故事、塑造人物、反映社会生活、表达思想情感的艺术形式;舞蹈作品是指通过动作、姿势、表情等表现思想情感的作品;杂技艺术作品是指杂技、魔术、马戏等通过形体动作和技巧表现的作品。

(四)美术、建筑作品

美术作品是指绘画、书法、雕塑等以线条、色彩等方式构成的平面或立体的造型艺术作品;建筑作品也称建筑物作品,是指以建筑物或构筑物形式表现的有审美意义的作品,一般包括建筑物形体的组合、建筑组群的规划以及建筑物的装修、色彩和绿化等。

（五）摄影作品

摄影作品是指借助器械在感光材料或其他介质上记录客观物体形象的艺术作品。

（六）视听作品

视听作品，是指通过一定介质，由一系列有伴音或无伴音的画面组成，并借助适当装置放映或以其他方式传播的作品。

（七）工程设计图、产品设计图、地图、示意图等图形作品和模型作品

图形作品是指为施工、生产、反映地理现象、说明事物原理或者结构绘制的工程设计图、产品设计图、地图、示意图等作品，如工厂、矿山、桥梁设计图、人造卫星运行图等；模型作品是指为展示、试验或者观测等用途，根据物体的形状和结构，按照一定比例制作的立体作品，如博物馆陈列的恐龙模型等。

（八）计算机软件

计算机软件是指计算机程序及其有关文档。《知识产权协定》第10条第1款要求WTO成员将计算机程序作为《伯尔尼公约》项下的“文学”作品加以保护，但这种文学作品不同于一般的文学作品，因为它要执行一定的命令，履行一定的功能，因而具有明显的工具性特征。我国著作权法将计算机软件作为著作权法的保护对象，同时国务院专门制定《计算机软件保护条例》对其加以具体调整。根据该条例，受保护的软件必须由开发者独立开发，并相当持久地固定在某种载体上，而不是瞬间的感知、复制和传播程序。此外，计算机软件与一般作品还有诸多不同，例如一般作品的创作者称作者，而计算机软件的创作者称开发者；一般作品的登记实行自愿原则，计算机软件的登记实行强制原则，等等。

（九）符合作品特征的其他智力成果

作品的表现形式与科学技术发展之间存在着紧密联系。随着科学技术的进步，人们创作出的作品也会不断丰富。著作权法的这一规定，正是为了适应这种与时俱进的需要而设的兜底条款，用以涵盖立法者未能预见到的新形式的作品，使无法归入前述分类的作品能够得到相应的保护。

三、不受著作权法保护的客体

一般情况下,著作权法保护的客体是广泛的,但为了维护国家安全、公共利益以及社会善良风俗,很多国家根据本国实际情况将某些作品排除在著作权法保护范围之外。根据我国著作权法的相关规定,以下作品不受著作权法的保护。

(一)超过保护期的作品

著作权具有时间性。任何作品只有在法律规定的保护期内,才能受著作权保护。我国著作权包括财产权利和人身权利,其中人身权(除发表权外)的保护期不受限制,其他权利超过法律规定的保护期后,就不再受著作权法的保护。

(二)法律、法规,国家机关的决议、决定、命令和其他具有立法、行政、司法性质的文件,及其官方正式译文

从作品的构成条件看,这类作品完全符合独创性和可复制性的特点。但法律、法规、国家机关的决议、决定和命令等文件的目的是让它们最大限度地向公众传播,为广大公众知晓和利用,因此如果给予它们著作权保护,则有违官方的本意。

(三)单纯事实消息

单纯事实消息是指通过报刊、广播电台、电视台等媒体报道的单纯的事实。这种新闻只是对事实的客观报道,没有表达写作人的主观思想或情感,表达形式非常有限。因此,这些作品不能算作著作权法保护的对象。《伯尔尼公约》第2条第8款就规定:“本公约的保护不适用于日常新闻或纯属报刊消息性质的社会新闻。”但如果媒体报道中融入了有关人员的评论或观点,包含有报道人的创造性劳动,则应当受著作权法的保护。

(四)历法、通用数表、通用表格和公式

历法是人们用于计算年月日的方法,这种方法不是作品,由此方法产生的结果,因无独创性,故不能适用于著作权法;通用数表是人们在日常生活、工作中使用的一般表格;公式是指用数字、字母或其他符号表示数量之间的关系

的式子。它们都因其表达形式单一,不具有独创性,且已属于公知公用的事物。因此,这些都不是著作权法上的作品,不受著作权法保护。

第五节　其他知识产权客体

一、集成电路布图设计

集成电路是一种综合性技术成果。我国《集成电路布图设计保护条例》第2条第1款将集成电路定义为半导体集成电路,即以半导体材料为基片,将至少有一个是有源元件的两个以上元件和部分或者全部互连线路集成在基片之中或者基片之上,以执行某种电子功能的中间产品或者最终产品。集成电路包括布图设计和工艺技术。

集成电路布图设计作为人类智力劳动的成果,具有知识产权客体的诸多共性,如独创性、无形性、可复制性、实用性等。其中,独创性是集成电路布图设计的主要特征。《集成电路布图设计保护条例》第4条第1款明确规定:"受保护的布图设计应当具有独创性,即该布图设计是创作者自己的智力劳动成果,并且在其创作时该布图设计在布图设计创作者和集成电路制造者中不是公认的常规设计。"也就是说,布图设计必须是创作者自己创作的,不能是简单复制他人的布图设计或者只是对他人布图设计进行的简单修改;此外,该布图设计在完成时应当在创作人以及在集成电路行业中具备一定的先进性,不能是常用的、显而易见的或为人熟知的。

二、植物新品种

植物新品种是指经过人工培育的或者对发现的野生植物加以开发,具备新颖性、特异性、一致性和稳定性并有适当命名的植物品种。

根据我国《植物新品种保护条例》及其实施细则的规定,作为知识产权保护的客体,植物新品种需具备以下特点。

(1)申请品种权的植物新品种应当属于国家植物品种保护名录中列举的植物的属或者种。

(2)授予品种权的植物新品种应当具备新颖性。新颖性,是指申请品种权的植物新品种在申请日前该品种繁殖材料未被销售,或者经育种者许可,在中国境内销售该品种繁殖材料未超过1年;在中国境外销售藤本植物、林木、果树和观赏树木品种繁殖材料未超过6年,销售其他植物品种繁殖材料未超过4年。

(3)授予品种权的植物新品种应当具备特异性。特异性,是指申请品种权的植物新品种应当明显区别于在递交申请以前已知的植物品种。

(4)授予品种权的植物新品种应当具备一致性。一致性,是指申请品种权的植物新品种经过繁殖,除可以预见的变异外,其相关的特征或者特性一致。

(5)授予品种权的植物新品种应当具备稳定性。稳定性,是指申请品种权的植物新品种经过反复繁殖后或者在特定繁殖周期结束时,其相关的特征或者特性保持不变。

(6)授予品种权的植物新品种应当具备适当的名称,并与相同或者相近的植物属或者种中已知品种的名称相区别。

(7)不危害公共利益、生态环境。

三、地理标志

根据我国《商标法》第16条第2款的规定,地理标志是指标示某商品来源于某地区,该商品的特定质量、信誉或者其他特征,主要由该地区的自然因素或者人文因素所决定的标志。例如,法国香槟、安溪铁观音、涪陵榨菜等。在《巴黎公约》《里斯本协定》《保护原产地名称及其国际注册协定》,以及《发展中国家原产地名称和产地标记示范法》中使用的是"原产地名称"这一概念。不过,从其表述来看,原产地名称与地理标志的含义基本相同,二者系同一语义。

地理标志具有如下特征:首先,地理标志是商品来源地的标志。任何一种商品都是来自特定地区,由商品生产者通过加工、制造等劳动活动形成的。同类商品,可以来自同一地区,也可以来自不同地区。在商品上标注来源地,有利于将商品加以区分。因此,地理名称必须是真实存在的,不能臆造或虚构。其次,地理标志具有品质保证的功能。地理标志不仅表明了商品的来源地,还体现了商品特有的品质。来源地不同,商品所具有的品质和性能就会不同。"阿克苏苹果"和"灵宝苹果"虽然都是苹果,但由于这两个地区在自然条件,如气候、光照、水质等方面的不同，因此其口感或信誉方面都有所不同。最后，地理标志并非单一的地理名称，只有当一个地名与其标示的特定商品相关联时，该地名才可成为这一商品的地理标志。

四、商业秘密

商业秘密虽为国际上较为通行的法律术语，但尚缺乏统一的定义。根据我国《反不正当竞争法》的相关规定，商业秘密是指不为公众所知悉、具有商业价值并经权利人采取相应保密措施的技术信息、经营信息等商业信息。

商业秘密包括经营秘密和技术秘密等内容。所谓经营秘密，是指未公开的经营信息，如经营方法、管理方法、货源情报、客户名单等。所谓技术秘密，是指未公开的技术信息，如与产品生产和制造有关的技术诀窍、工业流程、设计图纸、化学配方等。

商业秘密具有如下特征：信息性，即与工商业活动相关的经营信息和技术信息，但需注意的是，这种信息不得涉及国家秘密和个人隐私。秘密性，即商业秘密的本质特征，是商业秘密具有价值的基础。它要求该秘密不为公众所知悉，这里的公众主要指与权利人有竞争关系的相关信息应用领域的人；要求该信息是不能从公开渠道直接获取的、处于保密状态的尚未公开的信息。实用性，即进行商业秘密保护的基础，指的是该商业秘密能够在生产经营中得到确定的、具体的应用，转化为价值，为权利人带来经济利益，包括现实的或潜在的经济利益和竞争优势。保密性，指商业秘密的权利人必须主动对商业秘密采取保密措施加以管理，如对文件的保密、对雇员的约束、对技术设备的控制等。保密措施不仅是事实行为，也是法律行为。权利人通过采取保密措施，一方面表明商业秘密的存在，对其主张权利；另一方面也使相关人员承担不得泄露秘密的义务以及泄露秘密后应当承担的责任。

【案例分析】

科学理论是否可以申请专利？

某科研所的科研人员刘某向专利局提出“天体(地球、日、月)物理仪器发明专利”申请。在其权利要求中，刘某对天体物理仪器的特征描述如下：穿过春分和秋分的太阳中心再穿过春分秋分的地球赤道剖面中心与地球自转轴相垂直,即X轴是太阳的轨迹,再作Y轴穿过春分或秋分的地球赤道剖面中心垂直于X轴,XY平面即与春分秋分的赤道剖面相重合的平面,则地球自转轴永远垂直于XY平面即永呈90°,地球赤道剖面除春分秋分重合外其余时间均与XY平面平行(旧地球仪是轨道在一平面上的闭口曲线圆或椭圆,地轴与轨道永呈66.5°,赤道平面与轨道平面永呈23.5°)。并且此XY平面就是相对于太阳若不受月球的引力作用影响,由春分或秋分开始每天以15.4′的角度变化,用90多天的时间向南或北偏离XY平面23.5°,这就是相对于月球的近似三级抛物线的运行轨迹的变化。❶

请思考:

(1)试分析案中的物理仪器是否为专利法意义上的发明创造并说明理由。

(2)分析自然规律的发现与依据自然规律创造的发明之间的关系。

【基本概念】

知识产权客体;发明;实用新型;外观设计;商标;作品。

【思考与分析】

1. 简述知识产权客体的非物质性特点。
2. 简述我国《专利法》规定的专利保护的排除客体。
3. 简述商标的功能与作用。
4. 著作权法所称的作品是什么?

【延伸阅读书目】

[1]赵元果.中国专利法的孕育与诞生[M].北京:知识产权出版社,2003.

[2]刘春田.商标与商标权辨析[J].知识产权,1998(1):10-14.

[3]吴汉东,王毅.著作权客体论[J].中南政法学院学报,1990(4):37-44.

[4]吴汉东.知识产权多维度学理解读[M].北京:中国人民大学出版社,2015.

❶ 来小鹏,李玉香.知识产权法案例研习[M].北京:中国政法大学出版社,2013:132.

第五章　知识产权内容

知识产权内容是权利人对其所拥有的知识产权所享有的各项权利的总和，是权利人获得金钱收益、寻求法律救济的具体依据，是知识产权立法中最为核心的部分。按照知识产权客体的分类，知识产权内容可以分为专利权内容、著作权内容、商标权内容与其他知识产权内容。

第一节　知识产权内容概述

一、知识产权内容定义与特征

知识产权作为一个开放的“权利束”，本身是一个集合概念，其内容与范围亦随着社会的发展而不断调整。知识产权的内容即法律所授予权利人对其所拥有的知识产权所享有的具体权利的总和，是权利人获得收益、寻求法律救济的具体依据，是知识产权立法中最为核心的部分，知识产权权利人只有清楚其享有的各项权利，才能准确判断哪些行为构成知识产权侵权，哪些商业性使用行为需要获得权利人许可。总之，知识产权就是法律授予权利人的各项权利或权利人阻止他人未经许可实施特定行为的权利总称。

首先，知识产权内容具有法定性。具体的立法条文所规定的权利人所拥有的权利内容即权利被侵权时寻求法律救济的依据，法律授予权利人的特定的权利行使方式是权利人主张法律保护的依据，否则他人的使用行为则可能不属于侵权行为。比如，盗版图书，我国著作权法授予权利人复制权，囊括以印刷、复印、录音、录像、翻录、翻拍等方式将作品制作成一份或多份的权利，但是并未规定“阅读”属于复制行为，所以阅读盗版图书的行为不属于“复制行为”控制下的权利内容，权利人对于他人阅读盗版图书的行为只能进行容忍，但是可以进一步追究盗版商与销售商的复制行为与销售行为，以此维护自己的合法权益。

其次，知识产权内容具有可变性。知识产权法作为平衡知识产权权利人个人利益与社会公共利益的制度,旨在实现知识收益在创造者、传播者和使用者之间的合理分配。知识产权权利内容并不是一成不变的,知识产权内容的规定既要考虑特殊的国情,也要考虑知识产权国际交流与合作的需要,还要考虑国家战略的需求。近年来,随着我国自主创新能力的提升,我国专利法、著作权法都增设了与之相适应的权利内容。

再次,知识产权内容具有多元性。知识产权作为一个开放的"权利束",其范围正在向外扩张,其内容也随着不同的知识产权客体有较大的差异,如专利权内容主要体现在对具体发明专利、实用新型专利、外观设计的商业性使用,具体包括独占实施权、许可实施权、转让权、放弃权、标记权等。但是著作权却有较大的差异,其包括人身权和财产权。人身权包括发表权、署名权、修改权、保护作品完整权,财产权又规定了与作品传播相关的十余种具体的使用方式,如我国《著作权法》第10条所列举的著作财产权中,传播权包含表演权、放映权、展览权、广播权和信息网络传播权,可见在知识产权内容项下,其又有较大的内部差异,权利内容主要是与知识产权客体的利用方式相关,与具体的知识产权相关。当然,其他知识产权客体,如商业秘密、集成电路布图设计、植物新品种等也都拥有与之相适应的权利内容。

最后,知识产权内容具有包容性。知识产权内容主要是财产性权利,但也具有人身权属性,在著作权法中有专门的人身权利条款,在专利法中有标明发明人或设计人的权利,人身权内容已经成为知识产权内容的重要组成部分。

二、知识产权内容的意义

知识产权内容在知识产权立法中处于最核心的地位,知识产权内容是权利人主张权利保护的法律依据,知识产权内容的意义主要体现在以下四点。

(一)明晰权利保护的合理界限

知识产权属于"排他性权利"或"专有权利",具体体现在他人未经知识产权权利人许可实施法律所规定的权利人专属的特定行为,如复制、发行等,则属于知识产权侵权行为。知识产权法作为平衡知识产权权利人个人利益与社会公共利益的制度,旨在实现知识收益在创造者、传播者和使用者之间的合理分配。知识产权制度的创设在某种程度上会导致其与个人利益与社会利益矛盾的加剧，因此必须明确权利人主张权利的边界，而知识产权的内容即知识产权权利人权利的体现，是权利人维护自身利益的主要依据，超越此界限即为权利滥用，无法律依据。如我国《专利法》第11条规定，“不得为生产经营目的制造、使用、许诺销售、销售、进口其专利产品，或者使用其专利方法以及使用、许诺销售、销售、进口依照该专利方法直接获得的产品”。假如某商家通过合法手段获取某专利产品后进行出租，以此来获得收益，专利权人能否进行干涉？答案是否定的，因为我国专利法没有规定专利权人的出租权，出租人在出租之前已经取得专利产品的所有权，就已经获得包括出租在内的处分权，否则将会妨碍所有权人积极行使处分权，阻碍商品经济的流通。

（二）获得报酬的法律依据

知识产权权利人既可以许可他人实施其知识产权的特定行为，并从中获得许可使用费；也可以起诉未经许可以特定方式利用其知识产权的人，并以此获得赔偿金。知识产权制度由此保障权利人能够通过他人特定利用行为来获得报酬和收益，从而激励权利人进行新的创新，以此达到并完成知识产权制度创设的目的——激励创新。

（三）原被告双方诉讼的焦点话题

无论是在法庭诉讼还是庭外和解，原被告双方都会一直围绕知识产权内容来展开辩论，知识产权内容是判定侵权与否的最直接的依据。比如在“音著协诉苏宁云商”一案中，江苏无锡中院即认定苏宁云商销售公司旗下门店苏宁易购侵权播放背景音乐，判定苏宁公司侵权事实成立，赔偿音著协经济损失及合理费用共计人民币1.6万元。原告音乐家林海在新浪微博发表《关于对海底捞无视我方请求不做任何回应的声明》称，海底捞明知故犯对其著作权进行恶意侵犯，并且未停止侵权行为。该侵权行为已经严重侵害就涉案音乐作品所享有的包括署名权、复制权和表演权等在内的著作权，请求判令海底捞方面承担停止侵害、消除影响和赔偿损失等法律责任。由此可见，此案中无论是法院认定还是原告主张权利都是围绕权利内容展开，如播放行为、署名权、复制权、表演权。在具体案件中，法院认定被告行为是否构成侵权、赔偿数额多少，都需要根据具体的侵权行为来判断，而侵权行为与知识产权权利内容密切相关,只有属于法律规定的权利人专属的行为才属于侵权行为,否则原告无权要求他人停止使用并赔偿。

(四)知识产权修法的重要议题

知识产权立法在狭义上包括著作权、专利权和商标权已经成为学界或理论界的通说,但是知识产权立法一直在迭代更新,知识产权修法内容总是围绕权利保护的需要增设新的权利内容,比如1992年我国政府为了履行《中美关于保护知识产权的谅解备忘录》中的承诺,审议通过了《专利法》第一次修正案,其中赋予专利权人制止他人未经许可而进口专利产品的权利,并将制造方法专利权的效力扩大到依照该方法直接获得的产品,此权利即专利进口权。2000年我国为了适应加入WTO的需要,对《专利法》进行第二次修正,赋予发明和实用新型专利权人制止他人未经许可而许诺销售专利产品的权利。

三、知识产权内容的体系

知识产权内容属于知识产权立法的核心内容,按照现有知识产权通说的定义,知识产权内容体系需要包含相关知识产权客体,知识产权内容体系如图5-1所示。

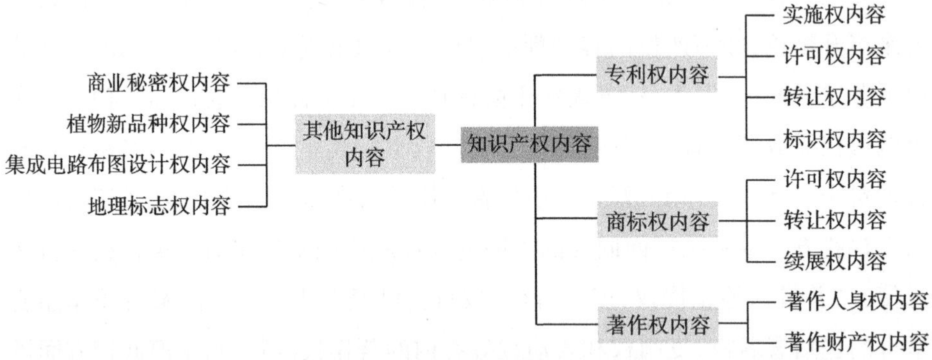

图5-1 知识产权内容体系

第二节 专利权内容

关于专利权的内容,我国《专利法》只是规定了专利权人有权禁止他人实施其专利,没有规定专利权人享有独占实施权,专利制度的目的之一在于保护专利权人的专利权。我国《专利法》第10条、第11条、第12条、第14条、第16条规定了专利权人享有的权利。具体主要包括以下几个方面。

一、实施权

实施权即专利权人享有自己实施其专利技术的权利。专利权人申请专利的直接目的在于获得该项技术的独占权,专利权人通过专利技术的实施来获得相应的财产利益,从而弥补研发投入的成本,并以此获得合理的报酬。

《专利法》第11条规定:"发明和实用新型专利权被授予后,除本法另有规定的以外,任何单位或者个人未经专利权人许可,都不得实施其专利,即不得为生产经营目的制造、使用、许诺销售、销售、进口其专利产品,或者使用其专利方法以及使用、许诺销售、销售、进口依照该专利方法直接获得的产品。外观设计专利权被授予后,任何单位或者个人未经专利权人许可,都不得实施其专利,即不得为生产经营目的制造、许诺销售、销售、进口其外观设计专利产品。"(如图5-2所示)

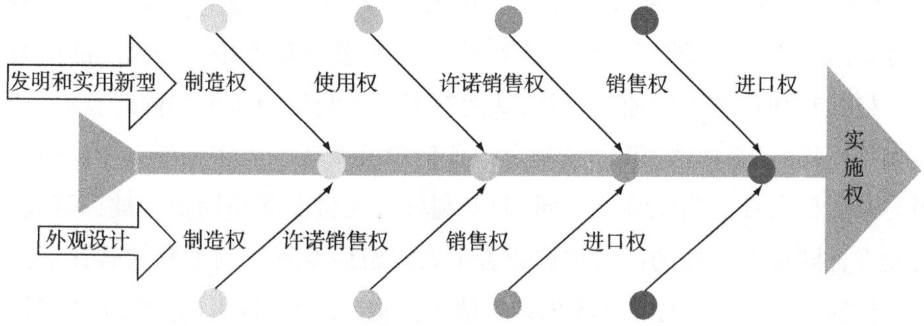

图5-2　专利权人的实施权构成

从《专利法》第11条的规定来看,发明和实用新型专利权人拥有的实施权包括制造权、使用权、许诺销售权、销售权、进口权5项权利。而外观设计仅包含4项权利,不包含使用权,其主要原因在于外观设计之效用在于增加美感。美,可以欣赏,不能使用。其中,许诺销售是指销售前的推销或促销行为,包括通过广告、订单、发布消息等手段表示销售专利产品的行为。我国在《专利法》第二次修改时才设立了这一权利,《专利法》第三次修改时则将许诺销售权从发明专利和实用新型专利扩展到外观设计专利。

二、处分权

专利权的处分包含专利权人可以将其专利转让给他人或者放弃专利权等。处分权包括专利申请权的处分与专利权的处分,按照我国《专利法》第10条第3款规定:“转让专利申请权或者专利权的,当事人应当订立书面合同,并向国务院专利行政部门登记,由国务院专利行政部门予以公告。专利申请权或者专利权的转让自登记之日起生效。”由此可见,我国专利法对于专利权处分采取了登记要件主义。虽然权利人口头承诺放弃专利权,但是并未到国家专利行政部门登记和公告,在法律上仍然属于其所有;虽然买卖双方当事人就专利权的转让已经签订合同并且生效,但是如果没有经过国家专利行政部门的登记确认,仍然不会发生专利权转移的法律效果,即专利申请权或专利权的转让只有经过登记和公告后才能发生真正的转移。

三、许可实施权

许可实施权,即权利人许可他人实施其专利并获得报酬的权利。专利权人可能囿于资金、场地、营销、人员等因素,不具备自己实施专利技术的能力,可以将其专利权许可给他人实施,从而在实现专利权的价值的同时获得一定的收益。我国《专利法》第12条规定:“任何单位或者个人实施他人专利的,应当与专利权人订立实施许可合同,向专利权人支付专利使用费。被许可人无权允许合同规定以外的任何单位或者个人实施该专利。”与专利权转让不同,许可权的行使只是在特定期限内许可他人实施,而专利权人仍然保留所有权,当然双方还可以根据实际情况签订具体的许可协议,如独占使用许可、排他性许可、普通许可。

四、标记权

标记权,指专利权人在专利产品或专利产品的包装上标明专利标记和专利号的权利。我国《专利法》第16条第2款规定:“专利权人有权在其专利产品或者该产品的包装上标明专利标识。”专利标识是指“专利”或“中国专利”字样及专利号;专利号是专利证书所记载的专利号码。在专利产品或包装上标明专利标识一方面可以起到警示作用，另一方面还可以起到宣传产品的作用，从而推动产品的销售。有些国家甚至规定在专利产品上标明专利标记是专利权人的法定义务，如果不履行，要对专利权人处以罚款。我国将标记权作为权利人的法定权利，专利权人没有在专利产品或包装上标明专利标记或专利号，并不意味其放弃专利保护，其他人未经许可商业性制造、使用、销售该产品仍应承担侵权责任。

五、身份权

身份权，是指在专利文件中写明自己是发明人或设计人的权利。我国《专利法》第16条第1款规定："发明人或者设计人有权在专利文件中写明自己是发明人或者设计人。"

第三节　商标权内容

一、专用权

我国《商标法》第56条规定："注册商标的专用权，以核准注册的商标和核定使用的商品为限。"也就是说，商标被注册之后，注册人就在指定使用的商品或服务上就注册商标享有了专用权，但是前提条件有两个：以核准注册的商标为限、以核定使用的商品为限。

我国《商标法》第48条规定："本法所称商标的使用，是指将商标用于商品、商品包装或者容器以及商品交易文书上，或者将商标用于广告宣传、展览以及其他商业活动中，用于识别商品来源的行为。"当然，商标使用既可以是注册商标人的自行使用，也可以是商标权人授权的第三人使用，至于使用的方式也没有限制，只要在商业经济活动中发挥应有的经济功能，注册商标就不会因为不使用而被撤销注册了。但是商标注册人在实际使用中应注意以下几点。

（1）注册商标的使用应严格限制在核准注册的商标和核定使用的商品或服务上，商标注册人不得自行更改商标的样式、颜色；将注册商标应用到未核定使用的商品或服务上，并标注已经获得的商标注册号，则其行为应当作为冒充注册商标的行为处理，其已经注册的商标都有被撤销的可能性。

(2)使用注册商标时应尽量加注册标志。商标注册人应当标明“注册商标”或者注册标记。“™”和“®”都起提示性作用,通常它们都出现在一些标志的右上角或右下角,“™”表明声明该标志是作为商标使用,而“®”则表明该标志已经是注册商标,享有商标专用权。标明注册标记,有利于防止侵权行为,当发生侵权行为时,容易证明侵权人的主观意图。

(3)有效防止商标显著特征的退化。国内外已有不少案例表明,商标注册人不恰当的使用可能导致其商标演变为商品通用名称,尤其是新型产品问世,尚无恰当的名字称呼该产品时,以商标作为商品的名称容易导致商标的退化。作为国内“U盘之父”,朗科科技的优盘商标由于使用不当而被撤销。拉链(Zipper)商标曾为美国固特立公司持有,经社会长期普遍使用后被裁定为通用名称,不再是注册商标。

二、禁止权

为了有效保护注册商标专用权,商标法及其实施细则对商标权的保护范围要大于商标专用权的范围,商标权保护范围除核准注册的商标和核定使用的商品外,还包括与注册商标相近似的商标和与该注册商标核定使用商品类似的商品。也就是说,注册商标所有人有权禁止他人在与其注册商标所核定使用商品相同或近似的商品上使用与核准注册商标相同或近似的商标。如果是驰名商标,禁止权的范围更大,即使该未核定使用的商品或者服务和注册商标指定使用的商品或者服务不相同也不类似,为了防止他人对驰名商标商誉搭便车,法律赋予驰名商标专用权,享有禁止他人使用的权利。

三、许可权

注册商标所有人有权允许他人在一定期限内使用其注册商标,前者为许可人,后者为被许可人。商标使用许可关系中,许可人应当提供合法的被许可使用的注册商标,监督被许可人使用其注册商标的商品质量。被许可人应在合同约定的范围内使用被许可商标,保证被许可使用商标的商品质量,以及在生产的商品或包装上标明自己的名称和商品产地。由此,注册商标的许可有利于企业为社会提供更好的产品,许可人以其商标作为无形资产来扩大市场占有量,提升市场竞争力。加多宝与王老吉两家企业因为商标、广告语、装潢、不正当竞争等发起一系列有影响力的诉讼,但是追根溯源,还是因为商标权许可所引发的后续争议。

根据被许可人使用权效力的范围,商标使用许可合同主要分为以下三种类型。

(1)普通许可。许可人许可被许可人在合同约定的期限、地域内使用商标,同时许可人保留自己使用和再许可第三人使用该注册商标的权利,这种许可是对商标权人的限制最小的一种许可类型。

(2)排他许可。商标权人除排他使用商标的被许可人之外,不得再许可第三人使用该商标,但是商标权人自己还是可以使用其商标的。商标的排他使用许可的排他性表现在排除被许可人和商标权人以外的其他人。

(3)独占使用许可。商标权人在将独占使用许可给被许可人之后,只有被许可人可以使用该商标,商标权人也无权使用。由此可见,从普通许可、排他许可到独占使用许可,三者对商标权人权利的限制越来越大,尤其在独占使用许可中,商标权人自己使用或许可他人使用都属于侵权行为。

商标权许可是商标权人实现商标权益的重要方式,为了维护商标的信誉,防止因使用商标的商品质量不合格而损害消费者的利益,商标法规定了商标许可合同的备案制度。如《商标法》第43条规定:"商标注册人可以通过签订商标使用许可合同,许可他人使用其注册商标。许可人应当监督被许可人使用其注册商标的商品质量。被许可人应当保证使用该注册商标的商品质量。经许可使用他人注册商标的,必须在使用该注册商标的商品上标明被许可人的名称和商品产地。许可他人使用其注册商标的,许可人应当将其商标使用许可报商标局备案,由商标局公告。商标使用许可未经备案不得对抗善意第三人。"一般而言,商标使用许可合同必须具备以下条款:许可使用的商标名称及其注册证号码、许可使用的商品及服务范围、许可使用的期限、许可人对被许可人使用其注册商标的商品质量进行监督的条款、被许可人在其使用许可商标的商品上标明被许可人的名称和商品产地的条款。

四、转让权

可口可乐公司的一位高管曾经表示:即使一把火把可口可乐全世界的工

厂都烧掉了,公司仅凭“可口可乐”这一商标,就可以在几个月之内重新投资建厂,获得新发展。商标作为企业的无形资产,在企业破产清算或者转让资产时,注册商标所有人有权将其注册商标转让给他人。例如,2016年11月25日,广东银一百创新铝业有限公司破产案【(2015)佛中法民二破字第14号】,其“金一百”“银一百”系列共计35件商标,在佛山市中级人民法院淘宝网司法拍卖平台,以超起拍价9倍的价格成交,成交价为人民币502万元。2012年6月,广东省高院通报,苹果支付6000万美元一揽子解决iPad商标纠纷。知名度极高的苹果公司,在中国因为没有先注册iPad商标,被迫以6000万美元购买4个字母。“湘鄂情”系列商标的注册时间在2007年6月底,“湘鄂情”曾被认定为“中国驰名商标”,是一块实打实的金字招牌。2015年,中科云网转让“湘鄂情”系列商标,商标受让价格高达1.3亿元。

转让注册商标,除了由双方当事人签订合同之外,转让人和受让人应共同向商标局提出申请,经商标局核准,并予以公告。未经核准登记的,转让合同不具有法律效力。虽然我国对于商标采用先申请原则,同时申请的成本也相对便宜,但是商标也是品牌,好的商标需要企业用时间、金钱来运营。如果选择注册商标,需要从头开始,况且随着商标注册的累积,往往好的商标都已经被注册。因此,近年来,随着人们商标意识的增强,商标转让越来越盛行,甚至发生天价商标转让行为。例如1996年,浙江杭州的章某同时在45个类别下注册了“现代”商标。2002年中国与韩国合资的现代汽车上市后发现,“现代”商标早已被注册。北京现代汽车有限公司董事长辗转上门,亲自拜访章某,与章某商议此事。最终章某将汽车类的“现代”商标转让,同时获得现代在浙江省的总经销权,估价约4000万元,运营的4S店当年营收4亿元。新三板是指全国性的非上市股份有限公司股权交易平台,是由国务院批准,依据证券法设立的继上海证券交易所、深圳证券交易所之后的第三家全国性证券交易场所。然而“新三板”商标被一家名为青岛融资力企业管理顾问有限公司的企业抢先注册。当被问到买断需多少费用时,该企业负责人表示要出5700万元的价格。伴随着《芈月传》的热播,小芈月火了,一位郑州的小伙子王某也跟着火了。这一切都起因于“芈月”这个商标。王某读完小说《芈月传》后,相中“芈月”这两个字,想以此为名开一家糕点店,于是花4000多元成功注册“芈月”商标。16个月后,广东一家食品企业开价100万元欲购买此商标。

五、续展权

《商标法》第40条规定:“注册商标有效期满,需要继续使用的,商标注册人应当在期满前十二个月内按照规定办理续展手续;在此期间未能办理的,可以给予六个月的宽展期。每次续展注册的有效期为十年,自该商标上一届有效期满次日起计算。期满未办理续展手续的,注销其注册商标。”

商标注册人应积极进行商标续展,可以避免商标到期被他人抢注,更重要的是可以维持商标的商誉,让品牌增值,为后续申请著名、驰名商标做铺垫。

第四节　著作权内容

著作权内容是著作权制度中最为核心的内容[1],是指著作权人基于作品所享有的各项人身权利和财产权利的总和。与专利权和商标权内容不同,著作权内容与传播技术息息相关,是知识产权制度中发展最快、变化最多的一部分。

一、著作人身权

著作人身权是作者基于其所创作的作品所享有的与人身相关但无直接财产内容的权利,英美法系称为精神权利,大陆法系称为作者人格权。一般而言,著作人身权具有永久性、不可分割性与不可剥夺性的特点。具体而言,著作人身权的保护期限不受时间的限制;著作人身权专属作者本人所有,不可以单独转让;任何单位或个人不得以任何理由剥夺作者所享有的各种人身权,只能依据法律的规定给予适当的限制。我国《著作权法》第10条规定了发表权、署名权、修改权与保护作品完整权4项人身权利。

(一)发表权

发表权,指决定作品是否公之于众的权利,即作者决定作品是否公之于众,何时、何地以及以何种方式公之于众的权利。

所谓“公之于众”是指向作者以外的公众公布,而不是作者把自己的作品

---

[1] 从广义上理解,广义的著作权包括了邻接权的范围,对诸如出版者、广播组织、表演者等主体在作品传播过程中产生的权利给予特殊保护,但是囿于本书篇幅有限,本文采用狭义著作权的概念,有意对邻接权的权利内容不作论述。

提供给家属、亲友,或向某些专家请教。是否公之于众并不取决于听众或者观众的数量,很多时候取决于作者的主观意向与提供作品的方式。向公众发表演讲,听众可能很少,也属于发表;将作品提供给亲属、亲友,可能观者很多,也不是发表。发表权是决定是否发表的权利,作者只要作出发表或者不发表的决定即是在行使发表权,并不是说作者必须亲自实施去发表作品才叫行使发表权。在司法实践中,在以下两种情形下,尽管作者未将作品公之于众,但是推定作者同意发表其作品:(1)作者许可他人使用其未发表的作品;(2)作者将其未发表的美术作品原件所有权转让给他人。

发表权与其他著作人身权不同,属于一次性的权利,即发表权只能行使一次,一旦以合法的方式公之于众,即宣告发表权的行使。

(二)署名权

署名权,指表明作者身份,在作品上署名的权利。作者有权署名,也有权不署名;有权署真名,也有权署假名(笔名),如2019年7月26日上映的国产动画电影《哪吒之魔童降世》,编剧、导演署名饺子,其原名为杨宇。署名权是作者所享有的一项重要权利,可以保障作者的身份受到尊重。一般而言,如无相反证明,在作品上署名的自然人、法人或者非法人组织为作者。

署名权的保护具有永久性,且与作者的人身相联系,不得转让、继承,同时也不受保护期限的限制,作者死亡后署名权仍然受到法律的保护。

(三)修改权

修改权,指修改或者授权他人修改作品的权利。作品是作者思想的体现,当作品中存在内容错误或作者观点发生变化时,作者有权根据自己的意志对作品进行修改,如删节、充实或改写,尤其是法学教材,当法律修正或出台新的司法解释、政策文件时,作者都要据此进行修正以适应教学的需要。

修改权,通常是对作品内容作局部的变更以及文字、用语的修正,是作者所享有的一项权利,他人未经作者许可不得擅自修改作品,但是报纸、杂志社等对即将出版的作品进行文字性的修改、删节,一般无须征求作者的意见,但是对作品内容的修改,则需要经过作者的许可。

在著作财产权项下法律规定了改编权,改编权是指在不改变作品基本内容的情况下，将作品由一种类型改编成另一种类型（如将小说改编成电影剧本），或者不改变原作品类型而改变其体裁（如将科学专著改写成科普读物）。修改权与改编权，两者都涉及对作品的变动，但是内涵与外延都有较大的差异。

（四）保护作品完整权

保护作品完整权，指保护作品不受歪曲、篡改的权利。作品是作者思想情感的反映，是作者真情的流露，作者有权保护其作品不被他人丑化，他人未经作者的许可对作品进行随意的删除，对作品的表现形式或艺术效果进行曲解等都会导致作者的名誉、声望等受到损害。一般而言，歪曲，指故意曲解作者的原意、损害作者观点的行为；篡改，指擅自增补、删节、变更作品内容的行为。

保护作品完整权与修改权是互相联系的，侵犯修改权往往也侵犯了作者的保护作品完整权，可以将保护作品完整权作为修改权的延伸，不仅禁止对原作品的修改，而且还禁止以表演、翻译等其他利用方式对作品进行歪曲性的改动。保护修改权维护作者的意志，保护作品完整权维护作者的声誉。

二、著作财产权

（一）复制权

复制权，指以印刷、复印、拓印、录音、录像、翻录、翻拍、数字化等方式将作品制作一份或者多份的权利。复制权是著作财产权中最为核心的权利，因为复制可以再现作品，使作品的载体增多，是发行权、出租权、信息网络传播权等权利实现的前提，作者不仅有权复制其享有著作权的作品，同时有权禁止他人对其作品的复制行为。

复制行为分为不同的类型。按照复制的方式不同，可以分为手工复制和机械复制。前者如手抄、拓印、雕刻等；后者主要体现为印刷、录制、照相、复印等。按照复制的精准度不同，可以分为“精确复制”和“非精确复制”。前者包括典型的盗版行为，如翻印书籍或将电影刻录在光盘上；后者包括在稍作修改的情况下抄袭论文等。根据复制行为涉及的载体类型，还可将复制行为分为以下几类：“从平面到平面”的复制、“从平面到立体”的复制、“从立体到平面”的复制、“从立体到立体”的复制、“从无载体到有载体”的复制。

(二)发行权

发行权,指以出售或者赠与方式向公众提供作品的原件或者复制件的权利。值得注意的是,发行权中的"发行"与我们日常生活用语"图书发行或电影发行"不同,发行权旨在保障著作权人传播其作品的权利,不以作品受众的合意为前提,也不以受众是否支付报酬为前提,只要以合法的方式向公众提供原件或复制件都属于发行权中的"发行"行为,如出售、出租、散发、赠送等。

与发行权密切相关的原则是"发行权穷竭"原则,也称为"首次销售"原则,即如果作品原件或复制件以出租、出售等方式发行后,他人可自由传播作品而不受著作权人的限制,亦称"发行权只能行使一次"。

(三)出租权

出租权,指有偿许可他人临时使用视听作品、计算机软件的原件或复制件的权利,计算机软件不是出租的主要标的的除外。

出租与发行行为本质目的都是为了满足社会公众对于文学艺术作品的需求,所不同的是,通过发行权,买受人获得作品的原件或复制件,而在出租权中,承租人在约定期限内获得作品的使用权,在租赁期限届满后,租赁物归还出租人。通过作品出租,著作权人可以获得一定的收益,而承租人亦以低廉的价格获得作品的使用权,极大地促进了作品的广泛传播和利用。

我国著作权法对出租权的限制主要是对该权利客体范围的限定,即仅有计算机软件、视听作品才是出租权客体。但是近年来,随着互联网的兴起,对于视听作品,大部分社会公众通过网络下载或通过视频软件观看,而通过出租的却相对少见。

(四)展览权

展览权,指公开陈列美术作品、摄影作品的原件或者复制件的权利,展览权一般只限于绘画、书法、雕刻、雕塑、照片等作品,因为这些作品更能吸引人的眼球,具有独特的视觉魅力,展览所蕴含的人格和财产价值更为明显。展览权主要是通过陈列、展览或者在公共场所放置作品,以供不特定的多数人欣赏。

我国《著作权法》第20条规定:"作品原件所有权的转移,不改变作品著作权的归属，但美术、摄影作品原件的展览权由原件所有人享有。”也就是说展览美术作品原件必须经原件所有人同意，美术作品原件的展览权由该原件所有人享有，因此在这种情况下，发生了著作权与展览权的分离。

著作权人在行使展览权时，还往往涉及肖像权与隐私权问题。著作权人如果未经肖像权人、隐私权人同意而公开展览美术、摄影等作品，则构成对他人人身权利的侵犯。

（五）表演权

表演权，指公开表演作品，以及用各种手段公开播送作品的表演的权利。按照《著作权法实施条例》的规定，表演可分为直接表演和间接表演，前者也称为“活表演”，指在舞台上演奏乐曲、上演剧本、朗诵诗词等直接表演的行为；后者也被称为“机械表演”，指借助放映机、录像机、录音机等技术设备以声音、表情、动作公开表现作品的行为。

（六）放映权

放映权，指通过放映机、幻灯机等技术设备公开再现美术、摄影、视听作品等的权利。放映权强调的是“公开再现”，也就是说这种放映是面向不特定的社会公众，并且不问是否营利，只要公开放映，就属于著作权人放映权控制的范围，就需要经过著作权人的许可。

（七）广播权

广播权，指以有线或者无线方式公开传播或者转播作品，以及通过扩音器或者其他传送符号、声音、图像的类似工具向公众传播广播的作品的权利。广播权一般适用于以文字、声音、图像为表现媒介的作品，如音乐、戏剧、舞蹈、曲艺、视听作品。行使广播权有两个显著特征：一是直接针对广大公众；二是著作权人一般要借助无线或有线传播工具、扩音器及其他作品传送工具才能行使权利。

我国著作权法关于广播权的规定直接借鉴《伯尔尼公约》的相关内容，《伯尔尼公约》第 11 条之二授予作者三项权利：(1)无线广播权，即通过空间传播电磁波进行广播的权利；(2)有线广播权，即通过电缆等设备以有线方式公开广播作品的权利；(3)使用扬声器等技术设备广播作品的权利。

(八)信息网络传播权

信息网络传播权,指以有线或者无线方式向公众提供作品,使公众可以在其个人选定的时间和地点获得作品的权利。随着互联网技术的兴起,将传统的文学、科学和艺术作品转化为二进制数字编码,运用数字信息的存储技术进行存储,并通过互联网技术进行传播成为相对便捷的事情。虽然不产生新的作品,但这种存储与传播手段对传统复制、传播方式提出了新的挑战,为此我国2001年修正《著作权法》时新增信息网络传播权,国务院又于2006年专门制定了《信息网络传播权保护条例》,标志着我国有关信息网络传播权法律规制体系化的实现,该条例有利于发挥网络传播作品的潜能,保持权利人、网络服务提供者、作品使用者的利益平衡,对权利内容、权利保护、权利限制以及网络服务提供者责任免除等作了规定,是处理信息网络传播权纠纷的基本法律依据。

(九)摄制权

摄制权,指以摄制视听作品的方法将作品固定在载体上的权利。摄制,指通过新的创作和相应的技术手段,将原作品另行表现为电影、电视、录像等,随着影视业的产业化,将小说或剧本改编成电影或电视剧已经成为著作权人所享有的重要经济权利。将小说或剧本改编为电影或电视剧本后拍摄制作成电影或电视剧,可以给观众带来不同的视觉感受,同时也可以给著作权人带来丰厚的回报,达到双赢的效果。如冯小刚导演第一部贺岁片《甲方乙方》改编自王朔小说《痴人》,经过冯小刚的艺术处理,《甲方乙方》表现得可圈可点,原作中的痞子味道也被处理成一种小市民式的油滑与幽默,颇受认可。《流浪地球》改编自刘慈欣的科幻小说《流浪地球》,通过电影剧本改编加上电影特效处理,使观众更能感受惊心动魄的场面。

摄制权是著作权人将其作品转化为电影、电视、录像等作品的专有权,如将电影文字脚本搬上银幕、将乐曲作为电影的配乐,应征得著作权人同意并付酬,摄制权已经成为著作权人的重要财产权利。

(十)改编权

改编权,指改变作品,创作出具有独创性的新作品的权利。改编以原作品为基础，对原有的形式进行解剖和重组，创作出新的作品形式，因而是一种再创作行为，又称二度创作、衍生创作等。原作与改编作品仅在表现形式上存在差异，二者的内容基本一致。

改编完成的新作品，是原作品与演绎创作的产物，如果对新作品再进行创作，需要经过原著作权人与改编权人的双重授权。

（十一）翻译权

翻译权，指将作品从一种语言文字转换为另一种语言文字的权利。翻译，是将已有作品以其他种类的文字、符号、语言来解释或表现的是一种演绎创作行为，因为在翻译过程中的取舍、选择、组合、设计与编排都是独创性的劳动，因此翻译后的作品凝聚了原作者与翻译人的共同劳动，在翻译成第三种语言时，应取得原作者和翻译者的双重许可。

人类的语言多种多样，翻译权常常会给优秀作品的著作权人带来可观的收入。翻译权一般只涉及口述作品、文学作品、电影作品等，而对美术作品、乐曲等一般较少涉及。

（十二）汇编权

汇编权，指将作品或者作品的片段通过选择或者编排，汇集成新作品的权利。汇编作品就是将现有的文学、艺术、科学或其他材料等素材汇集起来，经过选择、取舍、组合、安排等形成的作品。一般而言，汇编人对汇编的材料不实施创作行为，只是对汇编材料进行选择和编排。如果汇编他人的作品，应取得原作者的许可，并且汇编者在行使汇编作品著作权时，不能损害原作著作权人的利益。

对于已经超过著作权保护期的作品，汇编人也能因为其独特的取舍、选择、组合、编排等而产生新的汇编形式，汇编人则可以针对汇编形式拥有著作权。比如某出版社组织编排了宋词名家精选，尽管每首宋词的著作权都已丧失，但经过“精选”对名家进行了筛选，对名家的名作进行了取舍，精心安排了全书的整体结构，精选作品具有独创性，则汇编人可以对汇编著作享有著作权。

(十三)应当由著作权人享有的其他权利

随着社会的发展,或许将来会出现新的作品利用方式,因此,《著作权法》规定了这一弹性条款,如果将来出现新的作品利用方式,则这些权利也属于著作权人。

第五节 其他知识产权内容

按照知识产权的私权属性理解,诸如集成电路布图设计权、植物新品种权、商业秘密权、地理标志权等,在权利内容上与专利权、商标权、著作权具有较大的相似性,都表现为独占权,但基于自身权利属性,可能有不同的表现方式,比如集成电路布图设计权主要表现为复制权与商业利用权;植物新品种权表现为繁殖与生产权;商业秘密权主要表现为对商业秘密的使用、收益与处分等;地理标志权的内容表现为地理标志的使用权与禁止权。

一、集成电路布图设计权内容

集成电路布图设计权作为知识产权领域一种新型的权利,是指设计人依法对自己所创作的集成电路布图设计所享有的复制权与商业利用权。正如《集成电路布图设计保护条例》第7条所规定的:“布图设计权利人享有下列专有权:(一)对受保护的布图设计的全部或者其中任何具有独创性的部分进行复制;(二)将受保护的布图设计、含有该布图设计的集成电路或者含有该集成电路的物品投入商业利用。”

集成电路布图设计权跟专利权、著作权在权利性质上具有同一性,都可以作为权利人的私人财产权,权利人可以依法自由行使该权利,主要包括以下三种形式:权利人自行复制或商业利用,权利转让,许可他人进行复制或商业利用。绝大多数国家规定,集成电路布图设计权的转让,应以书面方式进行。同时,在实行集成电路布图设计权登记制度的国家进行转让,还必须到相关机构进行登记,否则不得对抗经过登记的转让。如我国《集成电路布图设计保护条例》第22条规定:“转让布图设计专有权的,当事人应当订立书面合同,并向国务院知识产权行政部门登记,由国务院知识产权行政部门予以公告。布图设计专有权的转让自登记之日起生效。许可他人使用其布图设计的,当事人应当订立书面合同。”从上述条文可以得知，我国在布图设计权转让与许可方面规定稍有不同：转让由于涉及权利主体的转移，对其规定“书面+登记”的严格程序；而许可没有涉及权利主体的变化，仅仅需要书面合同。

二、植物新品种权的内容

依据我国《植物新品种保护条例》，植物新品种权是指植物新品种育种人对其研发和培育的新品种享有的专有权。在我国，该权利是育种者对于植物新品种所享有的专有权，任何单位或个人未经品种权人许可，不得为商业目的生产或销售该授权品种的繁殖材料，不得为商业目的将该授权品种的繁殖材料重复使用于生产另一品种的繁殖材料。总之，品种权人据此可以获得一种排他权，即禁止他人未经许可利用授权品种的权利。具体而言，主要包括以下权利。

（1）生产权。品种权人有权禁止他人未经许可，为商业目的生产该授权品种的繁殖材料，这是世界上实行植物新品种保护制度国家的通行做法。

（2）销售权。销售是品种权人获取经济利益的主要方式，品种权人有权禁止未经许可的销售行为。

（3）使用权。指品种权人有权禁止他人未经许可将授权品种的繁殖材料为商业目的重复使用于生产另一品种的繁殖材料。对于非生产繁殖材料用途的其他使用，品种权人无权禁止。

（4）名称标记权。指品种权人有权在自己的授权品种包装上标明品种权标记。

（5）许可权。许可权也是品种权人获取经济收益的一种方式，品种权人不仅可以自己实施，而且有权许可其他单位或个人实施，双方应订立书面合同，明确规定双方的权利和义务，尤其是许可的类型、许可的数量、许可费用等。

（6）转让权。跟专利权转让相类似，品种权的转让也包括新品种申请权和已有品种权的转让，按照《植物新品种保护条例》的规定，转让方与受让方应订立书面合同，并经审批机关登记和公告。

（7）追偿权。品种权获得国家授权后，在初步审查合格公告之日至授权之日的期间内，未经品种权人许可而进行商业目的的生产或者销售授权品种的繁殖材料的,品种权人依法享有追偿的权利。

三、地理标志权的内容

地理标志权的内容包括使用权和禁止权,但不包括转让权。地理标志权人有权在其商品包装装潢上使用合法授权的地理标志,并有权禁止以任何方式将地理标志作为商品名称、商品标识使用,有权禁止对包含未能表明商品真实原产地的地理标志的商标注册或使其注册无效。同时,地理标志不能包括转让权,如果允许地理标志任意转让,则会导致商品来源地的混淆,地理标志本身的功能与作用难以发挥。

四、商业秘密权的内容

截至目前,我国关于商业秘密尚无专门的立法,现实立法中的商业秘密条款亦无商业秘密权利内容的相关规定,但是从学理上来看,商业秘密权是商业秘密所有人的一种知识产权,其权利人应依法享有占有权、使用权、许可权、收益权、处分权等。

(1)占有权是指权利人对商业秘密进行控制和管理,从而防止他人通过不正当的手段获取或使用的权利。占有是商业秘密获得法律保护的前提条件,也是权利人获得竞争优势的立足点,权利人的控制与管理应采取合理的保密措施,防止他人采用不正当手段获取、泄密与使用。

(2)使用权指权利人依法根据商业秘密的性质和用途加以利用,从而获得经济回报而不受他人干涉的权利,这是权利人的专有权,具有排他性,但是不得违反法律的规定,不得妨碍他人合法利益或者社会公共利益。

(3)许可权指商业秘密合法持有人通过合同方式将其商业秘密许可他人使用,并向对方收取一定的报酬,商业秘密持有人与使用人可以在合同中对商业秘密许可使用的方式、范围、期间、报酬、违约责任等事项进行约定。

(4)收益权指商业秘密权利人获取商业秘密所产生利益的权利。权利人可以通过商业秘密的投资、自己使用、转让、许可等方式获得相应的经济利益。

(5)处分权指权利人处分自己商业秘密的权利,如放弃、无偿公开、赠与、转让等。尤其需要注意的是,商业秘密权利人有权通过转让的形式处分商业秘密，但是应签订书面合同，合同生效后，被转让人取得商业秘密，成为新的商业秘密权利人，原权利人仍负有保密义务，有责任维系商业秘密不被扩散。

【案例分析】

"郑58"玉米：植物新品种权纠纷判赔5000万元创新高

"郑单958"玉米品种是由"郑58"与"昌7-2"自交系品种杂交而成，原农业部分别授权"郑单958"和"郑58"的植物新品种权。河南金博士种业股份有限公司享有对"郑58"的植物新品种权，河南省农业科学院享有对"郑单958"的植物新品种权。2010年河南省农业科学院与甲公司签订《玉米杂交种"郑单958"许可合同》。许可该公司生产、销售"郑单958"玉米杂交种，河南省农业科学院的下属公司向该公司出具委托书，甲公司依据该委托书申请核发农作物种子生产经营许可证，在取得《农作物种子经营许可证》后，开始大量生产、销售"郑单958"。金博士公司向郑州市中级人民法院提起诉讼，要求甲公司停止侵权，并赔偿金博士公司4952万元。

郑州市中级人民法院一审判决，甲公司赔偿金博士公司4952万元。二审中经河南省高级人民法院主持调解，当事人自愿达成调解协议，约定甲公司向金博士公司支付"郑58"品种权使用费人民币2700万元后结案。

该案是全国第一例关于在杂交本生产过程中涉及交本和亲本的关系问题的案件，签订杂交本生产许可，前提一定要经过亲本权利人的同意，否则构成侵权。该案一审判决侵权赔偿数额高达近5000万，巨额赔偿数额已经引起了理论界、实务界和媒体的广泛关注，成为近期全国知识产权审判的热点。

【基本概念】

知识产权内容；发表权；表演权；续展权；许可权；转让权；信息网络传播权；修改权；保护作品完整权；改编权；摄制权。

【思考与分析】

1. 知识产权内容的意义。
2. 简述专利权内容。
3. 简述商标权内容。
4. 简述著作权内容。

【延伸阅读书目】

[1]吴汉东.知识产权总论[M].4版.北京:中国人民大学出版社,2020.

[2]刘德权,王松.最高人民法院司法观点集成:知识产权卷[M].北京:中国法制出版社,2017.

[3]王迁.知识产权法教程[M].7版.北京:中国人民大学出版社,2021.

[4]吴汉东.知识产权法学[M].8版.北京:北京大学出版社,2022.

[5]王太平.商标法:原理与案例[M].北京:北京大学出版社,2015.

[6]冯晓青,刘友华.专利法[M].北京:法律出版社,2017.

[7]冯书杰.商标法原理与应用[M].北京:中国人民大学出版社,2017.

第六章　知识产权限制

知识产权限制的思想基础是利益平衡，法律授予知识产权权利人以独占权，又施加适当的限制，其实是通过知识产权的合理约束，达到促进社会公共利益的目的。诸如合理使用、强制许可、权利用尽、无知侵权、法定许可、反向工程、自行研发等内容都是知识产权限制制度的体现。

第一节　知识产权限制概述

一、知识产权限制的概念

知识产权限制，是指基于公共政策的考虑，依法对知识产权的权利内容及其权利行使所给予的合理的、适当的约束。知识产权制度创立的最终目的在于实现全社会科技进步、文化繁荣和经济发展，知识产权与整个社会的利益与福祉息息相关，在赋予知识产权独占权，全面保护知识产权的同时，需要从社会公共利益的角度对知识产权作出适当的限制，从而实现知识产权权利人利益与社会公共利益的均衡。

物理学家伽利略·加利雷在发明扬水机械后，请求威尼斯国王授予专利权时说："我费了很大力气，花了很大代价，才完成了这个发明。因此，如果这样的发明变成了所有人的财产，是不堪忍受的。"但是在伽利略时代，扬水机械对当时的经济具有很大的推动作用，如果完全为伽利略所有，难以增进社会共同利益，所以需要在承认权利为伽利略所有的前提下，对权利行使的时间、地域以及权能上有所限制，对法律所规定的他人合法使用的情形予以认可，从而解决知识产权人对知识财产的控制与社会公众对知识传播和分享的需求之间的矛盾。

从知识产权限制的定义出发，其主要特征如下。

(1)权利限制必须法定。知识产权权利限制在于实现知识产权的立法目的，限制的范围、程度都必须有法可依，知识产权与物权最大的区别在于物权是绝对权，而知识产权是有限的权利，我国《专利法》与《著作权法》专节设有权利限制即为知识产权限制的立法体现。

(2)权利限制可分为内容的限制和权利行使的限制。前者主要体现在知识产权时间的限制、地域的限制、客体的限制等内容，立法之初即对知识产权受保护的时间、地域、受保护的客体内容予以限制。具体而言，对保护期限届满的知识产权，任何人都可以自由利用；把超出授权地域范围内的知识产权当作公共领域的知识，人人皆可自由使用；为了社会公益的目的，直接拒绝部分“知识”进入知识产权的体系之内。后者是指法律对权利人行使权利的行为进行限制，如著作权制度中的合理使用制度、法定许可制度，专利制度中的强制许可制度，在这些情形下，权利人行使权利的范围和力度受到限制，需要对他人的使用保持沉默，不能主张权利侵权，此即权利效力的限制，是对知识产权人行使其“专有权利”的限制。

(3)权利限制的目的在于实现利益平衡，协调权利人行使“专有权利”与促进知识、技术传播之间的矛盾，协调权利人、传播人与社会公众之间的关系，从而平衡知识产权与社会公共利益之间的关系。

二、知识产权限制的思想基础

知识产权限制的思想基础是利益平衡，法律授予知识产权权利人以独占权，又施加适当的限制，其实是通过知识产权的合理约束，达到促进社会公共利益的目的。利益平衡的思想既要求赋予权利人多种权利内容，又要求出于公共利益目的，对知识产权权利人行使专有权予以必要的限制，限制的目的主要体现在以下几个方面。

(一)保障言论自由

言论自由是公民按照自己的意愿自由地发表言论以及听取他人陈述意见的基本权利，是我国宪法规定的基本权利。近来，它通常被理解为包含充分的表达自由，包括创作及发布电影、照片、歌曲、舞蹈及其他各种形式的富有表现力的作品。美国最高法院将言论自由概括为“说”“读”“听”“印”，也就是说，我们在保障创作者的创作自由、学术自由、艺术自由、出版自由的同时，也应当保护社会公众的言论自由。我国《著作权法》规定，为个人学习、研究或者欣赏,使用他人已经发表的作品;为介绍、评论某一作品或者说明某一问题,在作品中适当引用他人已经发表的作品等可以不经著作权人许可,不用向其支付报酬,即是保障社会公众言论自由的体现。

(二)增强知识创新

科学家牛顿曾言:如果说我比别人看得更远些,那是因为我站在了巨人的肩上。人类的进步、知识的创造,都离不开对前人创新性成果的继受,任何优秀的作品或发明都要吸收和借鉴人类共同的创造性劳动成果,是全社会集体智慧的结晶,是对前人成果的兼收并蓄,因此,其也必须为后续的创作提供基础和素材,不能以自己的独占权来排斥他人对其知识产品的再创造。为此我国《专利法》规定,为科学研究或实验而使用有关专利的,不视为侵犯专利权,其目的在于增强知识创新的能力,扫清知识创新的制度障碍。我国《著作权法》规定,为介绍、评论某一作品或者说明某一问题,在作品中适当引用他人已经发表的作品属于"合理使用"。

(三)促进知识传播

《世界人权宣言》规定:每个人都有权利自由参加社会的文化生活,以享受艺术和分享科学的进步和利益。社会公众"享受艺术和分享科学的进步和利益"必然依赖技术、作品等智慧成果的传播,同时,发展教育事业,为公民提供充分、完善的教育机会,是各国推行的公共政策,也是大多数国家宪法规定的基本权利。为此,知识产权保护不应成为社会公众享受艺术和分享科学的屏障,应大力促进知识的传播,这一点在著作权制度中体现得最为明显,著作权法随着传播技术的进步而进行迭代更新,从最开始的印刷术,到后来的广播、电视,以及现在的互联网技术、云存储技术、3D打印与人工智能技术等,每次技术升级背后都是对作品传播的需求,知识产权相关立法的目的在于促进知识的传播,从而促进科技进步与文化繁荣,如果知识产权人将其成果进行隐匿或束之高阁,知识产权法需要打破这种境地,从而促进知识的广泛传播,此即权利限制制度。我国《著作权法》规定,作品刊登后,除著作权人声明不得转载、摘编的外,其他报刊可以转载或者作为文摘、资料刊登,但应当按照规定向著作权人支付报酬,直接目的在于促进作品的广泛传播。

(四)保障贸易自由

知识产权作为一种私权,权利人享有使用、制造、销售、进口等商业性利用的权利,并有权禁止第三人未经其许可进行商业性利用。近年来,含有知识产权的产品(知识产权产品、知识产品),特别是附有高新技术的高附加值的高科技产品,如集成电路、计算机软件、多媒体产品、视听产品、音像制品、文学作品等的贸易数额大幅提升,知识产权已经成为国际贸易的三大支柱之一。如果完全不对知识产权人的权利,尤其是销售权作出限制,将会阻碍商品贸易的自由流通。我国《专利法》第75条第(一)项规定,“专利产品或者依照专利方法直接获得的产品,由专利权人或者经其许可的单位、个人售出后,使用、许诺销售、销售、进口该产品的”不视为侵犯专利权,此即“权利用尽规则”。根据该规则,当含有知识产权的商品以合法方式进入流通市场后,无论该商品辗转到何人之手,权利人都无权控制该商品的流转,从而保障商品自由流通,有利于商品贸易的发展。

尽管知识产权限制已经成为知识产权制度运行的重要环节,但是知识产权限制也有其边界和限度,其必须有明确的法律依据作为支撑,同时知识产权限制也不应与权利人的正常使用相冲突,也不应不合理损害权利人的正当权益。纵观知识产权相关立法,知识产权限制主要包含合理使用、法定许可、强制许可、权利用尽、在先使用、无知侵权等情形。

第二节 专利权限制

我国《专利法》开宗明义提出:为了促进科学技术进步和经济社会发展,专利制度需要兼顾专利权人与社会公众的利益,降低社会公众运用专利权的成本,防止专利权滥用,才能最大限度发挥专利制度的社会价值。我国《专利法》规定了两类专利权限制:一类是不视为侵犯专利权的情形;另一类是强制许可的情形。

一、不视为侵犯专利权的行为

(一)专利权用尽

我国《专利法》规定,专利产品或者依照专利方法直接获得的产品,由专利权人或者经其许可的单位、个人售出后，使用、许诺销售、销售、进口该产品的，不视为侵犯专利权。专利权用尽指对于经过专利权人许可或以其他合法方式流通到市场的专利产品，或依照专利方法直接获得的产品，他人在获得之后无须经过专利权人许可，就可以使用、销售、许诺销售、进口，此项制度在于保证贸易的畅通，协调专利产品所有权人与专利权人之间的利益关系，确保专利产品合法流向市场后，专利权人无权再进行控制。

（二）在先使用权

我国《专利法》第75条第（二）项规定，“在专利申请日前已经制造相同产品、使用相同方法或者已经作好制造、使用的必要准备，并且仅在原有范围内继续制造、使用的”，不视为侵犯专利权。在实践中，有时出于巧合完成了相同的发明创造或设计，但是其中一人由于某些方面的考虑并未申请专利而是直接开始制造或使用，或准备加以制造或使用，而另一人申请专利并获得授权。如果先前选择不申请专利的人无法继续使用专利而显失公平，特别是当其已经为制造或使用而进行了大量的投资，将会导致巨大的资源浪费和经济损失，为此，我国专利法规定了在先使用权制度。值得注意的是，其一，在先使用权的“在先”必须是非公开进行的使用，如果是公开性的使用，后续申请将因此不具有新颖性而无法授权。只有非公开的在先使用，才能成为合法的先用权。其二，在先使用权的判断时间节点是专利申请日，在先使用人的“制造产品、使用方法或做好准备”必须在他人申请日之前，否则不能取得在先使用权。其三，“原有范围”是指专利申请日前已有的生产规模以及利用已有的生产设备或者根据已有的生产设备可以达到的生产规模，也即在先使用人不得另行购置新的设备、许可第三人使用等。

（三）临时过境的外国运输工具使用专利的行为

我国《专利法》第75条第（三）项规定，“临时通过中国领陆、领水、领空的外国运输工具，依照其所属国同中国签订的协议或者共同参加的国际条约，或者依照互惠原则，为运输工具自身需要而在其装置和设备中使用有关专利的”，不视为侵犯专利权。这是为了确保国际上运输工具安全依照《巴黎公约》而制定的，构成临时过境必须满足以下三个条件：第一，必须是临时通过中国领陆、领水、领空的外国运输工具。临时通过,包括偶然通过和暂时通过,前者如因风暴、船舶碰撞、机械故障等原因导致的通过,后者是指因客运、货运等原因而引起的定期或者不定期通过。第二,必须是同我国签订协议或者共同参加国际条约,或者规定有互惠原则的国家或地区的运输工具。第三,必须是为了运输工具自身需要而在装置和设备中使用有关专利。出于维修运输工具或提高运输工具性能需要而使用有关专利的行为属于合理使用的范畴,但是如果仅是运输目的,将运输工具相关的设备从国外运输到国内,则超出了合理使用的范畴,需要经过专利权人的许可。

(四)专为科学研究和实验而使用

我国《专利法》第75条第(四)项规定,“专为科学研究和实验而使用有关专利的”,不视为侵犯专利权。“专为科学研究和实验而使用有关专利”是指仅仅将专利产品或专利方法作为科学研究和实验对象加以使用,如测试专利产品的性能、评价专利方法的实施效果,以及研究如何改进现有专利产品或方法等,因为这些都属于非营利性使用,主要是以改进为目的的研究开发行为,对专利权人市场利益不构成侵害,但是并不能将专利产品或方法作为科学研究和实验的工具或手段而使用。例如,对于已经获得专利权的化学试剂,实验室或研究机构可以专门比较、改进试剂,而自行制造并加以分析,不属于侵权行为。但是,如果实验室或研究机构制造该化学试剂的直接目的在于合成其他化学物质或作为市场实验室的基础性材料,则不能以此条款进行免责,需要经过专利权人的许可或使用其授权制造和销售的化学试剂。

(五)为提供行政审批信息使用或提供专利药品或医疗器械

我国《专利法》第75条第(五)项规定,“为提供行政审批所需要的信息,制造、使用、进口专利药品或者专利医疗器械的,”以及专门为其制造、进口专利药品或者专利医疗器械的,不视为侵犯专利权。与其他专利产品不同,专利药品和医疗器械与生命健康密切相关,法律对这两种产品上市有严格的条件限制:必须经过药品的动物实验、一期和二期人体实验等一系列实验,向主管部门提交相关信息,待主管部门审批过后才能上市销售,审批期限短则数月,长达数年,而在专利药品或专利医疗器械到期后再准备这些数据,变相延长了专利保护期限，社会公众亦无法在专利过期之后即可享受廉价且同质的替代产品。我国《专利法》2008年修正时，为了缓解这一矛盾，新增加此条款，因为该例外情形与美国的“罗氏公司诉Bolar制药公司案”有关，该例外情形也被称为“Bolar例外”。

（六）现有技术或现有设计抗辩

我国《专利法》第67条规定：“在专利侵权纠纷中，被控侵权人有证据证明其实施的技术或者设计属于现有技术或者现有设计的，不构成侵犯专利权。”专利法的立法目的在于鼓励创新，我国专利授权采用的是绝对新颖性原则，即对于申请日之前国内外为公众所知的技术和设计，都不能被授予专利权，但是在发明专利实质性审查过程中，审查员不可能穷尽检索所有的现有技术，况且实用新型和外观设计专利并不需要经过实质性审查，因此现有技术或现有设计被错误授权的可能性较大。此时如果被控侵权人有证据证明实施的技术或设计在相关专利申请日之前，已经是在国内外为公众所知的技术或设计，或者是与之无实质性差异的技术或设计，则可以直接作为侵权的抗辩，而不必选择请求专利无效的途径，从而节约解决纠纷的时间成本。

（七）无知侵权

我国《专利法》第77条规定：“为生产经营目的使用、许诺销售或者销售不知道是未经专利权人许可而制造并售出的专利侵权产品，能证明该产品合法来源的，不承担赔偿责任。”无知侵权，指在不知情的状态下销售或使用了侵犯专利权产品的行为，可以不承担赔偿责任，但是销售商在得到专利权人通知后仍然销售其库存或继续进货销售侵权产品的，则不能作为豁免情形。在这里，无知侵权仅限于使用、销售与许诺销售三种行为，而不包含制造、进口等行为。这就是说，对于生产商与进口商而言，其有义务查清其所制造或进口的产品的专利状态，是否具有侵犯他人专利权的可能性。另外，无知侵权的免责事由也仅免除销售者对不知情期间的侵权行为的赔偿责任，但对权利人而言，则属于权利的限制，对销售者主张赔偿责任的限制。

二、专利实施的强制许可

强制许可是指为了防止专利权人滥用专利权而阻碍技术进步和损害社会

公共利益，国家专利行政主管部门可以根据申请而给予实施专利的许可，强制许可制度主要规定在专利法中，在著作权法与商标法中没有类似的规定。

（一）防止专利权滥用的强制许可

我国《专利法》第53条规定："有下列情形之一的，国务院专利行政部门根据具备实施条件的单位或者个人的申请，可以给予实施发明专利或者实用新型专利的强制许可：（一）专利权人自专利权被授予之日起满三年，且自提出专利申请之日起满四年，无正当理由未实施或者未充分实施其专利的；（二）专利权人行使专利权的行为被依法认定为垄断行为，为消除或者减少该行为对竞争产生的不利影响的。"该条第（一）项强制许可，重点强调专利权人无正当理由未实施或未充分实施其专利，当然如果专利权人有正当的理由，如专利权人处于破产重整程序中而无法实施专利，则不能给予强制许可。对于该条第（二）项强制许可，则需要借助《反垄断法》来具体认定专利权人的行为是否属于垄断行为。

专利制度的目的在于激励创新，通过专利的有效实施来增进社会的共同利益，但如果专利权人一直不自己实施专利，而且也不许可他人实施专利，则社会无法从专利制度中获得直接利益，专利权人的行为被认为构成权利滥用，《巴黎公约》允许成员国采取立法规定给予强制许可，从而防止不实施或不充分实施等方式对专利权的滥用。

我国《反垄断法》第55条规定："经营者滥用知识产权、排除、限制竞争的行为，适用本法"，知识产权虽然是独占权，专利权人有权禁止他人未经许可利用其知识产权，但如果专利权人滥用专利权，限制竞争，则可能损害社会公共利益，国务院专利行政主管部门可以通过颁发强制许可提供救济。

（二）根据公共利益的强制许可

我国《专利法》第54条规定："在国家出现紧急状态或者非常情况时，或者为了公共利益的目的，国务院专利行政部门可以给予实施发明专利或者实用新型专利的强制许可。"当国家出现如外敌入侵、恐怖袭击等严重危及国家安全和社会安定的紧急状态时，国家和社会利益要高于个人利益，如果某个人拥有对公共利益影响特别大的专利但却不愿意实施，国家可以代表社会公共利益颁发实施专利的强制许可。

（三）制造并出口专利药品的强制许可

我国《专利法》第55条规定："为了公共健康目的，对取得专利权的药品，国务院专利行政部门可以给予制造并将其出口到符合中华人民共和国参加的有关国际条约规定的国家或者地区的强制许可。"药品专利的强制许可，来源于2001年11月14日在WTO第四届部长级会议通过的《TRIPs与公众健康宣言》，该宣言表明：TRIPs不会也不应阻止成员方采取保护公共健康的措施。《关于TRIPs和公共健康的多哈宣言第六段的执行决议》规定，发展中成员和最不发达成员因艾滋病、疟疾、肺结核及其他流行疾病而发生公共健康危机时，可在未经专利权人许可的情况下，通过实施专利强制许可制度，生产、使用和销售有关治疗导致公共健康危机疾病的专利药品。虽然各国在不同程度上承认强制许可制度，但是很少真正启动药品专利强制许可，该制度更多只是一种威慑作用。2018年上映的电影《我不是药神》引发舆论热议，但不可否认治疗白血病药品的研发周期与研发成本极高，药品的定价也致使普通家庭难以承受。我国目前尚无一例药品专利强制许可的案例，其存在的意义表现为药品领域降低价格的手段。

（四）为实施从属专利需要的强制许可

我国《专利法》第56条规定："一项取得专利权的发明或者实用新型比前已经取得专利权的发明或者实用新型具有显著经济意义的重大技术进步，其实施又有赖于前一发明或者实用新型的实施的，国务院专利行政部门根据后一专利权人的申请，可以给予实施前一发明或者实用新型的强制许可。在依照前款规定给予实施强制许可的情形下，国务院专利行政部门根据前一专利权人的申请，也可以给予实施后一发明或者实用新型的强制许可。"在实践中，许多取得专利权的发明创造属于"改进发明"，即在原有发明创造的基础上进行改进，从而获得新的专利权，如果原有发明创造本身也获得专利权并仍在保护期内，改进发明的实施就要依赖原有发明创造专利权人的许可，如果该专利实施未经过原专利权人许可，则会构成专利侵权。为了鼓励先进技术的利用，基于依存专利的关系，后专利权人可以申请强制许可，但是必须提交证据证明其已经以合理的条件请求专利权人许可其实施专利,但未能在合理的时间内获得许可。

第三节 商标权限制

一、商标权用尽

商标权用尽,指当附有商标权的商品被合法售出之后,受让人再次将该商品进行销售时商标权人无权禁止继续使用原商标标志。商标权用尽的规定目的是建立统一的市场,让商品自由流通。因为商品要经过生产、批发、零售等多个流通环节,如果没有商标权用尽的制度设计,商标权人则可以控制不同的地区、不同的商品流通环节,从而阻碍商品的自由流通。

二、商标的正当使用

商标的正当使用是指竞争者以其本来意义使用某些已经成为他人商标权的保护对象的标志以描述他自己的产品而不构成侵犯商标权的行为,是对商标权效力的重要限制,是保障商业活动中言论自由的重要工具。一类体现为描述性使用,指的是虽然使用了商标中的文字或图形,但并非以其指示商品或服务的来源,而是对商品或服务本身的描述;另一类体现为说明性使用,主要目的在于说明商品或服务的用途,在这种情况下,使用他人商标主要为了说明自己提供的商品或服务能够与商标权人商品或服务相配套,或是为了传递商品或服务来源于商标权人的真实信息,不让消费者产生混淆。

我国《商标法》第59条第1款、第2款规定:“注册商标中含有的本商品的通用名称、图形、型号,或者直接表示商品的质量、主要原料、功能、用途、重量、数量及其他特点,或者含有的地名,注册商标专用权人无权禁止他人正当使用。三维标志注册商标中含有的商品自身的性质产生的形状、为获得技术效果而需有的商品形状或者使商品具有实质性价值的形状,注册商标专用权人无权禁止他人正当使用。”关于商标正当使用,《北京市高级人民法院关于审理商标民事纠纷案件若干问题的解答》具体规定了条件和类型,构成正当使用商标标识的行为应当具备以下要件:(1)使用出于善意;(2)不是作为自己商品的商标使用;(3)使用只是为了说明或者描述自己的商品。满足上述规定要件的下列行为，属于正当使用商标标识的行为：(1)使用注册商标中含有的本商品的通用名称、图形、型号的；(2)使用注册商标中直接表示商品的性质、用途、质量、主要原料、种类及其他特征的标志的；(3)在销售商品时，为说明来源、指示用途等在必要范围内使用他人注册商标标识的；(4)规范使用与他人注册商标相同或者近似的自己的企业名称及其字号的；(5)使用与他人注册商标相同或者近似的自己所在地的地名的；(6)其他属于正当使用商标标识的行为。

三、在先使用权

我国《商标法》第59条第3款规定："商标注册人申请商标注册前，他人已经在同一种商品或者类似商品上先于商标注册人使用与注册商标相同或者近似并有一定影响的商标的，注册商标专用权人无权禁止该使用人在原使用范围内继续使用该商标，但可以要求其附加适当区别标识。"该条款是2013年修正《商标法》时新增加的内容，类似于专利法中在先使用权，其亦是出于公平考量，赋予那些使用在先的商标继续使用的权利。

四、未实际使用抗辩

我国《商标法》第64条第1款规定："注册商标专用权人请求赔偿，被控侵权人以注册商标专用权人未使用注册商标提出抗辩的，人民法院可以要求注册商标专用权人提供此前三年内实际使用该注册商标的证据。注册商标专用权人不能证明此前三年内实际使用过该注册商标，也不能证明因侵权行为受到其他损失的，被控侵权人不承担赔偿责任。"该条款规定的即原告未实际使用抗辩，是2013年我国《商标法》修正时新增加的内容，目的在于规范商标申请、使用，维护公平竞争的社会秩序，有助于促进商标权人合理使用商标。

五、无知侵权

我国《商标法》第64条第2款规定："销售不知道是侵犯注册商标专用权的商品，能证明该商品是自己合法取得并说明提供者的，不承担赔偿责任。"跟专利法中无知侵权一样，其只能针对损害赔偿的侵权主张，而不能免于停止侵权，另外无知侵权抗辩要求销售商能够证明自己是合法取得，如有供货单位合法签章的供货清单和货款收据且经查证属实或者供货单位认可的;有供销双方签订的进货合同且经查证已真实履行的;有合法进货发票且发票记载事项与涉案商品对应的等情形。

第四节　著作权限制

著作权限制,是指自然人、法人或非法人组织可以不经著作权人许可而依法使用其已经发表的作品,且不构成侵权的制度。换言之,著作权限制与专利权、商标权限制一样,都是对权利人许可权或获得报酬权予以适当约束,从而让社会公众分享作品带来的精神利益和文化利益。我国著作权法明确规定的著作权限制包括合理使用与法定许可使用。

一、合理使用

(一)合理使用的概念认知

合理使用,指自然人、法人或非法人组织可以不经著作权人许可而依法使用其已经发表的作品,并且不必支付报酬的制度。合理使用制度需要满足以下几个要件:第一,合理使用人不特定。符合法定情形的社会公众都可以依法使用他人作品。第二,被合理使用的作品必须是已经发表的作品。第三,合理使用须有明确的法律依据。合理使用不经著作权人许可,且不支付报酬,所以应有明确的法律依据,否则即构成侵权。第四,合理使用的目的须为非营利性。以营利性为目的的使用都必须经过著作权人的许可,但是并非任何非营利性使用都是合理使用,如为教学目的而整本复印教科书,虽然仅供学习使用,但是该行为不构成合理使用,与图书的正常销售相冲突,影响作品的潜在市场价值,影响著作权人的合法利益。第五,构成合理使用既不需要获得著作权人许可,亦不需要向著作权人支付报酬。第六,合理使用他人作品时,使用人应当指明作者的姓名、作品名称,并不得侵犯著作权人的其他权利。

(二)合理使用的条件

合理使用制度最早出现在1841年美国判例中,在1876年《美国版权法》中确立,后被各国著作权法所采纳,知识产权相关国际条约也都有相关的规定。

《伯尔尼公约》第9条第2款规定:“本同盟成员国法律得允许在某些特殊

情况下复制上述作品，只要这种复制不损害作品的正常使用也不致无故侵害作者的合法权益。”

《知识产权协定》第13条规定：“各成员对专有权作出的任何限制或例外规定仅限于某些特殊情形，且与作品的正常利用不相冲突，也不得无理损害权利持有人的合法利益。”

《世界知识产权组织版权条约》第10条规定：“一、缔约各方在某些不与作品的正常使用相抵触、也不无理地损害作者合法利益的特殊情况下，可在其国内立法中对依本条约授予文学和艺术作品作者的权利规定限制或例外。二、缔约各方在适用《伯尔尼公约》时，应将对该公约所规定权利的任何限制或例外限于某些不与作品的正常利用相抵触、也不无理地损害作者合法利益的特殊情况。”

在上述条约的影响下，达成了国际通用的合理使用判断的“三步检验法”（Three-step Test），该检验法是指只能在特殊情况下，不与作品的正常利用相冲突，且不得不合理地损害权利人合法利益的情况下，对著作权进行例外限制。我们可以基于此形成更深入的认识：第一，“某些特殊情况”应当是非营利性的、为社会发展需要而不得不使用的。例如，个人使用、适当引用、新闻报道等。第二，合理使用不得与作品的正常利用相冲突。这一条的规定主要是保护著作权人的合法权益，在社会发展和著作权人权利保护的过程中，应当优先维护著作权人的合法权益。第三，不得损害著作权人的合法权益，这一条侧重于对著作权人精神权利的保护。例如，在合理使用过程中应当保护著作权人的署名权等。

（三）合理使用的种类

我国《著作权法》第24条规定了“可以不经著作权人许可，不向其支付报酬，但应当指明作者姓名或者名称、作品名称，并且不得影响该作品的正常使用，也不得不合理地损害著作权人的合法权益”的13种合理使用的情形：

（1）为个人学习、研究或者欣赏，使用他人已经发表的作品；

（2）为介绍、评论某一作品或者说明某一问题，在作品中适当引用他人已经发表的作品；

（3）为报道新闻，在报纸、期刊、广播电台、电视台等媒体中不可避免地再现或者引用已经发表的作品；

(4)报纸、期刊、广播电台、电视台等媒体刊登或者播放其他报纸、期刊、广播电台、电视台等媒体已经发表的关于政治、经济、宗教问题的时事性文章,但著作权人声明不许刊登、播放的除外；

(5)报纸、期刊、广播电台、电视台等媒体刊登或者播放在公众集会上发表的讲话,但作者声明不许刊登、播放的除外；

(6)为学校课堂教学或者科学研究,翻译、改编、汇编、播放或者少量复制已经发表的作品,供教学或者科研人员使用,但不得出版发行；

(7)国家机关为执行公务在合理范围内使用已经发表的作品；

(8)图书馆、档案馆、纪念馆、博物馆、美术馆、文化馆等为陈列或者保存版本的需要,复制本馆收藏的作品；

(9)免费表演已经发表的作品,该表演未向公众收取费用,也未向表演者支付报酬,且不以营利为目的；

(10)对设置或者陈列在公共场所的艺术作品进行临摹、绘画、摄影、录像；

(11)将中国公民、法人或者非法人组织已经发表的以国家通用语言文字创作的作品翻译成少数民族语言文字作品在国内出版发行；

(12)以阅读障碍者能够感知的无障碍方式向其提供已经发表的作品；

(13)法律、行政法规规定的其他情形。

前款规定适用于对与著作权有关的权利的限制。

二、法定许可使用

(一)法定许可使用概述

法定许可使用,指自然人、法人或非法人组织依法可以不经著作权人许可而使用其著作权作品,但是应按照规定支付报酬的制度。与合理使用制度面向社会大众非营利性使用不同,法定许可使用对象一般都是商业性使用,而且需求量较大,在使用过程中强调使用的时效性和紧迫性,为了减少使用者寻找著作权人的时间成本与交易成本,法律代替著作权人自动向使用人"发放"了使用作品的许可。

因而,法定许可使用与合理使用的差异性表现在:第一,法定许可使用强调以营利为目的使用作品；第二，法定许可使用人不必经过著作权人许可，但是应当向著作权人支付报酬。

（二）法定许可使用的种类

我国《著作权法》规定了五种法定许可使用的情形。

（1）报刊转载法定许可。《著作权法》第35条第2款规定："作品刊登后，除著作权人声明不得转载、摘编的外，其他报刊可以转载或者作为文摘、资料刊登，但应当按照规定向著作权人支付报酬。""法定许可"仅适用于报刊之间的相互转载，并不适用于书籍之间，以及书籍与报刊之间的相互转载。

2014年颁布的《使用文字作品支付报酬办法》第13条第1款规定："报刊依照《中华人民共和国著作权法》的相关规定转载、摘编其他报刊已发表的作品，应当自报刊出版之日起2个月内，按每千字100元的付酬标准向著作权人支付报酬，不足五百字的按千字作半计算，超过五百字不足千字的按千字计算。"

（2）制作录音制品法定许可。《著作权法》第42条第2款规定："录音制作者使用他人已经合法录制为录音制品的音乐作品制作录音制品，可以不经著作权人许可，但应当按照规定支付报酬；著作权人声明不许使用的不得使用。"

根据中国音乐著作权协会目前公布的付酬标准，使用音著协管理的音乐作品首次制作CD、盒带等录音制品，采用版税的方式付酬。按照批发单价×版税率6%×录音制品制作数量计算。非首次制作录音制品的，按照法定许可收费标准即批发单价×版税率3.5%×录音制品制作数量计算。批发价不确定的，比照市场同类制品的批发价计算。CD-ROM、MP3等高容量的数字化制品使用该会管理的音乐作品，按每个数字化制品所含音乐作品的数量计算使用费，即每首音乐作品0.12元×数字化制品的复制数量。音乐作品的长度超过5分钟的，每增加5分钟按增加一首音乐作品计算使用费（不足5分钟的按5分钟计算）。

（3）播放作品法定许可与播放录音制品中作品法定许可。《著作权法》第16条规定，"使用改编、翻译、注释、整理、汇编已有作品而产生的作品进行出版、演出和制作录音录像制品，应当取得该作品的著作权人和原作品的著作权人许可,并支付报酬”。

2009年颁布的《广播电台电视台播放录音制品支付报酬暂行办法》规定,广播电台、电视台可以就播放已经发表的音乐作品向著作权人支付报酬的方式、数额等有关事项与管理相关权利的著作权集体管理组织进行约定。

(4)编写出版教科书法定许可。《著作权法》第25条第1款规定:“为实施义务教育和国家教育规划而编写出版教科书,可以不经著作权人许可,在教科书中汇编已经发表的作品片段或者短小的文字作品、音乐作品或者单幅的美术作品、摄影作品、图形作品,但应当按照规定向著作权人支付报酬,指明作者姓名或者名称、作品名称,并且不得侵犯著作权人依照本法享有的其他权利。”

(5)制作和提供课件法定许可。《信息网络传播权保护条例》第8条规定:“为通过信息网络实施九年制义务教育或者国家教育规划,可以不经著作权人许可,使用其已经发表作品的片段或者短小的文字作品、音乐作品或者单幅的美术作品、摄影作品制作课件,由制作课件或者依法取得课件的远程教育机构通过信息网络向注册学生提供,但应当向著作权人支付报酬。”

第五节 其他知识产权限制

利益平衡是知识产权限制的思想基础。同样,在其他知识产权领域,亦必须秉持权利人、使用人与社会公众之间的利益平衡。合理使用、权利穷竭、在先使用权、无知侵权等情形都可以在其他知识产权法律中找到相应的法律条文作为支撑。其他知识产权与专利权、商标权、著作权在权利限制方面,虽然理念相同,但是在具体落脚点上有所差异,如集成电路布图权的限制主要体现在反向工程上,地理标志主要体现为善意注册;商业秘密则为自行研发、善意使用或披露等。

一、集成电路布图设计权的限制

集成电路布图设计权的限制主要体现在以下几点。

(1)反向工程。反向工程是指在分析或评价受保护的布图设计的基础上创作出不同于原有布图设计、且符合法定条件的布图设计。法律允许反向工程的原因在于，通过反向工程可以分析、研究集成电路的结构、功能与设计思想，从而开发更好的产品，反之，则会导致技术开发者的垄断，不利于工业的发展。

（2）合理使用。《集成电路布图设计保护条例》第23条规定，为个人学习目的或为科学研究所进行的复制或利用他人布图设计的行为，不视为侵权，因为这种行为不存在商业上的目的，不会与权利人的利益产生直接的冲突，相反通过学习有利于促进社会的进步。

（3）权利穷竭。《集成电路布图设计保护条例》第24条规定："受保护的布图设计、含有该布图设计的集成电路或者含有该集成电路的物品，由布图设计权利人或者经其许可投放市场后，他人再次商业利用的，可以不经布图设计权利人许可，并不向其支付报酬。"该制度是对布图设计权人产品销售后的控制权限制，有利于市场中产品的正常流通。

（4）善意买主。《集成电路布图设计保护条例》第33条规定："在获得含有受保护的布图设计的集成电路或者含有该集成电路的物品时，不知道也没有合理理由应当知道其中含有非法复制的布图设计，而将其投入商业利用的，不视为侵权。"这是因为集成电路具有高度的复杂性与细微性，在不借助专门设备和专业人员帮助的情况下，难以判断所购买的集成电路产品是否含有非法复制的受保护的布图设计。

（5）强制许可。该立法目的在于维护社会公共利益，使社会公众能够利用先进的集成电路产品。《集成电路布图设计保护条例》第25条规定："在国家出现紧急状态或者非常情况时，或者为了公共利益的目的，或者经人民法院、不正当竞争行为监督检查部门依法认定布图设计权利人有不正当竞争行为而需要给予补救时，国务院知识产权行政部门可以给予使用其布图设计的非自愿许可。"

二、植物新品种权的限制

《植物新品种保护条例》在规定品种权人的各项权利的前提下，也对其权利进行一定程度的限制，即在特定的情况下可以不经品种权人许可，不向其支付使用费，但是不得侵犯品种权人依照该条例享有的其他权利。

(1)合理使用。利用授权品种进行育种及其他科研活动,农民自繁自用授权品种的繁殖材料,均可以不经过品种权人的许可。

(2)强制许可使用。《植物新品种保护条例》第11条规定:“为了国家利益或者公共利益,审批机关可以作出实施植物新品种强制许可的决定,并予以登记和公告。取得实施强制许可的单位或者个人应当付给品种权人合理的使用费,其数额由双方商定;双方不能达成协议的,由审批机关裁决。品种权人对强制许可决定或者强制许可使用费的裁决不服的,可以自收到通知之日起3个月内向人民法院提起诉讼。”

三、地理标志权的限制

地理标志权的限制主要有以下几点。

(1)善意或在先使用。

(2)善意注册。我国《商标法》第16条规定:“商标中有商品的地理标志,而该商品并非来源于该标志所标示的地区,误导公众的,不予注册并禁止使用;但是,已经善意取得注册的继续有效。”

(3)通常用语。《知识产权协定》第4条之六规定,如果通常用语只因与某个受保护的地理标志相同,就禁止一般人使用它,会显得不合理。

(4)名称权。人们有权在贸易活动中使用自己的姓名或者自己企业或公司的名称,此项限制主要针对命名或更名在地理标志受保护之前的情形,如果命名或更名在后,则有搭便车嫌疑,不适用这一规则。

四、商业秘密权的限制

由于商业秘密效力的相对性,法律并不排除同一商业秘密上存在两个或两个以上的权利人,商业秘密权利人无权禁止第三人通过自行研发、反向工程等手段来获取商业秘密,从而构成对商业秘密权的限制,具体如下。

(1)自行研发。由于商业秘密权的效力具有相对性,并且法律也并不排除同一商业秘密之上拥有两个或两个以上的权利人,因此商业秘密权人不能禁止他人自行研究出相同的商业秘密,一旦第三人对商业秘密申请专利或者著作权登记,该权利人将会丧失商业秘密权。

(2)反向工程。反向工程是指通过技术手段对从公开渠道取得的产品进行拆卸、测绘、分析等而获得该产品的相关技术信息。商业秘密权利人将产品投放市场后,该产品将会成为竞争对手反复研究的对象。一旦竞争对手通过终端产品分析、推导出产品的原始配方或者生产方法,该信息的秘密性也会相应消失。

(3)善意使用或披露。《反不正当竞争法》第10条规定:“第三人明知或者应知商业秘密权利人的员工、前员工或者其他单位、个人实施前款所列违法行为,仍获取、披露、使用或者允许他人使用该商业秘密的,视为侵犯商业秘密。”

(4)公权限制。国家机关根据法律的规定在执行公务过程中获取当事人的商业秘密,不视为侵犯商业秘密,但是应根据法律的明确规定,以执行职务为限,仍负有保密义务。

【案例分析】

使用与现有技术等同的技术不构成侵权

原告是200420066117.1号、名称为“全密封式地漏排水器”实用新型专利的专利权人。2005年7月,原告发现被告润德鸿图公司未经许可,擅自制造与原告专利相同,标称“潜水艇”的系列地漏产品,并在被告居然之家公司等多个经销商处销售,还在媒体上公开进行广告宣传。两被告生产、销售的“潜水艇”系列地漏已经落入了原告专利权的保护范围,侵犯了原告的专利权。两被告明知侵权仍然实施侵权行为,给原告造成巨大的经济损失。故依据《中华人民共和国专利法》第11条、第57条,《中华人民共和国民法通则》第95条、第118条的规定,请求人民法院判令:(1)居然之家公司立即停止销售涉案侵权产品;(2)润德鸿图公司立即停止制造涉案侵权产品;(3)润德鸿图公司赔偿原告经济损失20万元,并承担原告因制止侵权而发生的合理支出,包括实检费2400元、公证费1000元、交通费200元、购买侵权产品的支出207元、企业信息查询费40元及律师代理费;(4)两被告承担该案的全部诉讼费。

被告居然之家公司和润德鸿图公司辩称:首先,被告生产和销售的“潜水艇”系列产品采用的是在原告专利申请日前已经公开的社会公有技术,结合公知常识作出的,并未侵犯原告的专利权。其次,虽然被告产品与原告专利的目的相同,但二者分别采用了不同的技术手段,产生了不同的技术效果,被告产品在性能上更加优越,因而二者属于两种不同的技术方案。最后,该专利权利要求1缺少必要技术特征,其所限定的技术方案不完整,其要求保护的范围因而无法确定,根本无法进行是否侵权的技术比对。综上,被告并未侵犯原告的专利权,请求法院依法驳回原告的诉讼请求。

润德鸿图公司在该案中还提交了授权公告日为1993年11月3日,专利号为93230173.8,名称为“磁式自动启闭落水器”的中国实用新型专利说明书,在该技术方案中滑杆套与支架连接为一个整体,滑杆上端设有一块磁钢,滑杆套底部设有一块磁钢,滑杆下端设有密封盖。该方案磁钢的设置是N极相对,依靠两块磁钢极性的排斥和水的压力使滑杆在滑杆套内上下移动,并带动密封盖上下移动,以达到密封和排水的效果。被告认为,由于该技术方案已过保护期并进入了公有领域,其结构与被控侵权产品结构基本相同,区别在于对磁钢极性的设置,N极相对为排斥,S极相对为吸引,磁钢极性的设置不同会产生不同的效果是公知常识。

磁场按其极性分为N极和S极,当两块磁铁的相同磁极相对时,则产生相互排斥的效果,而当两块磁铁的相异磁极相对时,则产生相互吸引的效果。根据润德鸿图公司提交的已进入公有领域的“磁式自动启闭落水器”技术方案可以看出,根据其权利要求所披露的技术方案的特征并结合该技术方案所揭示的内容,润德鸿图公司的产品与该专利的区别仅在于两块磁铁极性的改变,即该技术方案中两块磁铁是N极相对,通过两块磁铁磁场相互的排斥作用实现密封、排水的效果,而润德鸿图公司的产品则采用S极相对的方法,通过两块磁铁磁场相互排斥的作用实现密封、排水的效果。将磁铁的磁场进行改变,使之排斥或吸引是公知常识,根据上述公知常识,本领域普通技术人员根据现有技术无须进行创造性的劳动即可实现被控侵权产品的技术方案。至于该进入公有领域的技术方案中其他结构与被控侵权产品的差异仅是等同替换。因此被告关于公知技术抗辩的理由成立,人民法院予以支持。

【基本概念】

专利权用尽;在先使用权;现有技术抗辩;商标的正当使用;合理使用;法定许可;无知侵权;反向工程。

【思考与分析】

1. 简述知识产权限制的思想基础。
2. 试述不视为侵犯专利权的行为。
3. 简述商标权限制的情形。
4. 论述著作权合理使用制度。

【延伸阅读书目】

[1]崔国斌. 著作权法:原理与案例[M]. 北京:北京大学出版社,2014.
[2]王洪友. 知识产权理论与实务[M]. 2版. 北京:知识产权出版社,2022.
[3]李尊然. 知识产权法律实务[M]. 郑州:河南人民出版社,2019.
[4]齐爱民. 知识产权法总论[M]. 北京:北京大学出版社,2018.
[5]胡海容,杨宇静,曾学东. 地理标志申请与保护实务[M]. 北京:国防工业出版社,2016.
[6]陈志兴. 读懂法官思维:知识产权司法实务与案例解析[M]. 北京:中国法制出版社,2019.
[7]张志峰. 知识产权疑难解答与实务指导[M]. 北京:中国法制出版社,2017.

第七章　知识产权运用

知识产权运用的实质在于通过知识产权的商业运作将知识产权由“权”向“钱”转变，从而为权利人谋求相应的竞争优势，增加财产收益。知识产权运用的方式多种多样，包括但不限于商品化与产业化、许可与转让、质押融资、出资入股、特许经营、知识产权诉讼、产业联盟等，通过上述方式可实现知识产权价值。

第一节　知识产权运用概述

一、知识产权运用的认知

知识产权运用，亦称知识产权运营、知识产权利用等，包含知识产权和运用或运营两个部分，其中知识产权是基础，运用或运营是核心。简言之，知识产权运用即将知识产权进行商业运作经营，从而直接获得经济价值。关于知识产权运用的定义，不同学者或文件从不同的角度有不同的定义，如工业和信息化部发布的《工业企业知识产权管理指南（2013年）》指出：知识产权运用是指各类市场主体依法获得、拥有知识产权，并在生产经营中有效利用知识产权，增强知识产权防卫能力，实现知识产权价值的活动。冯晓青教授认为，知识产权运用是企业核心竞争力，企业基于市场环境、技术环境和社会环境的变化，灵活地选择知识产权实施策略，通过知识产权有效运营创造价值并实现企业知识产权的增值。[1]国家知识产权局给出的知识产权运用定义为：知识产权运用指以实现知识产权经济价值为直接目的的、促成知识产权流通和利用的商业活动，具体模式包括知识产权许可、转让、融资、产业化、作价入股、专利池集成运作、专利标准化等，涵盖知识产权价值评估和交易经纪，以及基于特定专利运用目标的专利分析服务。从以上定义可以看出，知识产权运用的实质在于通过知识产权的商业运作将知识产权由“权”向“钱”转变，从而为权利

[1] 冯晓青．我国企业知识产权运营战略及实施研究［J］．河北法学，2014（10）：10-21．

人谋求相应的竞争优势，增加财产收益。知识产权运用的方式多种多样，包括但不限于商品化与产业化、许可与转让、质押融资、出资入股、特许经营、知识产权诉讼、产业联盟等，通过上述方式可实现知识产权价值。

二、知识产权运用的特征

（1）商业性。知识产权的申请与保护并不是知识产权战略实施的最终目的，知识产权制度运行的目的在于通过有效的知识产权运用，增强企业的市场竞争力，从而获得良好的经济效益。可见，与知识产权创造、管理与保护不同，知识产权运用中商业属性最为明显。只有通过商业运作，才能实现知识产权的最终价值，知识产权创造与保护的价值目标才能实现。

（2）多样性。《工业企业知识产权管理指南（2013年）》指出：企业知识产权运用包括知识产权获得、实施、许可、转让、产业化等。在实践中，知识产权价值实现的方式多种多样，按照知识产权发挥的作用大小，知识产权运用可以分为传统意义上的知识产权运用与资本时代知识产权运用，前者主要是通过点对点的许可或转让等方式实现知识产权的经济价值的行为方式；后者则借助金融资本的杠杆效应，建立知识产权与金融服务的衔接机制，有效促进了知识产权与现代金融制度的融合，最为典型的制度包括知识产权质押融资、知识产权出资入股、知识产权证券化、知识产权风险投资等。近年来，随着知识产权运用意识增强，知识产权运用方式亦衍生出新的形式，如专利布局、专利池、特许经营等。

（3）灵活性。灵活性主要针对运用策略而言，由于知识产权运用的方式具有多样性，这就要求知识产权主体需要灵活运用知识产权策略，因势利导，根据主体的具体情况选择适宜的运用策略。例如，一般而言，高校与科研机构在知识产权产出方面具有先天优势，但是在知识产权运用方面，囿于资金、人力、经验等多方面的限制缺乏足够的知识产权运用能力，则可以考虑通过转让、许可、出资等方式加以利用；对于具有技术领先优势的企业而言，则可以通过知识产权设置行业壁垒或市场壁垒，减少同行业的市场竞争压力；对于不具有绝对知识产权优势，但是在行业中处于一定地位的企业，则可以选择组建专利池的形式，与竞争伙伴进行强强联合，共同分享知识产权所带来的竞争优势。另外,企业规模不同、发展阶段不同所采取的知识产权运用策略也有所不同。一般而言,对于发展初期的小规模企业,知识产权运用策略一般集中在诸如知识产权许可、转让等简单运行模式上;对于处于成熟期的规模企业而言,具备一定知识产权运用的经验与实力,则应当从简单策略向知识产权产业化、知识产权标准化、知识产权投融资等高层次策略转变,以实现知识产权价值最大化。

三、知识产权运用的核心要素

知识产权运用是知识产权价值经营活动的集合,知识产权运用即知识产权主体(权利主体)依法实现权利客体(知识产权)价值的专业化管理过程。因此,知识产权运用离不开知识产权运用主体、知识产权运用客体。由于知识产权运用作为一种新兴产业手段,更离不开包括法律、人才、政策在内的知识产权运用的外部环境作为支撑。

(一)知识产权运用主体

与知识产权主体不同,知识产权运用主体除了知识产权权利人之外,还包括为知识产权运用提供服务的知识产权中介机构以及为知识产权运营提供强有力支持和引导的政府。当然,不同主体在知识产权运用过程中所扮演的角色是不同的。首先,企业、高校与科研机构在知识产权运用过程中处于主导地位,它们作为知识产权的所有者,对创新成果有较为全面的了解,直接掌控知识产权研发成本、市场价值等资料,是知识产权运用的直接受益者,动力最为强劲。其次,知识产权运用不仅包含知识产权的许可、转让,更包含知识产权评估、担保、经纪等配套服务。因此,知识产权运用过程中中介机构应运而生,主要包括知识产权运营专业组织、运营平台和服务机构三大部分。专业组织主要指政府资金引导、社会资本参与的运营基金和主要由企业出资主导的市场化运营基金。运营平台主要是为知识产权供需双方提供交易信息、交易场所等一站式服务,有线上线下两种运营平台。知识产权有效运用离不开专业服务机构的支持,知识产权运用咨询、评估、评价、担保、托管等都需要极强的专业背景,知识产权中介服务机构可以弥补权利主体的不足,增强权利主体知识产权运用能力。最后,政府是知识产权运用工作的强力支持者和引导者。

知识产权运用是一项持久性的工作,具有投资大、范围广、时间长、风险高的特点,只有政府有效参与才能立足中国实际,总揽全局积极推进我国知识产权运用的进程。总之,知识产权运用主体之间相互联系,企业、高校与科研机构作为知识产权运用的主力军,提供科技成果转化的基本元素,而中介机构为企业、高校和科研机构知识产权运用提供包括咨询、评估、评价、投融资等一系列的服务,为知识产权运用提供至关重要的帮助,而政府通过制定政策和设立知识产权运营基金等方式积极推动知识产权运用,三者有机结合,共同促进知识产权运用的有机循环与可持续发展。

（二）知识产权运用客体

知识产权运用的客体与知识产权的客体没有太大差异,即智力创造成果、工商业标识和其他客体。具体为《民法典》第123条规定的客体:作品,发明、实用新型、外观设计,商标,地理标志,商业秘密,集成电路布图设计,植物新品种,法律规定的其他客体。从知识产权各个种类的数量来看,我国是当之无愧的知识产权大国,但也存在"大而不强"的尴尬局面。当下,我国已经开启知识产权强国建设的新征程,知识产权运用客体亦必须包含所有知识产权项下的权利内容,积极培育高价值专利、版权精品、驰名商标,为知识产权高效运用奠定坚实的权利基础。

（三）知识产权运用环境

创新发展需要良好的营商环境,而良好的营商环境需要知识产权的制度支撑和法律保障,知识产权的有效运用离不开良好的知识产权运用环境。具体而言,政府应该为知识产权运用提供良好的法律、制度和政策环境;社会应该为知识产权运用提供积极的市场环境,全社会积极弘扬"尊重知识,崇尚创新,诚信守法"的知识产权文化;企业内部应具有尊重和保护知识产权的文化氛围,要认识创新是知识经济时代的灵魂,只有通过创新才能形成核心竞争力,通过简单的模仿、复制、商业间谍等不正当手段低成本地获得他人知识产权是难以在市场上立足的。因此,企业要积极制定知识产权战略,树立通过知识产权来遏制竞争对手并谋求自身的最佳效益的理念。同时,企业应完善企业知识产权运用的人力机制,加强知识产权复合型人才的培养,加大对知识产权运用人才的储备。

四、知识产权运用的意义

(一)创新型国家建设的保障

创新是一个民族进步的灵魂,建设创新型国家一直是我国建设的目标,党的十八大提出实施创新驱动发展战略,强调科技创新是提高社会生产力和综合国力的战略支撑,必须把科技创新摆在国家发展全局的核心位置。2016年中共中央、国务院印发的《国家创新驱动发展战略纲要》提出:到2020年进入创新型国家行列、到2030年跻身创新型国家前列、到2050年建成世界科技创新强国"三步走"目标。知识产权制度是保护创新成果的最坚强保障,知识产权运用允许创新性成果产业化、商品化,鼓励和保障智力成果积极进行转化,提高了激励创新的积极性。正如党的十九大报告提出的"倡导创新文化,强化知识产权创造、保护、运用"。总之,知识产权作为特殊的生产要素,强调知识产权的运用,不仅可以整合知识产权资源,而且能够实现创新成果向生产力转变,进而激励创新,满足创新驱动发展战略的需要,满足创新型国家建设的需要。

(二)知识产权强国建设的刚需

自2008年《国家知识产权战略纲要》颁布以来,我国知识产权创造运用水平大幅提高,保护状况明显改善,全社会知识产权意识普遍增强,知识产权对经济社会发展发挥了重要作用。根据《国家知识产权战略纲要》实施十年评估显示,到2020年"把我国建设成为知识产权创造、运用、保护和管理水平较高的国家"这一目标已基本实现,我国具备了向知识产权强国迈进的坚实基础,可谓成绩斐然。但是仍面临知识产权大而不强、多而不优、保护不够严格、侵权易发多发等问题。其中知识产权运用问题最为突出,也最为紧迫。例如,科研成果闲置率高、转化率不高是国内高校和科研机构普遍面临的一个问题。不少专利成果未来得及转化,便进入了"沉睡"状态,被束之高阁,甚至还面临着快速失效的困扰。2021年9月,中共中央、国务院印发《知识产权强国建设纲要(2021—2035年)》,旨在统筹推进知识产权强国建设,全面提升知识产权创造、运用、保护、管理和服务水平,充分发挥知识产权制度在社会主义现代化建设中的重要作用。由此可见,知识产权高效运用理应成为知识产权强国建设的关键环节,是知识产权强国建设的刚需。

(三)实现知识产权价值的要求

知识产权制度从建立之时就根植于知识商品化的基础之上,其财产利益与社会价值的实现,并非表现为权利人对知识产品的支配,而是一个个人创造—他人传播—社会运用的过程。近年来,知识产权作为具有重大商业价值的智力资本,已经成为国际社会相互争夺的战略性资源,但是作为一种生产要素,只有把知识产权转化为生产力才能实现其最根本的价值,才能服务于社会经济发展,才能为消费者带来福利。通过知识产权的有效运用,将知识产权之标的通过特定的形式传播开来,并得到相应的对价,不但满足了社会对知识产品的需求,也促使知识产权向社会价值和经济价值的转换,知识产权制度存在的价值才能得到全社会的认同。

(四)知识产权制度设计的应有之义

各国对于知识产权制度在微观上有所不同,但是在宏观上都讲究权利义务的对等性,即知识产权的享有必须付出一定的对价,该对价不仅表现为创作、设计活动的前提投入,也表现在维持该权利有效性的费用支出(如商标注册费、专利维持费等)上。作为一种私权在向社会公用领域转化的过程中,一定时间的垄断是以相应的对价为交换条件的。因此,在权利保护期限内,要维持权利的排他性就需要有相关费用的承担来体现,充分行使权利才可能实现所有权的"收益",而不至于使知识产权成为权利人的"负资产"。权利—利用—效益—再拥有其他新的权利,这样的互动和进入良性循环,才是知识产权制度应有之义。

第二节　知识产权自我实施

一、知识产权自我实施的认知

知识产权自我实施,指知识产权权利人将自有、共有或其他有权使用的知识产权投入生产经营,使之外化为产品或方法,形成某种市场竞争优势,从而达到降低成本或增加利润的商业化活动目的。[1]主要涉及知识产权商品化与产业化的问题,这是知识产权自我实施中最为基础、最为直接的方式,是权利主体依法获得或者谋取法律所授予独占权最为有效的捷径,亦即通过知识产品的制造、使用、销售、许诺销售、进口等具体方式获得其知识产权的商业价值。其中,知识产权的商业化,是指以较有效的技术研发单一产品并推出市场,其所涉及的产业机构通常仅限于特定产业上、中、下游中的一部分,所涉及的研发资源较少、涉及的设备及供应链较成熟。知识产权产业化,通常指以无限的技术研发一系列的材料、设备、零部件、模块产品并组合成为最终系统产品,该系列产品可随着时间推移推出市场并形成新产业。对于权利人而言,知识产权商品化与产业化是提高营收利润的关键,如英特尔公司凭借其知识产权将市场占有率提高80%以上,并获取高达50%~60%的毛利率及30%的净利率;韩国三星电子从1990年开始发展动态随机存取存储器(DRAM)产品,发展成近年来的闪存产业,在动态随机存取存储器及闪存(NAND Flash)产业中占据领导地位,同类型产品中在全球拥有约30%的市场占有率。

二、知识产权自我实施的注意事项

(一)专利权的实施

专利权的实施包含专利权人运用专利技术,降低产品或服务的成本或增加价值;利用独占权增加竞争对手的研发成本,延缓或阻止竞争对手产品或服务进入市场。权利人在进行专利权实施中,一方面要善用禁止权排除他人妨害,对于他人正在实施或者即将实施的专利侵权行为可以在诉前向人民法院申请采取责令停止的有关措施;另一方面权利人需要借鉴和利用公开的专利文献信息,缩短研发的时间成本与金钱成本,避免专利侵权。但是如果遇到被诉专利侵权的情况,有必要借助抗辩权制度,维护自身的合法权益。我国《专利法》规定了一系列专利抗辩情形,如专利效力抗辩、滥用专利权的抗辩、现有技术或现有设计抗辩、合理来源抗辩等。

(二)商标权的实施

针对商标权实施,权利人首先应依法规范使用注册商标,不得擅自改变注

[1] 周延鹏.知识产权:全球营销获利圣经[M].北京:知识产权出版社,2015:218-219.

册商标的注册事项,如自行改变注册商标的注册人名义、地址或者其他注册事项,否则商标管理部门有权责令限期改正;期限内不改正的,商标局有权撤销其注册商标。在实践中,少数权利人将注册商标的文字、图形、字母、数字、三维标志、颜色组合、声音或其组合分拆使用,或者自行改变上述要素的顺序和结构,或者增加其他要素等情形,都构成商标不当使用行为。

其次,对未注册商标的使用保持慎重的态度。我国对于商标权获得采用先申请原则,对于未注册商标也给予在先使用权,但是使用的范围与空间都与注册商标相差较大。对于商标权人而言,应积极将自己使用的商标与标识进行注册,从而获得非限制的使用权。

再次,权利人在注册商标时应尽量避免"搭便车"行为。避免混淆或淡化在先商标,以至于注册商标被他人宣告无效。

最后,应正确使用驰名商标。在过去一段时间,我国在驰名商标使用与管理上出现了异化,与商标最初的识别功能相背离,驰名商标成为权利人在商业活动中谋取不正当溢价的手段,也出现了与此相关的司法腐败案件。2013年我国《商标法》修正时规定,生产者、经营者不得将"驰名商标"字样用于商品、商品包装或容器上,或者用于广告宣传、展览以及其他商业活动中。

(三)著作权的实施

著作权的实施主要涉及著作财产权部分,权利人在著作权实施中,尤其是电影、电视剧、娱乐节目等影视作品都涉及制片人、出品人、导演、演员、编剧等为数众多人的利益,牵涉原作品著作权、改编作品著作权、职务作品著作权、法人作品著作权,应厘清法人作品、职务作品与委托作品的界限,针对不同的作品通过合同约定特定的使用权限。著作权的自我实施与转让或许可他人实施,或者版权贸易涉及版权产业,乃至文化产业的发展与繁荣,对于中华文明和传统文化的守正与创新意义重大。

第三节　知识产权贸易

一、知识产权贸易的内涵

知识产权贸易有广义与狭义之分:狭义的知识产权贸易,是指以知识产权为标的的贸易,主要包括知识产权许可、知识产权转让、特许经营等内容,即企业、经济组织或个人之间,按照一般商业条件,向对方出售或从对方购买知识产权使用权的一种贸易行为。广义的知识产权贸易,是指含有知识产权的产品(知识产权产品、知识产品),特别是附有高新技术的高科技产品,如集成电路、计算机软件、多媒体产品、视听产品、音像制品、文学作品等的贸易行为。

二、知识产权贸易的意义

知识产权贸易的意义可以从权利人和使用人两个角度来看。从权利人的角度而言,权利人可以是高校、科研机构、企业抑或个人,通过知识产权贸易,大大提高了知识产权利用率,也给知识产权权利人带来了收益。以高校与科研机构为例,一方面虽然部分高校有自己的科技园或校办企业,但是对于高校教师或科研人员而言,其优势在于通过研发去申报知识产权,而知识产权实施涉及资本、人力、营销的运作,需要庞大的团队力量,高校或科研单位对知识产权的转化难以胜任;另一方面高校面临的评价、产权等问题自身难以解决,高校科研人员在职称评定、业绩考核、岗位晋升等方面工作业绩无法量化,这些严重影响了高校和科研人员从事知识产权转化的积极性。因而高校专利常遭诟病,成为沉睡的资产。但权利人若通过知识产权贸易,将知识产权转让或许可给需要方,则解决了高校与科研机构知识产权转化率低的问题。从使用人的角度而言,通过知识产权交易,可以获得急需的知识产权,节省了研发的时间成本;同时,知识产权贸易可以避免未经许可使用而引起的诉讼。美国高通公司的知识产权贸易是一个成功范例,其与合作商签署合作协议获得专利费用真正实现了“创新—知识产权—创新”的正向良性循环。同时,高通的专利授权技术也帮助合作伙伴取得巨大的市场地位和力量,获得盈利和发展,实现了“双赢”。

三、知识产权贸易的类型

(一)知识产权转让与许可

从狭义的定义来理解知识产权贸易,实质是指知识产权出让方与知识产权受让方，根据与知识产权有关的法律法规和双方签订的合同，永久或暂时将对知识产权所享有的权利由出让方转移给受让方的法律行为。核心内容包括知识产权的转让与知识产权的许可，前者即知识产权所有人将其财产权的全部或部分转让给受让人，从而使受让人成为该知识产品全部或部分财产权的新的所有人的法律行为，实质为知识产权主体的变更；后者是指知识产权权利人依法通过与他人签订合同的方式，允许后者依据约定条件，在约定期限和地域范围内，运用知识产权的行为。知识产权的转让权与许可权是知识产权内容的核心权利，也是知识产权贸易的重要形式，更是权利人获得回报的重要途径。

（二）知识产权特许经营

随着知识产权全球化贸易的兴起，一种全新的知识产权贸易行为开始出现，即知识产权特许经营，是指拥有注册商标、企业标志、专利、专有技术等经营资源的企业，以合同形式将其拥有的经营资源许可给其他经营者使用，被许可人按照合同约定的经营模式与经营区域开展经营，接受特许人监督并向特许人支付特许经营费用的经营活动。商业特许经营是知识产权运用的重要方式，它将知识产权和标准经营制度进行结合，形成了有机统一的产—供—销关系，确保知识产权有效运转。对特许人而言，特许人将自己的知识产权、商品与服务进行标准化，能够有效防止假冒伪劣经营活动；特许人通过特许经营方式扩张业务，减轻了资金压力，还可以获得知识产权许可使用费。

特许人必须具备下列条件：(1)特许人可以是公司、中外合资企业、中外合作企业、外资企业、合伙企业、个人独资企业，但是，企业以外的其他单位和个人不得作为特许人从事特许经营活动；(2)特许人从事特许经营活动应当拥有成熟的经营模式，并具备为被特许人持续提供经营指导、技术支持和业务培训等服务的能力；(3)特许人从事特许经营活动应当拥有至少2个直营店，并且经营时间超过1年。

《商业特许经营管理条例》第11条规定："从事特许经营活动，特许人和被特许人应当采用书面形式订立特许经营合同。特许经营合同应当包括下列主要内容：(一)特许人、被特许人的基本情况；(二)特许经营的内容、期限；(三)特许经营费用的种类、金额及其支付方式；(四)经营指导、技术支持以及业务培训等服务的具体内容和提供方式;(五)产品或者服务的质量、标准要求和保证措施;(六)产品或者服务的促销与广告宣传;(七)特许经营中的消费者权益保护和赔偿责任的承担;(八)特许经营合同的变更、解除和终止;(九)违约责任;(十)争议的解决方式;(十一)特许人与被特许人约定的其他事项。"

第四节 知识产权资本化

知识产权资本化,是指知识产权要素与金融资源的有效融合,即企业或个人以合法拥有的专利权、商标权、著作权中的财产权,经评估后作为质押物向银行或其他金融机构申请融资;或企业及个人在设立企业时,以知识产权缴付资本;或者企业在运营过程中开展知识产权证券化的行为。前者被称为知识产权融资,目的在于拓宽融资渠道,解决融资难、融资贵的问题;后者被称为知识产权投资,当然,证券化兼有投资与融资,目的在于发挥知识产权经济价值,促进知识产权转化为资本。

一、知识产权融资

(一)知识产权质押融资

知识产权质押融资是一种新型的融资方式,企业以其合法拥有的专利权、商标权、著作权中的财产权等无形资产经过价值评估后作为质押物,向银行申请融资。该融资方式主要适用于中小型科技企业,与传统融资方式的主要区别在于担保物品的特殊性,正因为如此,知识产权质押融资也有一定的局限性,其价值波动较大、不易评估、变现较难。为了克服诸多困难,国家也确定了知识产权质押融资试点单位,尝试通过知识产权质押贴息、风险分担、扶持中介机构等手段,降低企业知识产权融资成本,摸索知识产权质押融资的可行方法。近年来,国内部分城市均已开展知识产权质押融资的试点工作,比较典型的有北京、上海浦东、武汉三种模式。北京模式是"银行+企业专利权/商标专用权质押"的直接质押融资模式;上海浦东模式是"银行+政府基金担保+专利权反担保"的间接质押模式;武汉模式则是在借鉴北京和上海浦东两种模式的基础上,推出的"银行+科技担保公司+专利权反担保"混合模式。但从目前各地实践看,知识产权质押融资的比例依然偏低,且知识产权融资的授信额也远低于评估值,如部分城市发明专利权的授信额不超过评估值的25%,实用新型专利权不超过15%,最高贷款金额也有上限。

(二)知识产权投资基金

知识产权投资基金是通过财政资金支持知识产权发展的重要方式,通过对典型项目投资带动地区知识产权发展。如2017年河南省财政厅与河南省知识产权局联合下发《河南省重点产业知识产权运营基金实施方案》,设立河南省首只重点产业知识产权运营基金。该运营基金规模为3亿元,将用于支持河南省境内未上市的知识产权企业,包括以超硬材料为主的新材料、电子信息、装备制造等重点产业领域,拥有或控制核心专利的市场前景良好、高成长性的初创期或成长期企业,具有相应产业领域特色的知识产权运营机构。如今,知识产权投资基金正在蓬勃发展。各省纷纷设立知识产权投资基金,表现突出的有国知智慧知识产权股权基金、北京市重点产业知识产权运营基金、广东省粤科国联知识产权投资运营基金、上海市重点产业知识产权运营基金、湖南省重点产业知识产权运营基金。这些基金的核心使命是帮助国内中小企业或知识产权运营机构有效获取核心技术专利,建立高价值专利组合,使企业在未来行业发展格局中获取主导权。

(三)知识产权融资租赁

知识产权融资租赁起源于2006年的美国,即出租人购买承租人拥有的自主知识产权后,承租人再与出租人签订融资租赁协议将该知识产权的使用权租回。租赁期内出租人保持对知识产权的所有权,租赁期满时承租人具有将该知识产权买回的选择权。知识产权融资租赁一方面可以盘活企业的知识产权,使企业获得发展资金,促进科技成果的转化及产业化;另一方面可以促进知识产权市场的发展和完善,使知识产权的市场价值得到体现。在我国,北京文化融资租赁公司的成立标志着国内文化产业首次试水融资租赁业务。北京文化融资租赁公司利用无形资产融资租赁的方式,与四达时代集团、爱奇艺等17家文化企业签订合作协议,共同促进文化产业融资租赁业务,四达时代集团以2016—2018年欧洲五大足球联赛、2016年欧锦赛以及2018年世界杯预选赛等赛事在非洲等地区的电视转播权作为融资租赁物,向文化融资租赁公司融资1.068亿美元。这是我国首笔文化融资租赁业务,标志着我国将开启利用知识产权等无形资产作为融资标的物开展融资租赁业务的新模式。北京华夏乐章文化传播有限公司以《纳斯尔丁·阿凡提》和《冰川奇缘》两部作品的版权作为标的物,成功融资500万元,成为我国第一笔以版权作为融资租赁物进行的融资。

(四)知识产权信托

知识产权信托是以知识产权为标的的信托,它是通过权利主体与利益主体的分离,将知识产权转移给具有专业理财能力的信托专业机构经营管理,由知识产权权利人取得知识产权的收益,信托机构取得相应报酬的一种有效的财产管理方式。它的实施可以克服知识产权权利人市场操作能力欠缺和资金缺乏的弊端,有效推动科技成果转化,实现知识产权的保值增值。2018年10月安徽国元信托有限责任公司(以下简称"国元信托")、合肥高新融资担保有限公司分别与合肥市百胜科技发展股份有限公司、安徽中科大国祯信息科技有限责任公司、合肥联信电源有限公司三家企业签约,共募集首期资金2000万元,期限2年。此次签约安徽省知识产权信托交易试点,标志着全国首个知识产权信托诞生。知识产权信托旨在以知识产权为核心,通过信托贷款的形式为"轻资产、重智力"的高科技企业解决融资难题。此次交易试点是以知识产权收益权转让模式进行资金信托,在不改变知识产权权属的前提下,将未来一段时间内企业知识产权收益权有偿转让给国元信托,由国元信托为企业募集社会资金,信托期满后,再由企业以知识产权未来收益权为还款基础,对知识产权收益权进行溢价回购。

(五)知识产权证券化

知识产权证券化是指以知识产权未来预期收益为支撑,通过发行市场流通证券进行融资的方式。相较于传统证券化产品,知识产权证券化产品最大特点在于基础资产不再是实物资产,而是无形的知识产权。对融资者而言,知识产权质押融资使其能够在取得融资的同时,保留对知识产权的自主性。在证券化过程中,被转移到特设载体进行证券化的资产,通常是知识产权的权利人授权他人实施知识产权所取得的现有回报或将来的提成(应收账款),而非知识产权本身。在证券化交易后,发起人仍可保有并且管理知识产权。2018年12月14日,我国首只知识产权证券化标准化产品“第一创业—文科租赁一期资产支持专项计划”在深圳证券交易所成功获批,实现了我国知识产权证券化零的突破。该笔资产支持证券(ABS)以北京市文化科技融资租赁股份有限公司为原始权益人,底层资产租赁标的物全部为专利权、著作权等知识产权,总规模达7.33亿元。

二、知识产权投资

(一)知识产权出资入股

知识产权出资入股是指在设立企业时以知识产权作为资本获得公司股权的行为。知识产权出资应当符合以下条件:第一,出资的知识产权应当为出资人合法所有;第二,出资的知识产权只能是财产权,而不能包含人身权;第三,知识产权出资比例应符合法律规定,我国《公司法》第27条规定:“股东可以用货币出资,也可以用实物、知识产权、土地使用权等可以用货币估价并可以依法转让的非货币财产作价出资;但是,法律、行政法规规定不得作为出资的财产除外”;第四,外国出资人投资我国境内企业的知识产权必须依照我国法律授权,外国政府授予的专利权、商标权在我国不能作为出资的标的。随着知识产权意识的增强,知识产权的价值亦愈发凸显,知识产权出资入股的案例亦层出不穷。如2017年,武汉工程大学徐慢教授带领的陶瓷膜科研团队,以研发的8项碳化硅陶瓷膜技术及专利,作价2128万元技术入股,与鄂州市昌达资产经营有限公司组建湖北迪洁膜科技有限公司。武汉工程大学按照《湖北省自主创新促进条例》《湖北省高校院所知识产权推进工程管理暂行办法》及《武汉工程大学科技成果奖励办法》,将专利评估所得收益2128万元的90%奖励给研发团队,另10%由学校武汉化院科技有限公司代持。湖北迪洁膜科技有限公司注册资本为3800万元,该团队(主要为9名科研人员)凭专利作价收益,持有公司50.4%的股份。[1]而公司因为持有他们的专利,于2017年上半年在全国率先实现碳化硅陶瓷膜量产。

---

[1] 高校教师1915万元技术入股背后发生了什么?[EB/OL].(2017-02-27)[2020-11-28]. http://edu.cnr.cn/list/20170227/t20170227_523622710_1.shtml.

（二）知识产权评估增资

与知识产权出资获得公司股权同理，企业在发展过程中，亦可以将自有的知识产权中的财产权经评估后按照国家公司法规规定的法定程序用作公司注册资本金，即知识产权评估增资。如江苏虹宇太阳能工业有限公司在完成全国销售布点的基础上，2010年全力进军规模化工程领域。但由于企业原先的注册资本仅为518万元，在参与招投标时常被注册资本这道门槛拦住。最终公司以商标品牌作价入股，既减少了出资方的现金支出，又提高了注册商标的知名度，增强了企业的市场竞争能力。该企业的"清华恒春"商标评估价1416万元，最终以1400万元核准增资入股。企业的注册资本由518万元增至2018万元，使得企业登记注册资金的来源扩大，便于解决企业融资难的问题，有利于盘活品牌，促进知识产权转化为资本，而且也拓宽了自主品牌创业发展的道路。

【基本概念】

知识产权运用；知识产权商品化；知识产权质押融资；知识产权证券化；知识产权信托；知识产权出资入股；知识产权特许经营。

【思考与分析】

1. 简述知识产权运用的意义。
2. 简述知识产权融资的各种方式。
3. 简述知识产权特许经营。

【延伸阅读书目】

[1]朱雪忠. 知识产权管理[M]. 北京：高等教育出版社，2022.

[2]周延鹏. 知识产权：全球营销获利圣经[M]. 北京：知识产权出版社，2015.

[3]支苏平. 企业知识产权管理实务[M]. 北京：知识产权出版社，2016.

[4]傅宏宇，谭海波. 知识产权运营管理法律实务与重点问题诠释[M]. 北京：中国法制出版社，2017.

[5]四川九鼎智远知识产权运营有限公司. GB/T 29490—2013《企业知识产权管理规范》实施手册[M]. 北京：知识产权出版社，2016.

[6]肖延高，范晓波，万小丽，等. 知识产权管理：理论与实践[M]. 北京：科学出版社，2016.

[7]崔哲,裵桐淅,张源埈,等.知识产权金融[M].金善花,译.北京:知识产权出版社,2017.
[8]李昶.中国专利运营体系构建[M].北京:知识产权出版社,2018.
[9]李春成,等.知识产权运用理论、政策与案例[M].北京:知识产权出版社,2020.

第八章　知识产权救济

面对知识产权纠纷日益攀升的数量以及纠纷形式的多样化，知识产权纠纷解决机制的运行现状表现多样，既包括国家政府提供的公力救济，也包括社会市场提供的私力救济。按照我国“司法保护与行政保护并行的双轨制”，知识产权公力救济主要表现为知识产权司法救济、知识产权行政救济。知识产权私力救济分为知识产权社会救济和知识产权自我救济。知识产权保护是一项系统工作，知识产权的四种救济方式应相互协同，实现不同救济方式之间的良性互补，共同发挥定分止争的合力。

第一节　知识产权司法救济

一、知识产权司法救济的含义及特征

知识产权司法救济在知识产权保护格局中占据主导地位，是国家提供公力救济的主要方式和最终方式。这种方式或者通过知识产权民事司法救济追究侵权人的民事法律责任，以禁止侵权、赔偿损失等；或者通过知识产权刑事司法救济追究侵权人的刑事法律责任，让侵权人承担财产刑和人身刑后果；或者通过知识产权行政司法救济履行司法审查职责，以免相关利益人的权利受损或国家管理失序。

知识产权司法救济具有以下鲜明的特征。

一是终局性。司法救济是知识产权救济的最终环节，是最后的救济途径，具有终局性的救济效力。按照TRIPs规定，知识产权的其他救济方式最终都可受到司法审查，并由法院作出最终裁决，且具有权威性。

二是强制性。司法救济在保护知识产权时能够提供高效、强有力的程序保障，其裁判由国家强制力保障执行。

三是专业性。知识产权的司法救济是专业技术与法律业务的叠加，只懂技术不懂法律或者只懂法律不懂技术，均无法有效地实现知识产权司法救济。

四是被动性和能动性的有机统一。司法权的被动性是从诉讼程序启动的意义上表述的，强调司法权的启动方式和申请内容或诉讼请求的被动性；能动性就是司法机关在审理知识产权案件时，不能仅仅停留在被动地受理、审理案件，而是要服务创新驱动发展战略和国家发展大局。

五是全面性。司法救济的全面性体现为两个方面：第一，救济范围的全面性，即司法救济的范围涵盖知识产权侵权民事纠纷、知识产权行政诉讼与知识产权刑事犯罪；第二，司法审查的全面性，即司法机关可以应知识产权案件当事人的请求，对行政机关已经作出的知识产权授权决定、侵权或不侵权认定、侵权行政处罚等行政行为进行全面审查。❶

二、知识产权司法救济的分类

根据救济对象的不同，知识产权司法救济可以分为专利权司法救济、商标权司法救济、著作权司法救济、集成电路布图设计专有权司法救济、植物新品种权司法救济、商业秘密司法救济、地理标志司法救济、原产地名称司法救济等。不同的对象具有不同的特征，在证据的种类、证据形式、管辖层级、审判程序等方面差异很大。

根据救济方式的不同，知识产权司法救济可以分为知识产权的民事司法救济、行政司法救济、刑事司法救济。

三、知识产权民事司法救济

（一）知识产权民事司法救济的含义及特征

知识产权民事司法救济是指各级人民法院通过履行民事审判职能以及各级检察机关通过行使民事检察职能，保护知识产权权利人和利害关系人的合法权益。知识产权民事司法救济主要通过民事审判来实现，主体较为单一，其特征有以下三点。

（1）知识产权民事司法救济的主体主要是各级人民法院和各级人民检察院。法院是知识产权司法救济的主力军。另外，根据我国现行政治体制和民事诉讼法的规定，检察机关具有民事检察监督职能，有权对知识产权民事诉讼

---

❶ 吴汉东，锁福涛．中国知识产权司法保护的理念与政策［J］．当代法学，2013（6），46-47.

进行检察监督,检察机关也是知识产权司法救济的主体。

(2)知识产权民事司法救济内容为裁判知识产权权属纠纷、合同纠纷以及侵权纠纷。知识产权民事争议主要表现为知识产权侵权诉讼、知识产权权属争议诉讼、知识产权合同诉讼,人民法院通过民事审判的方式保护权利人合法权益。

(3)知识产权民事司法救济的责任形式为停止侵害、赔偿损失、消除影响、赔礼道歉等。

(二)知识产权民事司法救济的方式

依据知识产权民事诉讼的阶段,我国的知识产权民事司法救济方式可以分为诉前救济、诉中救济、最终救济以及民事制裁。

1. 诉前救济

所谓诉前救济,是指因情况急迫,在知识产权人来不及向法院提起诉讼之前,请求法院给予的救济。[1]法院在依权利人申请采取此种救济措施后,权利人应在一定期限内向人民法院起诉,否则法院将解除此种救济。诉前救济是一种临时救济。依权利人请求之内容,诉前救济可以分为诉前禁令、诉前财产保全以及诉前证据保全。

(1)诉前禁令。知识产权诉前禁令是指知识产权权利人或利害关系人有证据证明他人正在实施或者即将实施侵犯其权利的行为,如不及时制止将会使其合法权益受到难以弥补的损害的,可以在起诉前向人民法院申请采取责令停止有关行为的措施。我国的知识产权诉前禁令制度体现于《著作权法》第56条、《商标法》第65条、《专利法》第72条、《集成电路布图设计保护条例》第32条、《计算机软件保护条例》第26条之中。诉前禁令对被申请人的影响非常大,适用不当不但可能会给被申请人的生产经营带来重大影响,甚至也会给社会公共利益造成不可弥补的损失,故法律规定了严格的限制条件。根据上述法律的规定,知识产权诉前禁令申请主体、适用条件、审查及处理如下。

1)诉前禁令申请人。知识产权人或利害关系人可以于诉前向人民法院提出责令被申请人停止侵犯知识产权行为的申请,成为诉前禁令的申请人。提

[1] 张广良.中国知识产权司法保护现状及新动态[G]//宿迟,等.知识产权审判实务:第2辑.北京:北京大学出版社,2005:7.

出申请的利害关系人,如知识产权许可合同的被许可人、知识产权财产权利的合法继承人等。知识产权许可合同的被许可人申请诉前责令停止侵害知识产权行为的,独占许可合同的被许可人可以单独向人民法院提出申请;排他许可合同的被许可人在权利人不申请的情况下,可以单独提出申请;普通许可合同的被许可人经权利人明确授权以自己的名义起诉的,可以单独提出申请。

2)诉前禁令的适用条件。

一要提出诉前禁令申请。诉前责令停止侵犯知识产权行为的申请,应当向有知识产权侵权案件管辖权的人民法院提出。知识产权人或者利害关系人向人民法院提出申请,应当递交书面申请状。申请状载明当事人及其基本情况、申请的具体内容、范围和理由等事项。申请的理由包括对有关行为如不及时制止会使申请人合法权益受到难以弥补损害的具体说明。

二要提交法定的证据。①知识产权人应当提交证明其知识产权真实有效的文件,如专利证书、权利要求书、说明书、专利年费缴纳凭证、国务院专利行政部门出具的检索报告;商标注册证、商标使用许可合同、在商标局备案的材料及商标注册证复印件等。②利害关系人应当提供有关知识产权实施许可合同及其在国务院知识产权行政部门备案的证明材料,未经备案的应当提交知识产权人的证明,或者提交其享有权利的其他证据。排他许可合同的被许可人单独提出申请的,应当提交知识产权人放弃申请的证明材料。普通许可合同的被许可人单独提出申请的,应当提交经权利人明确授权以自己的名义起诉的证明材料。知识产权财产权利的继承人应当提交已经继承或者正在继承的证据材料。③提交证明被申请人正在实施或者即将实施侵犯其知识产权的行为的证据,如被控侵权产品以及专利技术与被控侵权产品技术特征对比材料等。

三要提供相应的担保。申请人提出申请时应当提供担保,申请人不提供担保的,驳回申请。当事人提供保证、抵押等形式的担保合理、有效的,人民法院应当准许。人民法院确定担保范围时,应当考虑责令停止有关行为所涉及产品的销售收入,以及合理的仓储、保管等费用;被申请人停止有关行为可能造成的损失,以及人员工资等合理费用支出等因素。在执行停止有关行为裁定过程中,被申请人可能因采取该项措施造成更大损失的,人民法院可以责令申请人追加相应的担保。申请人不追加担保的,解除有关停止措施。

四要缴纳相应的费用。诉前停止侵犯知识产权行为的案件,申请人应当按照《人民法院诉讼收费办法》及其补充规定缴纳费用。

3)诉前禁令的审查及处理。人民法院接受知识产权人或者利害关系人提出责令停止侵犯知识产权行为的申请后,经审查认为符合法定条件,应当在48小时内作出书面裁定;裁定责令被申请人停止侵犯知识产权行为的,应当立即开始执行。人民法院在前述期限内,需要对有关事实进行核对的,可以传唤单方或双方当事人进行询问,然后再及时作出裁定,但因情况紧急或者询问可能影响保全措施执行等情形除外。人民法院作出诉前责令被申请人停止有关行为的裁定,应当及时通知被申请人,至迟不得超过5日。当事人对裁定不服的,可以在收到裁定之日起10日内申请复议一次。复议期间不停止裁定的执行。

人民法院对当事人提出的复议申请从以下方面进行审查:被申请人正在实施或即将实施的行为是否构成侵犯知识产权;不采取有关措施,是否会给申请人合法权益造成难以弥补的损害;申请人提供担保的情况;责令被申请人停止有关行为是否损害社会公共利益。

知识产权人或者利害关系人在人民法院采取停止有关行为的措施后15日内不起诉的,人民法院应当解除裁定采取的措施。申请人不起诉或者申请错误造成被申请人损失,被申请人可以向有管辖权的人民法院起诉请求申请人赔偿,也可以在知识产权人或者利害关系人提起的知识产权侵权诉讼中提出损害赔偿的请求,人民法院可以一并处理。停止侵犯知识产权行为裁定的效力,一般应维持到终审法律文书生效时止。人民法院也可以根据案情确定具体期限;期限届满时,根据当事人的请求仍可作出继续停止有关行为的裁定。被申请人违反人民法院责令停止有关行为裁定的,依照民事诉讼法相关规定处理。

(2)诉前财产保全和诉前证据保全。诉前财产保全是指利害关系人因情况紧急,不立即申请财产保全将会使其合法权益受到难以弥补的损害的,可以在起诉前向人民法院申请,由人民法院采取的一种财产保全措施。诉前证据保全是指依当事人的申请,法院对有可能灭失或者以后难以取得的证据,在当事人起诉前加以固定和保护的制度。[1]诉前证据保全能够保全与被侵权行为相关的证据，为保护知识产权人的权益、制裁侵权行为打下必要的证据基础。《商标法》的第65条和第66条、《著作权法》的第56条和第57条、《专利法》的第72条和第73条、《集成电路布图设计保护条例》第32条、《计算机软件保护条例》第26条对诉前财产保全和诉前证据保全进行了明确规定。

利害关系人向被保全财产所在地或证据所在地、被申请人住所地或者对案件有管辖权的人民法院提出申请采取诉前财产保全或诉前证据保全措施，申请人应当提供担保而不提供担保的，裁定驳回申请。人民法院接受申请后，必须在48小时内作出裁定；裁定采取保全措施的，应当立即开始执行。如果申请人在人民法院采取保全措施后30日内不起诉的，人民法院应当解除保全。财产纠纷案件，被申请人提供担保的，人民法院应当裁定解除保全。同样，申请有错误的，申请人应当赔偿被申请人因财产保全所遭受的损失。

2. 诉中救济

所谓诉中救济，是指在知识产权民事诉讼过程中，为了避免更大的、不可弥补的损害发生，权利人请求法院所给予的救济。

诉中救济包括诉中禁令、诉中财产保全、诉中证据保全以及权利人获得侵权信息的权利。《民事诉讼法》第84条和第103条分别对证据保全、诉中禁令和财产保全作出了明确规定。权利人获得侵权信息的权利是针对知识产权诉讼中证据的易销毁性及易隐匿性所导致的诉前、诉中无法保全相关证据的补救措施。从TRIPs第47条[2]规定可以得出关于权利人获得侵权信息的权利，是指在诉讼中，权利人享有要求被控侵权人向其披露与侵权有关的信息的权利。之所以这样规定，是因为在有些情况下，只有侵权者了解这些信息，而只有被控侵权人向权利人披露了这些信息，权利人才可以追究其他人的责任。此项救济权利，《商标法》第63条和《最高人民法院关于修改〈关于民事诉讼证据的若干规定〉的决定》第95条作出了类似规定。

3. 最终救济

知识产权在诉前和诉中所获得的救济仅为临时救济，其获得的最终救济

---

[1] 徐梅．专利诉讼证据实务操作指引[M]．北京：知识产权出版社，2011：101.

[2] 郑成思．WTO知识产权协议逐条讲解[M]．北京：中国方正出版社，2001：213.

主要体现在法院判令侵权人承担的侵权民事责任上。侵权人承担的民事责任,相对于权利人在诉前和诉中获得的救济而言,是权利人诉讼的最终目的,也是其通过诉讼所能获得的最终救济。结合我国《民法典》和知识产权部门法对侵犯知识产权民事责任方式的规定,知识产权民事司法最终救济主要包括:停止侵害、赔偿损失、消除影响、赔礼道歉等。

4. 民事制裁

民事制裁是民事救济中容易被忽视的重要方式,是民事责任的必要补充。TRIPs第46条规定了民事制裁措施,即在不作任何补偿的情况下:①将正处于侵权状态的商品排除出商业渠道,或责令销毁该商品;②将主要用于制作侵权商品的原料与工具排除出商业渠道等,以避免对权利人的任何损害或尽可能减少进一步侵权的危险。但司法当局应考虑上述措施与侵权严重程度的协调性,并顾及第三方的利益。《著作权法》第58条规定,“人民法院审理案件,对于侵犯著作权或者与著作权有关的权利的,可以没收违法所得、侵权复制品以及进行违法活动的财物。”《商标法》第63条第4款规定,“人民法院审理商标纠纷案件,应权利人请求,对属于假冒注册商标的商品,除特殊情况外,责令销毁;对主要用于制造假冒注册商标的商品的材料、工具,责令销毁,且不予补偿;或者在特殊情况下,责令禁止前述材料、工具进入商业渠道,且不予补偿。”

(三)知识产权民事司法救济的时效

权利人经过法定期限不行使自己的权利,依法律规定其胜诉权便归于消灭,此法定期限为诉讼时效,也是知识产权民事司法救济的时效。根据《民法典》,我国的诉讼时效规定如下。

(1)向人民法院请求保护民事权利的诉讼时效期间为3年。法律另有规定的,依照其规定。诉讼时效期间自权利人知道或者应当知道权利受到损害以及义务人之日起计算。法律另有规定的,依照其规定。

(2)诉讼时效期间从权利被侵害之日起超过20年的,人民法院不予保护。有特殊情况的,人民法院可以根据权利人的申请决定延长。超过诉讼时效期间,当事人自愿履行的,不受诉讼时效限制。

(3)在诉讼时效期间的最后6个月内,因不可抗力或者其他障碍不能行使请求权的,诉讼时效中止。从中止时效的原因消除之日起,诉讼时效期间继续计算。

(4)诉讼时效因权利人提起诉讼或仲裁、权利人提出履行请求或者义务人同意履行义务而中断。从中断时起,诉讼时效期间重新计算。

知识产权诉讼时效应当依据《民法典》关于诉讼时效的规定和有关法律的规定办理。在司法实践中,某些知识产权侵权行为往往是连续进行的,有的持续时间较长。有些权利人从知道或者应当知道权利被侵害之日起3年内未予追究,当权利人提起侵权之诉时,权利人的知识产权仍在法律规定的保护期内,侵权人仍然在实施侵权行为。对于此类案件的诉讼时效,从权利人知道或者应当知道侵权行为发生之日起至权利人向人民法院提起诉讼之日止已超过3年的,人民法院不能简单地以超过诉讼时效为由判决驳回权利人的诉讼请求。在该项知识产权受法律保护期间,人民法院应当判决被告停止侵权行为,侵权损害赔偿额应自权利人向人民法院起诉之日起向前推算3年计算,超过3年的侵权损害不予保护。

四、知识产权行政司法救济

(一)知识产权行政司法救济的含义及特征

知识产权行政司法救济是指人民法院通过审理各类知识产权行政争议案件,对行政机关的具体行政行为及其所依据的国务院各部门和地方人民政府及其部门制定的规范性文件进行合法性审查,监督行政机关行为,从而保护知识产权权利人或利害关系人的合法权益。

通过知识产权行政司法救济的含义,可以得出其特征如下。

(1)知识产权行政司法救济的被告为知识产权行政管理机关。原告则为认为自己合法权益受到知识产权行政管理机构所作出具体行政行为侵害的公民、法人或者非法人组织。

(2)知识产权行政司法救济的主要内容是审查具体行政行为及其所依据的国务院各部门和地方人民政府及其部门制定的规范性文件是否合法。作为合法性审查的例外,在行政处罚显失公平时,法院也可对知识产权行政管理机关的行政处罚行为进行适当性审查。

(3)知识产权行政司法救济通过解决行政争议来实现。所谓知识产权行政争议,是指在知识产权行政管理活动中,在知识产权行政主体和行政相对人之间产生的冲突和纠纷,表现为知识产权行政相对人认为行政主体的具体行政行为侵犯了自己的合法权益。

(4)知识产权行政司法救济的目的是为知识产权行政相对人提供司法救济,维护其合法权益,监督知识产权行政管理机关依法行政,同时也实现司法权对行政权的监督。

(二)知识产权行政司法救济的方式

知识产权行政司法救济通过行政诉讼实现,其救济的方式有维持判决、驳回原告诉讼请求、确认判决、撤销判决、变更判决等。

1. 维持判决

所谓维持判决是指人民法院经过审理,认定被诉具体行政行为合法有效,否认原告指控,维持原被诉具体行政行为的判决。适用维持判决须同时具备五个条件:

(1)证据确凿,也就是说具体行政行为的作出是在事实清楚、证据确实充分的基础上作出的;

(2)适用法律、法规正确;

(3)符合法定程序,指具体行政行为作出符合法律、法规、行政规章设定的行政机关作出具体行政行为的程序;

(4)具体行政行为的内容没有超出法律、法规授予行政机关的权限范围;

(5)行政机关没有滥用职权。

2. 驳回原告诉讼请求

驳回原告诉讼请求是指人民法院认定原告的诉讼请求不能成立,但又不宜对被诉具体行政行为作出其他判决的情形下,直接作出否定原告诉讼请求的判决。具有下列情形之一,即可作出驳回原告诉讼请求的判决:

(1)起诉被告不作为理由不能成立的;

(2)被诉具体行政行为合法但存在合理性问题的;

(3)被诉具体行政行为合法,但因法律、政策变化需要变更或废止的;

(4)其他应当判决驳回原告诉讼请求的情形。

3. 确认具体行政行为合法或有效的判决

确认具体行政行为合法或有效的判决是指人民法院经过审理认为被诉具体行政行为合法,但是不宜维持或者驳回诉讼请求的,可以作出确认具体行政行为合法或者有效的判决。

4. 撤销判决

撤销判决是指人民法院经过审理认定被诉具体行政行为部分或者全部违法,部分或者全部撤销被诉具体行政行为或者责令被诉行政机关重新作出具体行政行为的判决。适用撤销判决须具备下列条件之一:

(1)作出具体行政行为的主要证据不足;

(2)适用法律法规错误;

(3)行政行为的作出违反了法定程序;

(4)行政机关超越了法定职权;

(5)行政机关滥用职权。

在作出撤销判决时,如果会给国家利益、公共利益或者他人合法权益造成损失的,人民法院在判决撤销的同时,可以分别采取以下方式处理。

(1)判决被告重新作出具体行政行为。

(2)责令被诉行政机关采取相应的补救措施。

(3)向被告和有关机关提出司法建议。

(4)发现违法犯罪行为的,建议有权机关依法处理。人民法院判决被告重新作出具体行政行为,如不及时重新作出具体行政行为,将会给国家利益、公共利益或者当事人利益造成损失的,可以限定重新作出具体行政行为的期限。人民法院判决被告履行法定职责,应当指定履行的期限,因情况特殊难以确定期限的除外。

5. 确认违法或无效的判决

确认违法或无效的判决是指人民法院经过审理认为被诉具体行政行为违法或无效,直接作出被诉具体行政行为违法或无效的判决。该判决的作出适用于以下几种情形。

(1)被告不履行法定职责,但判决责令其履行法定职责已无实际意义的。

(2)被诉具体行政行为违法,但不具有可撤销内容的。

(3)被诉具体行政行为依法不成立或者无效的。被诉具体行政行为违法,但撤销该具体行政行为将会给国家利益或者公共利益造成重大损失的,人民法院应当作出确认被诉具体行政行为违法的判决,并责令被诉行政机关采取相应的补救措施;造成损害的,依法判决承担赔偿责任。

6. 履行判决

履行判决是指人民法院责令被告限期履行保护知识产权权利人或其他利害关系人合法权益的判决。

7. 变更判决

变更判决是指人民法院变更显失公正的行政处罚的判决。变更判决的适用条件有二:其一,具体行政行为须为行政处罚行为;其二,行政处罚须显失公正。

(三)知识产权行政司法救济的时效

所谓知识产权行政司法救济的时效,即知识产权行政诉讼行使的有效期间,超过法定期间的,法院不再受理。知识产权行政诉讼包括知识产权执法行政诉讼和知识产权确权行政诉讼两类。知识产权执法行政诉讼指权利人或利害关系人对知识产权行政执法机关的具体行政行为不服,向法院提起的行政诉讼。如专利权人对国家知识产权局关于实施专利强制许可的决定不服而提起行政诉讼;知识产权行政执法机构查处专利侵权、盗版案件,当事人不服其作出的具体行政行为而提起的行政诉讼。知识产权确权行政诉讼指权利人对国家知识产权局专利局复审和无效审理部、国家知识产权局商标局、农业农村部与林业和草原主管部门植物新品种复审委员会所作的决定不服,向法院提起的行政诉讼。《专利法》第41条、第63条、第65条、《商标法》第34条、第35条、第44条、第45条、第54条、《植物新品种保护条例》第32条对知识产权行政司法救济的时效均有专门规定。

以专利权行政司法救济为例,《专利法》第41条规定:“专利申请人对国务院专利行政部门驳回申请的决定不服的,可以自收到通知之日起3个月内向国务院专利行政部门请求复审。国务院专利行政部门复审后,作出决定,并通知专利申请人。专利申请人对国务院专利行政部门的复审决定不服的,可以自收到通知之日起3个月内向人民法院起诉。”《专利法》第63条规定：“专利权人对国务院专利行政部门关于实施强制许可的决定不服的，专利权人和取得实施强制许可的单位或者个人对国务院专利行政部门关于实施强制许可的使用费的裁决不服的，可以自收到通知之日起3个月内向人民法院起诉。”《专利法》第65条规定：“未经专利权人许可，实施其专利，即侵犯其专利权，引起纠纷的，由当事人协商解决；不愿协商或者协商不成的，专利权人或者利害关系人可以向人民法院起诉，也可以请求管理专利工作的部门处理。管理专利工作的部门处理时，认定侵权行为成立的，可以责令侵权人立即停止侵权行为，当事人不服的，可以自收到处理通知之日起15日内依照《中华人民共和国行政诉讼法》向人民法院起诉；侵权人期满不起诉又不停止侵权行为的，管理专利工作的部门可以申请人民法院强制执行。”

五、知识产权刑事司法救济

（一）知识产权刑事司法救济的含义及特征

知识产权刑事司法救济是指公安司法机关通过对知识产权的侵权人进行刑事立案、侦查、提起公诉、刑事审判和执行等刑事司法活动，依法追究侵权人的刑事责任，保护权利人及利害关系人合法权益的活动。

与知识产权民事司法救济、行政司法救济相比，知识产权刑事司法救济的主体、方式均有不同，知识产权刑事司法救济具有以下特征。

（1）刑事司法救济主体的多元化。知识产权民事司法救济和行政司法救济的主体主要为审判机关，如果案件进入检察监督程序，检察机关也是司法救济的主体。刑事司法救济的主体则有所扩大，除上述两者之外，还包括在刑事诉讼中行使侦查职权的公安机关及其工作人员。

（2）刑事司法救济手段的严厉性。民事司法救济采取停止侵害、消除影响、赔礼道歉、赔偿损失等方式来保障权利人或利害关系人的合法权益，行政司法救济的手段则有确认具体行政行为违法无效、变更具体行政行为等手段实现对私权的保障，权利人多从经济方面获取赔偿或补偿。而知识产权刑事司法救济则采取限制人身自由、剥夺财产等方式惩罚知识产权犯罪，从而达到预防犯罪的目的。

(3)主要针对极其严重的侵权行为。知识产权民事侵权达到严重的程度，如涉案金额较大、侵权手段恶劣、侵权后果严重，才能构成刑事犯罪，知识产权民事侵权是构成刑事犯罪的前提和基础。

(4)知识产权刑事司法救济体现一般预防与个别预防的统一。所谓一般预防是指防止社会成员实施犯罪行为，其特点是没有特定的具体对象，只是作为社会一般的预防措施来加以实施。特殊预防为一般预防的对称，指采取特殊预防手段和措施，对犯罪分子依法进行监禁和改造，防止他们重新违法犯罪。知识产权兼具公权和私权的特性，刑事司法救济通过对知识产权犯罪个案的处理，实现预防知识产权犯罪的目的。

(二)知识产权刑事司法救济的方式

在刑事立法领域，我国《刑法》在第7节中规定了侵犯商标权、专利权、商业秘密权、商誉权等各项犯罪行为，其罪名涉及侵犯知识产权的主要领域，初步建立了较为完善的刑事法律保护体系。在刑事司法领域，先后通过司法解释的形式，明确了侵犯知识产权罪定罪量刑的疑难问题，降低了定罪门槛，加大了保护力度。我国刑事审判中除裁判无罪和免予刑事处罚之外，可判处的刑罚分为主刑和附加刑。其中，主刑是基本的刑罚方法，只能独立适用，不能附加适用。一个罪只能适用一个主刑。附加刑既可以独立适用又可以附加于主刑适用。主刑包括管制、拘役、有期徒刑、无期徒刑、死刑。附加刑包括罚金、剥夺政治权利、没收财产和驱逐出境。

《刑法》第213条就假冒注册商标罪的处罚作出规定："未经注册商标所有人许可，在同一种商品、服务上使用与其注册商标相同的商标，情节严重的，处3年以下有期徒刑，并处或者单处罚金；情节特别严重的，处3年以上10年以下有期徒刑，并处罚金。"

《刑法》第214条就销售假冒注册商标的商品罪的处罚作出规定："销售明知是假冒注册商标的商品，违法所得数额较大或者有其他严重情节的，处3年以下有期徒刑，并处或者单处罚金；违法所得数额巨大或者有其他特别严重情节的，处3年以上10年以下有期徒刑，并处罚金。"

《刑法》第215条就非法制造、销售非法制造的注册商标标识罪的处罚作出规定："伪造、擅自制造他人注册商标标识或者销售伪造、擅自制造的注册商标标识,情节严重的,处3年以下有期徒刑,并处或者单处罚金;情节特别严重的,处3年以上10年以下有期徒刑,并处罚金。”

《刑法》第216条就假冒专利罪的处罚作出规定:“假冒他人专利,情节严重的,处3年以下有期徒刑或者拘役,并处或者单处罚金。”

《刑法》第217条就侵犯著作权罪、第218条就销售侵权复制品罪、第219条就侵犯商业秘密罪、第220条就单位犯侵犯知识产权罪的处罚也都作出了详细规定。

从以上条款可以看出,知识产权刑事诉讼的裁判体现为轻刑化的倾向,最重的刑期为10年以下有期徒刑,并且为降低犯罪人再犯的概率,较多适用财产刑。有学者认为,知识产权犯罪为法定犯,犯罪行为违反行政管理法规和经济管理法规,不明显违反伦理道德,不为大多数的社会成员所认知和排斥,案件的当事人的社会危害性一般较小,量刑也较自然犯为轻。[1]

(三)知识产权刑事司法救济的时效

知识产权刑事司法救济的时效即知识产权犯罪的追诉时效,即刑法规定的对知识产权犯罪人追究刑事责任的有效期限。在追诉时效期间,司法机关有权追究犯罪人的刑事责任。超过追诉时效,司法机关就不能再追究其刑事责任。也就是说,超出了追诉时效期间,司法机关的求刑权、量刑权便告消灭,无法采取刑事救济手段对知识产权权利人的合法利益给予保护。

现行《刑法》第87条、第88条、第89条规定了追诉时效的期限、延长、中断等内容。

1. 追诉时效的期限

规定犯罪经过下列期限不再追诉。

(1)法定最高刑为不满5年有期徒刑的,经过5年。

(2)法定最高刑为5年以上不满10年有期徒刑的,经过10年。

(3)法定最高刑为10年以上有期徒刑的,经过15年。

(4)法定最高刑为无期徒刑、死刑的,经过20年。如果20年以后认为必须追诉的,须报请最高人民检察院核准。

---

[1] 刘德法,邸瑛琪.刑法学[M].郑州:郑州大学出版社,2010:84.

2. 追诉期限的延长与中断

在人民检察院、公安机关、国家安全机关立案侦查或者在人民法院受理案件以后,逃避侦查或者审判的,不受追诉期限的限制。被害人在追诉期限内提出控告,人民法院、人民检察院、公安机关应当立案而不予立案的,不受追诉期限的限制。

追诉期限从犯罪之日起计算;犯罪行为有连续或者继续状态的,从犯罪行为终了之日起计算。在追诉期限以内又犯罪的,前罪追诉的期限从犯后罪之日起计算。

知识产权犯罪的刑期多为3年以下,情节严重者为3年以上10年以下,也就是说,知识产权犯罪的追诉时效为5年或10年。其追诉时效的延长和中断同样也适用上述刑法的规定。

第二节　知识产权行政救济

一、知识产权行政救济的含义及特征

知识产权的行政救济,从侧重私益保护的角度出发,指知识产权行政管理机关通过作出行政确权、行政裁决、行政调解、行政查处等具体行政行为,保护知识产权权利人或利害关系人的合法权益。

知识产权行政救济与其他救济方式相比,具有不同的特征。

一是主动性。知识产权行政机关可以按照法律的授权主动启动知识产权救济程序,对潜在或正在发生的知识产权侵权行为进行行政查处。

二是高效性。一般而言,司法机关侧重于追求公正,而行政机关侧重于追求效率。知识产权行政执法程序相对简单、便捷,能够及时有效地保护权利人的合法权益。

三是较高经济性。知识产权行政救济是基于侵权行为对公共利益的潜在威胁或侵害,而使用国家公共资源介入的方式,当事人维权成本较低。

四是行政强制性。行政强制不仅是知识产权行政救济的一种手段,也是整个行政保护的效力体现。当事人若没有在法定期限内提出行政复议或行政

诉讼，则知识产权行政机关所作出的行政决定将具有法律强制力（行政调解除外）。

二、知识产权行政救济的方式

（一）知识产权行政确权救济

知识产权行政确权救济是指知识产权行政管理机关对专利、商标等申请的受理、审查及确认的行为或者在专利、商标等权利被确认以后，由于权利冲突或者侵权纠纷而引起的对某些权利的有效性的质疑，需要知识产权行政管理机关再次对这些权利是否有效作出认定的行为。[1]

知识产权行政确权救济可以分为两种情形，一是事前确认，即首次确权，指知识产权行政主管机关受理当事人的专利、商标、植物新品种等申请后，对其是否符合法定授权条件而进行确认，属于依申请作出的具体行政行为。以专利申请为例，《专利法》第26条、第34条、第35条、第37条、第38条、第39条、第41条对首次确权中的申请、审查、登记和公告、复审等流程进行了明确规定。二是事后确认，指专利权、商标权、植物新品种权等权利被确认以后，由于侵权纠纷或者权利异议而引起的对这些权利有效性的质疑，需要知识产权复审机关再次对这些权利是否有效作出认定。在事后确认救济程序中，救济程序的启动主要分为两种方式。一是依职权启动，如商标局、植物新品种复审委员会可依职权作出注册商标无效宣告、新品种宣告无效的决定。二是依申请启动，如国家知识产权局专利局复审和无效审理部可依申请对专利权作出无效宣告或维持的决定，商标评审部门可依申请作出维持注册商标或宣告注册商标无效的裁定。《专利法》第45条、第46条，《商标法》第44条、第45条、第46条，《植物新品种保护条例》第37条对提出无效确认的主体、期限、理由进行了明确规定。

（二）知识产权行政裁决救济

知识产权行政裁决救济是指行政机关依照法律授权，对于平等主体之间

---

[1] 中国社会科学院知识产权研究中心．中国知识产权保护体系改革研究［M］．北京：知识产权出版社，2008：155.

发生的、与行政事务密切相关的知识产权侵权纠纷进行审查,并作出裁决的行为。❶

知识产权侵权纠纷的行政裁决,在现实的法条上多表述为"处理",裁决范围以现行法律的明确规定为准。目前,并非全部知识产权侵权纠纷均可以进行行政裁决,可行政裁决的知识产权侵权纠纷仅包括以下几种:专利侵权纠纷、商标侵权纠纷、集成电路布图设计侵权纠纷、植物新品种侵权纠纷,这在《专利法》第65条、《商标法》第60条、《集成电路布图设计保护条例》第31条和《中华人民共和国植物新品种保护条例》第39条均有规定。关于著作权纠纷是否属于可行政裁决的范围,现行法律的规定不甚明确。

行政裁决程序的启动只能依当事人或利害关系人申请启动,不能依职权启动,当事人或利害关系人可以请求相关行政部门对侵权行为认定、侵权责任承担方式等进行裁决,为知识产权人权利保护提供另一救济途径。行政裁决救济程序依申请启动后,相关行政主管部门应依职权对侵权行为进行严密查处,询问、调查相关违法活动、查阅、复制相关材料、对侵权活动现场、侵权物品等实行现场检查,依法作出相应行政裁决。

(三)知识产权行政调解救济

知识产权行政调解救济是指知识产权相关行政主体参与主持的,以国家法律法规、政策和公序良俗为依据,以受调解双方当事人自愿为前提,通过劝说、调停、斡旋等方式促使当事人友好协商达成协议、消除纠纷的一种调解机制。行政调解形成的调解协议书不具有强制执行的法律效力,如果纠纷当事人不愿意履行行政调解协议,可以提起民事诉讼。

1. 适用范围

并非所有的知识产权侵权纠纷均适用行政调解,其适用应当具备一定条件。第一,侵权事实较为清楚,证据确凿。具备这个条件的知识产权侵权纠纷,双方当事人争议较少,行政调解的柔性解决机制更有利于纠纷的解决。对于复杂的知识产权侵权纠纷,不宜采用行政调解进行解决,一方面是考虑到行政调解的效率问题,另一方面考虑到权利人解决纠纷的成本问题,此种情况下采用行政调解只会徒增当事人时间和经济上的成本。第二,侵权情节较为轻

❶ 魏玮.知识产权侵权纠纷行政裁决若干问题研究[J].华东政法大学学报,2007(4):55.

微,侵权行为恶性程度较低,侵权数额较低。

从现行立法来看,适用知识产权行政调解的专利纠纷主要有五类,《专利法实施细则》第85条规定的:专利申请权和专利权归属纠纷;发明人、设计人资格纠纷;职务发明创造的发明人、设计人的奖励和报酬纠纷;在发明专利申请公布后专利权授予前使用发明而未支付适当费用的纠纷,以及专利行政机关对侵权赔偿数额的调解。在商标领域,工商行政管理部门可以就侵犯商标专用权的赔偿数额进行调解。对于集成电路布图设计的侵权争议,国务院知识产权行政部门可以就侵犯布图设计专有权的赔偿数额进行调解。在植物新品种领域,省级以上人民政府农业、林业部门根据当事人请求可对以商业目的生产或销售授权品种的繁殖材料的侵权行为所导致的损害赔偿进行调解。关于著作权纠纷,《著作权法》第60条没有明确著作权行政管理机关有权调解著作权纠纷,但是实践中由著作权行政管理机关实施著作权纠纷民事损害赔偿行政调解是十分普遍的。

2. 适用程序

在我国,行政调解作为一种非正式的纠纷解决机制,本身缺乏制度化、规范化的程序,而适用行政调解来进行知识产权侵权纠纷的解决亦是如此。目前,《专利行政执法办法》已专章就专利纠纷的调解进行了详细规定。

3. 适用限制

第一,尊重当事人意思自治原则。只有侵权纠纷双方当事人均同意采用行政调解的方式解决他们之间存在的纠纷时,行政执法主体才可以采取此种替代性纠纷解决机制。行政执法主体不可将行政调解列为知识产权侵权纠纷解决必经途径,不可强制进行行政调解。第二,调解合法。合法性主要体现在依据合法、程序合法和调解结果合法三个方面。依据合法要求知识产权侵权纠纷的行政调解所依据的国家法律规范、政策等具有正当性;程序合法要求调解过程符合法律要求,保持必要的公开、公正;调解结果合法要求调解结果不能够违反法律的强制性要求,应当在法律所允许的当事人意思自治范围之内。第三,司法最终审查。行政机关所作出的任何行政行为都不当然地具有法律上的自足性,原则上都必须接受法院的司法审查。

(四)知识产权行政查处救济

知识产权行政查处救济是指与知识产权相关的行政主体依法定职权强制要求违法者履行义务或者对知识产权违法行为进行制裁的行为总和。它是知识产权相关行政主体针对知识产权违法行为主动出击进行制裁的一种保护知识产权的方式，从而更好地维护知识产权使用秩序以及社会公共利益，主要包括行政处罚和行政强制。

专利法及其相关法规、商标法及其相关法规、著作权法及其相关法规和《海关知识产权保护条例》都规定了行政机关对侵权行为进行行政查处的权利。如《专利法》第69条明确规定：负责专利执法的部门根据已经取得的证据，对涉嫌假冒专利行为进行查处时，有权询问有关当事人，调查与涉嫌违法行为有关的情况；有权对当事人涉嫌违法行为的场所实施现场检查；有权查阅、复制与涉嫌违法行为有关的合同、发票、账簿以及其他有关资料；有权检查与涉嫌违法行为有关的产品；有权对有证据证明是假冒专利的产品，进行查封或者扣押。《商标法》第61条明确规定："对侵犯注册商标专用权的行为，工商行政管理部门有权依法查处；涉嫌犯罪的，应当及时移送司法机关依法处理。"《著作权行政处罚实施办法》第6条明确规定："国家版权局可以查处在全国有重大影响的违法行为，以及认为应当由其查处的其他违法行为。地方著作权行政管理部门负责查处本辖区发生的违法行为。"由以上内容可知，知识产权行政查处针对的对象是具有违法性质的行为，行政查处本身具有强制性，另外，行政查处的主动性与遵循"不告不理"原则的司法救济形成鲜明对比，其职能还不能为司法救济所取代，因此可能会长期存在下去。

三、知识产权行政救济的效力

以上知识产权行政救济方式(知识产权行政调解除外)具有以下效力。[1]

(1)公定力：具体行政行为一旦作出，即被推定为合法、有效，不因复议或诉讼而停止执行。

(2)确定力：具体行政行为一旦作出，不得随意更改。已确定的行政决定，

---

[1] 姜明安. 行政法与行政诉讼法[M]. 4版. 北京：北京大学出版社，2011：205-208.

公民无权自行变更;已确定的行政执法行为,非经法定程序行政机关不得随意改变。

(3)拘束力:具体行政行为生效后,就具有限制和约束行政主体和相对人行为的法律效力,必须按照已经确定的内容实施行为,相对人必须遵守和实际履行行政行为规定的义务。

(4)执行力:指行政行为一经作出,国家就有强制当事人实施具体行政行为所要求的义务的法律效力。

根据行政法和行政诉讼法的规定,相对人不履行具体行政行为确定的义务,行政机关可以依照法定职权强制相对人履行法定义务,或者申请人民法院强制执行。

第三节　知识产权社会救济

一、知识产权社会救济的含义及特征

知识产权社会救济,有学者称之为“第三方救济”,它介于纯粹的公力救济(司法救济、行政救济)与纯粹的私力救济(自力救济)之间的地带,在知识产权救济格局中具有重要的补充地位,往往容易被忽略。从性质上讲,它既包括接近知识产权公力救济的“准司法”的“仲裁”,也包括紧邻知识产权私力救济的“民间组织调解、中介机构调解以及其他组织调解”(从强制力角度看,行政调解与社会性救济相同)。在知识产权案件“大爆炸”、知识产权案件日益复杂的背景下,知识产权社会救济有助于缓解司法资源和行政资源的短缺矛盾,是国家治理体系和治理能力现代化的必然要求。

知识产权社会救济具有如下特征。

一是民间性。知识产权社会性救济依靠的是民间力量,具有非官方性,其救济主体一般是权利人所在的行业协会、地方商会,以及知识产权代理机构、律师事务所等中介机构。按照规范定义,仲裁也具有民间性质。

二是自愿性。知识产权遭受侵害时,需要双方当事人自愿委托社会组织或仲裁机构解决纠纷,行政机关可以引导,但非强制。

三是弱约束力。除了当事人选择的仲裁之裁决具有法律执行力外,民间

团体组织和中介机构居间作出的调解协议,不具有法律约束力,除非经司法确认。

四是专业性。一般情况下,知识产权纠纷当事人委托的是双方熟悉的具有所涉事件技术背景的专业人士,其调处结果的可靠性更强。知识产权仲裁更是如此。

五是便捷性。在知识产权纠纷发生时,双方当事人即时可找到都信任的相应组织进行调处,且成本低廉。

二、知识产权社会救济的方式

(一)知识产权仲裁救济

1. 知识产权仲裁救济概述

知识产权仲裁是指根据双方当事人的合意(仲裁协议),自愿把基于一定法律关系而现时发生或将来可能发生的知识产权纠纷的处理,委托给仲裁庭进行裁决,并受该裁决约束的一种制度,是我国目前较为成熟并且实践需求较为迫切的诉讼外争议解决方式。

知识产权仲裁具有如下优势。

(1)仲裁的经济性与灵活性。由于诉讼程序严格,从受理、开庭、判决到执行要花费大量的时间和金钱。而争议的解决越快越好,否则不仅会加重当事人的损失,也会造成公众对司法的不信任。相对于诉讼来说,仲裁的程序更加富于柔性,双方当事人有权利主导程序的运行,能避免当事人被诉讼拖垮的风险。

(2)仲裁的专业性。由于知识产权争议常涉及复杂的专业技术,而法官多为法学背景,专业技术知识欠缺,而在知识产权仲裁制度中,仲裁人一般具备争议领域所需的专业技术能力,专业权威性使仲裁结果更加具有说服力。

(3)仲裁的保密性。对于涉及商业秘密和技术秘密的案件,对保密的要求很高,仲裁的保密性特点正好符合知识产权争议对保密性的要求。知识产权仲裁除了要求保护当事人一般的隐私外,还要求保护其商业秘密和技术秘密,如技术信息、经营信息等。

(4)仲裁的终局性。仲裁没有上诉程序,仲裁裁决作出后自动生效,很快便可进入执行程序，纠纷解决的高效性对解决知识产权保护非常重要。

2. 可仲裁的知识产权纠纷类型

对于知识产权纠纷是否可以仲裁，不能一概而论。知识产权纠纷按照纠纷的性质可以分为知识产权民事纠纷、知识产权行政纠纷和知识产权刑事纠纷。知识产权民事纠纷是平等主体之间发生的有关知识产权权利的纠纷，又可以分为知识产权合同纠纷、知识产权侵权纠纷和知识产权权属纠纷。知识产权行政纠纷包括因知识产权申请被驳回而引发的纠纷、因行政机关作出的关于知识产权效力决定而引发的纠纷以及因知识产权管理机关对知识产权侵权行为作出处罚决定而引起的纠纷等。[1]知识产权刑事纠纷指因严重的知识产权侵权行为而引发的需要侵权方承担刑事责任的纠纷。[2]根据我国仲裁法的规定，知识产权行政纠纷和知识产权刑事纠纷不能采用仲裁这种方式解决。知识产权行政纠纷可以通过行政复议或行政诉讼的方式解决，知识产权刑事纠纷可以通过刑事诉讼的方式解决。值得讨论的是，知识产权民事纠纷的三种纠纷类型是否均可以采用仲裁方式解决争议。

就知识产权合同纠纷而言，通常认为，知识产权合同纠纷可以采用仲裁方式解决争议。因专利转让合同、版权转让合同、专利实施许可合同、商标实施许可合同而引起的纠纷，应属《仲裁法》第2条规定的平等主体的公民、法人和其他组织之间发生的合同纠纷，在《仲裁法》规定的可仲裁范围之内。此外，《著作权法》第60条第1款规定："著作权纠纷可以调解，也可以根据当事人达成的书面仲裁协议或者著作权合同中的仲裁条款，向仲裁机构申请仲裁。"虽然此条文没有明确说明著作权纠纷指的是哪一种类型的纠纷，但是从该条文的后半段可以推断出至少著作权合同纠纷可以向仲裁机构申请仲裁。《计算机软件保护条例》第31条也规定："软件著作权合同纠纷可以依据合同中的仲裁条款或者事后达成的书面仲裁协议，向仲裁机构申请仲裁。"

《仲裁法》第2条规定的可仲裁范围除了合同纠纷外，还有"其他财产权益纠纷"。在知识产权侵权的情况下，损害赔偿的计算势必会涉及财产权益。所以，知识产权侵权纠纷也是可仲裁的知识产权纠纷类型。

---

[1] 何薇，王亚西．知识产权仲裁的探索与发展[J]．金杜知识产权期刊，2009(7)：2.

[2] 何薇，王亚西．知识产权仲裁的探索与发展[J]．金杜知识产权期刊，2009(7)：2.

知识产权权属纠纷是否可以仲裁是学术界讨论比较多的问题。就目前我国的法律规定和实践中的情况来看,由于国家行政机关要对商标权和专利权的授权条件进行审核,以确保所授予的权利符合法律标准,因此,这些机关往往对这类权利效力引起的争议保留最终决定权。所以,本书认为,专利权和商标权的效力和权属纠纷不宜适用仲裁的方式解决。但是,就著作权和商业秘密的认定而言,由于不涉及行政机关的审核和授权,因此不受上述限制,在理论上是可以提交仲裁解决的。[1]

3. 我国知识产权仲裁的发展与挑战

2000年12月,中国国际贸易仲裁委员会成立“域名争议解决中心”,并于2005年7月启用“网上争议解决中心”的名称对外开展工作。[2]该中心受理的争议包括:域名抢注纠纷、通用网址抢注纠纷、无线网址抢注纠纷及短信网址抢注纠纷等。2007年,我国首个知识产权仲裁中心在厦门成立,由厦门仲裁委员会牵头,联系厦门市知识产权工作领导小组共同推进该项知识产权工作,主要业务范围是知识产权相关合同纠纷,宣传仲裁处理纠纷方式,同时开展培训教学和学术研究。[3]自此以后,武汉知识产权仲裁院、天津知识产权技术合同纠纷仲裁中心、广州知识产权仲裁中心、上海知识产权仲裁院、重庆知识产权仲裁院、杭州知识产权仲裁院、青岛知识产权仲裁院等数家专门的知识产权仲裁机构相继成立。

我国虽然出现上述多个专门的知识产权仲裁中心,但是知识产权仲裁机构审理的知识产权案件数量不多,尚未形成有影响力的国际性知识产权仲裁机构。此外,在已设立的知识产权仲裁机构中,尚无一家机构公布配套的知识产权仲裁规则。这给我国的知识产权仲裁提出了挑战,即如何完善知识产权仲裁的规则,提高知识产权仲裁的水准,创建一批获得国际认可的知识产权仲裁中心。

---

[1] 何薇,王亚西. 知识产权仲裁的探索与发展[J]. 金杜知识产权期刊,2009(7):2.

[2] 何薇,王亚西. 知识产权仲裁的探索与发展(二)[J]. 金杜知识产权期刊,2009(10):3.

[3] 徐好. 知识产权仲裁的理论与实践[J]. 仲裁研究,2008(1):61.

(二)知识产权行业协会救济

1. 知识产权行业协会救济概述

行业协会是指同一行业的市场经济主体为维护自身及共同的利益在共同遵守自治和自律准则的基础上而自愿组成的非营利性、自律性的社会团体法人。

行业协会具有以下特征。

(1)自发性。行业协会是一定数量的同一行业经济主体基于共同的利益自发设立的,以自愿创立或加入为前提,不受任何外界因素的影响。

(2)自律性。行业协会通过一整套行业规则来规范协会成员企业的市场行为,避免企业无序、恶性的竞争和内耗,避免经济活动秩序的紊乱。

(3)中介性。行业协会既是企业与市场的中介,又是企业与政府的中介。在充当企业与市场的中介时,行业协会能及时向企业提供市场信息,减少会员企业因信息不对称而造成的损失;在会员企业遭受侵权时,行业协会可及时发现并通知该企业,或代表企业通过协商、诉讼或其他方式维护会员企业的合法权益。在充当企业与政府的中介时,行业协会可以代表整个行业的利益,将诉求和意见反映给政府作为决策参考。

(4)非营利性。行业协会的设立旨在促进行业内部企业共同利益的最大化。需要说明的是,行业协会虽然具有非营利性,但这并不意味着行业协会的活动不产生收入,而是指取得的这些收入,不可进行分配,只能用于维护整体利益和日常办公。

2. 行业协会的分类

根据行业协会在知识产权救济中的不同作用、特点,可以将我国现在的行业协会分为两大类。[1]

(1)知识产权服务类行业协会,主要是由一些专司知识产权研究和保护的专业性行业协会所组成,在我国有中国知识产权研究会、中华全国专利代理人协会、中国版权保护中心、中国音乐著作权协会、中国版权协会、中国发明协会、中国专利保护协会、中华商标协会等。它们的特点是专业性、业务性强,在各自领域内的知识产权保护中都发挥着重要的作用。

---

[1] 邓忠华.行业协会在知识产权保护中的地位[J].中华商标,2007(4):24.

(2)产业类行业协会,指的是由某一具体行业的同类企业所组成的行业协会。根据产生途径的不同,这些产业类行业协会又可以分为三类。

①自上而下型或体制内途径生成的行业协会,即"官办行业协会"。这类行业协会主要是适应我国由计划经济体制向市场经济体制转轨的需要,由政府通过分解和剥离原行业主管部门职能,自上而下地组建起来的。我国目前的行业协会中属于这种模式的居多,全国性的行业协会大都是这种模式,如中国轻工业联合会、中国电力企业联合会、钢铁工业协会等。

②自下而上或通过体制外途径生成的行业协会,即"市场内生型行业协会"。这类行业协会具有较强的区域性,多由行业内企业自发、自愿组建并根据《社会团体登记管理条例》取得社会团体法人资格。该种行业协会多在经济较发达地区,如温州市低压电器行业协会。

③体制内外结合型或中间型行业协会,即"官办民助型行业协会"。这类行业协会是在政府的倡导和推动下由企业自主组建的,政府给予一定扶持。其特点在于,行业协会在成立时,政府充分放权并给予大力的支持,建立以后,则立足企业,做企业的代言人,协助政府,做政府的参谋,如温州烟具行业协会、上海蔬菜加工与出口行业协会等。

在政府职能转换的背景下,产业类行业协会在知识产权保护中的作用日渐彰显:首先,面对日益严重的侵权,企业的力量稍显弱小。加入行业协会,可以借助集体的力量,企业能在侵权斗争中赢得更多的机会。其次,行业协会是企业和政府沟通的桥梁。政府制定的知识产权保护战略一般要通过行业协会贯彻到会员企业,而会员企业可以通过行业协会反映自己希望政府配合制止侵权行为的愿望和要求。

3. 知识产权行业协会的功能

(1)行业服务方面:建立面向行业的知识产权信息共享平台。如建立与本行业相关的专利、商标专用数据库和主要竞争对手知识产权状况监测数据库。这样,一方面可以为行业内的企业,特别是中小企业提供信息服务;另一方面可以对重点行业技术创新和产业发展趋势进行评价和分析,为各类科技创新计划提供方向,避免侵权行为的发生。

(2)行业自律方面:运用行业规则规范行业协会内成员企业的行为。为谋求市场份额和利润，国内同行企业之间发生的商业秘密、专利等知识产权侵权纠纷并不鲜见。行业协会通过制定行业规则，约束行业内企业的假冒、仿制、傍名牌、搭便车、诋毁竞争对手等不规范行为，鼓励企业进行平等自由竞争，减少企业间的知识产权摩擦，保护知识产权权利人的合法权益，营造公平、有序的竞争秩序。

（3）行业代表方面：代表会员企业进行知识产权维权。行业协会出面调解知识产权纠纷，符合国际惯例。近些年来，我国企业的涉外知识产权纠纷常常是行业性集体事件，单个企业往往没有能力解决，这种情况下，由行业协会出面会更有利于争端的解决。行业协会要为会员企业在知识产权纠纷的起诉与应诉、与国内外政府和组织间的知识产权协调等方面发挥集体运作功能，维护行业的整体利益。

第四节　知识产权自我救济

一、知识产权自我救济的含义及正当合理性

自我救济是相对于公力救济的一种私力救济手段，是权利主体的一种自我保护。它是指在没有第三方以中介名义介入纠纷解决的情况下，不通过国家机关和法定程序，而是依靠自身的力量在必要限度内实施自助行为，或通过协商的方式，以制止或防止他人不法侵害，并获得相应经济补偿。[1]

对知识产权进行自我救济是权利人理性的选择。其正当合理性如下。

（一）自我救济的维权效果更加明显

现代知识产权法律制度赋予权利人一定期限内合法的独占权，允许其在法定期限内对其知识权利进行排他性的使用。但是，知识产权不同于传统物权，其具有无形性、易复制性等特点，这使得侵犯知识产权的成本变得很低，进行违法行为的当事人因而变得为数众多。由于公力救济与生俱来的消极性特点，一般情况下权利人只有去申请国家的公力救济，国家才会提供。而国家公力救济更重视程序正义，而对于实体上的正义，国家公力救济往往需要进行很大程度上的利益平衡，平衡之后进行公力救济的结果往往不能够满足知识

[1] 华鹰．网络环境下著作权纠纷的私力救济［J］．重庆社会科学，2018（9）：77．

产权权利人的预期。

(二)自我救济可以弥补法律规定之不足

法律规范具有原则性和抽象性,法律条文不可能涵盖社会经济生活中的各个方面,知识产权的相关法律规定往往具有滞后性,对出现的新情况和新问题不可能全面预见,因此公力救济发生作用往往是事后的和补救性的,对于预防和及时制止当前正在发生的利益冲突显得力不从心。

(三)自我救济节约司法资源,缓解司法压力

公正与效率是各国司法机构一致追求的目标,然而大量的知识产权侵权纠纷涌入法院,有限的司法资源已经不能承受诉讼之重,直接影响了公正与效率的实现,因此采用自我救济制度,是节约司法资源,缓解司法压力的有效途径。

(四)自我救济有利于促进国家和社会资源的合理利用,提高解决纠纷的效率

从行为效率角度考虑,知识产权人由于自我救济的直接性和主动性,所产生的效率可能比国家的公力救济效率更高,成本更低,是一种多赢的选择。

二、知识产权自我救济的方式——以网络环境下著作权纠纷的自我救济为例

根据知识产权自我救济对象的不同,可以分为专利权自我救济、商标权自我救济、著作权自我救济等。随着互联网技术的快速发展,网络环境下著作权侵权呈现新样态,使著作权人与使用者、传播者的利益平衡被打破,其表现为出版商或网站侵占了著作权人利益,数字出版内容提供商侵占了著作权人利益,网络服务提供商规避侵权间接获得利益侵犯了著作权人利益,而使著作权人的利益受到挤压。本书着重介绍网络环境下著作权侵权的自我救济方式。[1]

(一)行使技术保护措施权

著作权技术保护措施是指用于防止和限制未经权利人许可的下载复制作

---

[1] 华鹰.网络环境下著作权纠纷的私力救济[J].重庆社会科学,2018(9):79-82.

品、表演、录音录像制品，或者通过信息网络向公众提供作品、表演、录音录像制品的有效技术以及装置或部件。我国《信息网络传播权保护条例》第4条规定："为了保护信息网络传播权，权利人可以采取技术措施。"鼓励著作权人为合法保护自身权利使用技术措施。同时规定"任何组织或者个人不得故意避开或者破坏技术措施"。

著作权是由于作品的问世而自动产生的，其权利保护也具有特殊性。在网络环境下作品的传播具有时间上的即时性、空间上的虚拟性，同时借助于搜索引擎和链接功能，能够迅速自由地传播，所以网络环境下著作权的保护尤为棘手。而技术保护措施的运用，可以及时有效地保护著作权人的权利，成为权利人最常见的自我保护手段。通过对作品添加技术保护措施，控制受众对作品的不合理接触或使用，对于防控网络盗版和版权侵权起到了重要的作用。

目前，常见的技术保护措施主要有以下几类。

第一类，访问控制技术措施。目前使用访问控制技术措施主要有三种方式：一是强制访问控制（简称MAC）；二是自主访问控制（简称DAC）；三是基于角色的访问控制（简称RBAC）。访问控制技术是主体依据某些控制策略与分析结果或者权限，对客体本身或者是其系统数据进行的不同授权访问。访问控制技术是在人员身份识别的基础上进行的，根据用户对提出的数据访问的请求加以控制，从而更好地规范了用户对有限资源的使用权利。

第二类，使用控制技术措施。主要包括以下两种：一是数据加密技术。为了更好地保护权利人的信息不被外人所看到，又要让自己内部人员能够简便地进入其中并获得信息，这就需要数据加密技术的帮助。在网络环境下比较受用户欢迎的数据加密技术，主要是专用密钥技术和公共密钥加密技术。二是认证技术。认证技术是实现著作权安全的基本技术之一，它是为了防止著作权信息被篡改、删除和伪造的一种有效技术，它使接收者能够识别和确认信息的真伪，与加密技术彼此独立，加密保证了著作权信息的保密性，认证则保护了著作权信息的真实性和完整性。目前使用的认证技术包括数字签名技术和身份认证技术。

第三类,其他技术。一是数字水印技术。数字水印技术是近些年国际上提出的一种新的有效的数字化产品著作权保护的技术措施。数字水印是用来证实该数据拥有者享有著作权的一种手段,这种被嵌入的数字水印可以是一段文字、标识、系列号等,它通常是不可见或不可觉察的,它与原始数据(如图像、音频、视频数据)紧密结合并隐藏在其中,成为数据文本中不可分离的一部分。数字水印技术与传统加密技术不同,它能够直接判别被保护的数据是否受到保护、监视和传播,能够鉴别真伪、防止非法拷贝。通过对数字水印的探测和分析,保证著作权信息的完整可靠性,并作为鉴定、起诉非法侵权的证据,从而成为一种先进的数字产品著作权的保护措施。二是防火墙技术。"防火墙"最初是建筑业中使用的专业名词,后来逐步成为互联网上保护信息安全的专有代名词,通过阻隔技术最大限度地阻止网络中的黑客侵入或者侵权者的访问,通过设置防火墙的技术方法来有效地将外部其他网络与内部网络阻碍起来,防止外部人员对内部网络信息资源的非法访问,从而有效地降低或者阻隔外部人员对网络内部作品或信息的获取。因此,有效的防火墙技术也是保护著作权不受侵害的必不可少的技术之一。

(二)对权利管理信息的保护

在网络环境下,权利管理信息的运用是著作权人自我救济的基本手段和前提条件,权利管理信息与技术保护措施是互为补充和互为作用的。著作权人采用技术保护措施的主要作用是防止他人非法下载和复制;而权利管理信息保护的主要作用则是识别侵权复制品,为协商解决侵权纠纷提供有力的证据。网络环境下权利管理信息往往采用电子形式,以便公众了解著作权的权利状态。权利管理信息的功能在于表明权利人、声明权利以及公示作品的使用条件。在互联网技术日新月异的今天,权利管理信息在保护著作权人权利方面日益彰显出其重要性。其一,著作权人可以通过权利管理信息向公众声明其权利,表明权利人身份和作品的使用条件,以保证作品的合法使用和传播。其二,作品使用者可以按照权利管理信息的要求,有条件地依法对作品进行使用。

随着互联网的普及和数字技术的进步，著作权人主动使用权利管理信息作为私力救济基本手段的现象越来越普遍，但是权利管理信息在运用中还存在一些软肋。因为在网络环境下以数码形式表现的权利管理信息很容易被他人删除或更改，其后果是导致用户得到的是错误的信息，同时导致著作权人对作品各项权利的失控，这不仅损害了著作权人的权益，而且给著作权的管理和使用带来了混乱。因此，为了有效保护著作权人的权益，维护正常的著作权管理和使用秩序，需要在法律上禁止故意改变或者删除权利管理电子信息的行为，如果是故意改变或者删除权利管理的电子信息的行为，则可以认为是对著作权人权利的侵犯，著作权人可以采用相应的法律救济措施。

（三）对网络服务提供商的警告权

警告权是指著作权人发现网络服务提供商提供的存储空间、搜索、链接等服务侵犯自己的著作权时，通过书面形式通知网络服务提供商，要求删除相关内容、断开侵权链接的权利。对侵权者发出警告要求停止其侵权，这是著作权法赋予著作权人当然的权利，也是传统私力救济的典型形式之一，但网络环境语境下的警告权有其特殊的含义。

1998年美国通过制定《数字千年版权法案》首次提出了避风港规则，避风港规则的核心内容为：由于网络服务提供商的审查能力有限，而且没有主动审查存储空间、搜索、链接中作品是否侵权的义务，只要在其收到著作权人的通知后及时删除侵权作品或者断开链接的，就不承担侵权责任。该原则被我国著作权立法所接受，在2006年颁布实施的《信息网络传播权保护条例》第23条对此作了明确的规定：网络服务提供者为服务对象提供搜索或者链接服务，在接到权利人书面通知以后，根据本条例规定断开与侵权的作品、表演、录音录像制品的链接的，不承担赔偿责任。

由上述规定可以看出，网络环境下著作权人行使警告权的私力救济，是认定网络服务提供商是否间接侵权，是否承担赔偿责任的一个前提，如果著作权人没有行使书面警告，即没有通知网络服务提供商删除侵权作品或者断开链接的，就可能失去后续诉讼的胜诉权。

(四)在版权交易中采用保证金担保

在网络环境下,大量著作权侵权纠纷的存在,必然会打破著作权人、数字出版商、网站和网络服务提供商之间的利益平衡,利益冲突的积累将成为互联网产业以及数字出版产业发展中的“定时炸弹”。著作权集中交易平台的集中授权模式,是破解网络环境下海量作品海量授权困境,实现作品财产价值的最优模式,而著作权交易中的保证金担保模式,则是减少使用人侵权和著作权人进行权利自我救济的有效保障。

保证金担保是著作权交易双方约定某一方为完成某项义务所设置的担保,在著作权集中交易平台线上授权交易的模式下,保证金的作用是担保作品的使用者支付合理对价,合法获取作品内容以及合法使用作品。

关于保证金的缴纳,可以有以下两种方式。一是注册之初缴纳基础保证金。作品使用者在注册时,需选择作品使用用户通道,签订用户协议。该协议本着促进网络环境下作品的正常使用和传播的目的,保护著作权人正当利益,作品使用用户以电子协议的形式向平台管理者作出书面承诺,如若发生违法使用平台管理的作品的行为,自愿承担赔偿责任。缴纳的基础保证金的作用在于保证注册用户能遵守用户协议,合法使用平台所管理的作品,如若发生违法使用,平台管理者将冻结该笔保证金,待侵权事实核实之后,平台将根据侵权的程度和用户协议将该笔保证金先行赔偿权利人,不足部分另行支付。二是使用作品时,按作品单笔支付保证金。此种情况下,使用人每次购买作品均需要缴纳保证金,平台管理者将所有使用人支付的保证金集中起来,为每一笔交易提供担保。如若发生违法使用,平台管理者待侵权事实核实之后,按照相应比例赔偿给权利人。

(五)著作权人与侵权者私下和解

在著作权侵权纠纷发生以后,如果侵权后果不涉及行政处罚或刑事处罚,权利人可以聘请律师与侵权人沟通协商私下和解。和解是当事人双方在平等的基础上相互协商、充分发表自己的意见,本着诚实信用、公平合理、化解矛盾的原则,进而对纠纷的解决达成协议的活动。私下和解具有及时解决纠纷、节约成本、效率高等优点。私下和解是由当事人自行启动的在诉讼活动之外的一种自治行为，由当事人自己决定处理纠纷的进度与状态，不受司法程序、法官职权的直接约束和支配，纯属当事人之间基于诚信、情感和谅解的契约性自治行为。必须指出的是，和解协议作为双方当事人之间自行达成的协议，由当事人自觉履行，不具有与判决、调解书同等的法律效力。

三、知识产权自我救济机制的构建

（一）培育知识产权自我保护意识

企业要构建知识产权的自我救济机制，就必须首先加强企业知识产权自我保护意识的培育。具体而言，企业要强化两种意识：第一，企业要彻底改变知识产权保护仅仅是行政机关、司法机关职责的错误观念。尽管行政机关、司法机关在企业知识产权救济中有非常重要的作用，但是企业知识产权救济应该首先立足于企业的自主保护上，牢固树立企业是知识产权自我救济主体的观念。第二，企业要强化领导和员工的知识产权保护意识，并将其作为企业文化来培养。[1]这将会使企业把知识产权管理、保护工作贯穿于企业自主创新和一切工作当中，为企业知识产权自我保护机制的构建奠定基础。

（二）建立知识产权保护的专业机构

建立知识产权保护的专业机构是建立知识产权自我救济机制的必要举措。知识产权专业保护机构即是配备知识产权专业人才专门处理企业知识产权事务的机构。就大型企业而言，可以构建三级的知识产权管理组织体系。以华为集团为例，其专利管理体系由三级体系构成，公司成立知识产权管理办公室，负责战略性的研究；办公室下设知识产权部，是公司的职能部门，负责知识产权的具体管理和应用开发；各研究开发部和各产品线分别成立标准专利部，负责组织专利开发和项目立项审查。[2]就中小企业而言，企业可仅设立一个专门的机构，配备专职人员来管理企业的知识产权实务，保护企业的知识产权。

---

[1] 龚志军，杨峥嵘．知识产权保护中的企业主体作用[J]．商业研究，2009(12)：64.

[2] 吴小刚，郭伟青．企业知识产权自我保护体系构建探索[J]．新西部，2009(16)：45.

(三)建设知识产权自我保护的制度

建立知识产权自我保护的制度是企业知识产权自我救济机制正常运行的依据和保障。建设知识产权自我保护制度就是将知识产权的创造、管理、维护和保护等活动通过建章立制的方式将其制度化。企业知识产权自我保护的制度化建设主要包括:企业知识产权机构的建立制度、企业知识产权机构及有关业务部门的职责、知识产权工作方法、专利申请程序、企业专利及商标等自主知识产权的市场监管制度、专利维权工作方法、专利的奖励制度等。[1]各项制度应根据企业所处的行业特点和企业自身的特点制定。

(四)采取知识产权保护措施

企业应对其拥有的知识产权采取保护措施。不同企业拥有的知识产权种类不同,其保护措施也应针对不同的知识产权类型采取相应的保护措施。如对商业秘密的保护,要根据商业秘密的构成要件,采取严格的保密措施。对于专利或注册商标,要充分利用自己的营销服务体系实施市场监控,发现侵犯本企业专利权、商标权的行为,要依法采取积极的维权行动,维护自身的合法权益。[2]

四、知识产权自我救济的意义

知识产权自我救济是权利人获取竞争优势的前提条件。随着知识经济和经济全球化的深入发展,知识产权日益成为权利人发展的战略性资源和市场竞争力的核心要素,成为知识产权人占领市场和遏制竞争对手的关键手段。因而,企业、科研院所等权利主体增强知识产权自我救济意识与能力具有重要的意义,通过自身保护一方面可以有效遏制潜在侵权行为的发生,制止不正当竞争,维护自身合法权益,另一方面可以提高竞争力和战略优势,增强自主创新能力,有效阻止竞争对手模仿,从而确定市场领先地位,实现利润的最大化。

---

[1] 吴小刚,郭伟青.企业知识产权自我保护体系构建探索[J].新西部,2009(16):46.

[2] 朱宇,黄志臻,唐恒.《企业知识产权管理规范》培训教程[M].北京:知识产权出版社,2011:103.

知识产权自我救济也是市场主体参与竞争的必备方式。企业、科研院所等权利主体的领导者、决策者、管理者应树立知识产权保护的紧迫感、责任感，明晰自我救济是参与市场竞争的必备要素，不断增强自我救济意识，实施知识产权战略，将知识产权保护与“贯标”深入融合，提高知识产权管理的科学性；通过建立知识产权预警机制、导航机制与重大经济科技活动的知识产权审议等，学会规避知识产权风险，推动企业有效运用知识产权法律手段，增强处理知识产权纠纷的应对能力。

【案例分析】

海天公司诉威极公司侵害商标权及不正当竞争纠纷案

海天公司是“威极”注册商标的权利人，该商标注册于1994年2月28日，核定使用的商品为酱油等。威极公司成立于1998年2月24日。威极公司将“威极”二字作为其企业字号使用，并在广告牌、企业厂牌上突出使用“威极”二字。在威极公司违法使用工业盐水生产酱油产品被曝光后，海天公司的市场声誉和产品销量均受到影响。海天公司认为威极公司的行为侵害其商标权并构成不正当竞争，向广东省佛山市中级人民法院提起诉讼，请求法院判令威极公司停止侵权、赔礼道歉，并赔偿其经济损失及合理费用共计人民币1000万元。

广东省佛山市中级人民法院一审认为，威极公司在其广告牌及企业厂牌上突出使用“威极”二字侵犯了海天公司的注册商标专用权；威极公司的两位股东在该公司成立前均从事食品行业和酱油生产行业，理应知道海天公司及其海天品牌下的产品，但仍将海天公司注册商标中的“威极”二字登记为企业字号，具有攀附海天公司商标商誉的恶意，导致公众发生混淆或误认，导致海天公司商誉受损，构成不正当竞争。遂判决威极公司立即停止在其广告牌、企业厂牌上突出使用“威极”二字，停止使用带有“威极”字号的企业名称并在判决生效后10日内向工商部门办理企业字号变更手续，登报向海天公司赔礼道歉、消除影响，并赔偿海天公司经济损失及合理费用共计人民币655万元。在计算损害赔偿时，审理法院根据海天公司在16天内应获得的合理利润额以及合理利润下降幅度推算其因商誉受损遭受的损失,并结合威极公司侵犯注册商标专用权行为及不正当竞争行为的性质、期间、后果等因素,酌定海天公司因产品销量下降导致的利润损失为人民币350万元;同时将海天公司为消除影响、恢复名誉、制止侵权损害结果扩大而支出的合理广告费人民币300万元和律师费人民币5万元一并纳入赔偿范围。威极公司提起上诉后在二审阶段主动申请撤回上诉。

该案是因威极公司违法使用工业盐水生产酱油产品的"酱油门"事件而引发的诉讼,社会关注度较高。法院在案件裁判中通过确定合法有效的民事责任,切实维护了权利人的利益。在停止侵害方面,法院在认定被告构成不正当竞争之后,判决被告停止使用相关字号并责令其限期变更企业名称,杜绝了再次侵权的危险。在损害赔偿方面,在有证据显示权利人所受损失较大,但现有证据又不足以直接证明其实际损失数额的情况下,通过结合审计报表等相关证据确定损害赔偿数额,使损害赔偿数额更接近权利人的实际损失,使权利人所受损失得到最大限度的补偿。同时,法院将权利人为消除侵权和不正当竞争行为的影响、恢复名誉、制止侵权结果扩大而支出的合理广告费纳入赔偿范围,体现了加强知识产权司法保护的力度和决心。

【基本概念】

知识产权救济;知识产权行政救济;知识产权司法救济;知识产权民事司法救济;知识产权行政司法救济;知识产权刑事司法救济;知识产权社会救济;知识产权仲裁救济;知识产权行业协会救济;知识产权社会法庭救济;知识产权自我救济

【思考与分析】

1. 知识产权行政救济的含义及特征。
2. 简述知识产权行政救济的方式。
3. 简述知识产权民事司法救济的方式。
4. 简述知识产权社会救济的方式。

【延伸阅读书目】

[1]吴汉东. 知识产权总论[M]. 北京:中国人民大学出版社,2013.

[2]王肃.知识产权保护教程[M].北京:知识产权出版社,2015.
[3]朱宇,黄志臻,唐恒.《企业知识产权管理规范》培训教程[M].北京:知识产权出版社,2011.
[4]徐梅.专利诉讼证据实务操作指引[M].北京:知识产权出版社,2011.

第九章　知识产权与其他部门法

知识产权与众多部门法都有紧密联系。宪法是知识产权的最高法律渊源。知识产权是民事权利的一种,民法构成知识产权最基础的法律渊源。知识产权的产生和保护离不开行政法,而且知识产权行政几乎构成了一个独立的行政法领域。知识产权与刑法的关联主要是“知识产权犯罪”。诉讼法与知识产权也有紧密关系,实践中“知识产权诉讼”除了借用三大诉讼法的原则和规则外,还发展出了若干具有特色的诉讼规则。知识产权国际保护是知识产权与国际法联系的主要原因,经过多年发展,国际知识产权法甚至成为一个国际法的独立分支。

第一节　知识产权与宪法

一、作为知识产权最高法律渊源的宪法

在现代民主国家,宪法是国家根本大法、基本法,规定一国基本政治制度、经济制度,以及公民基本权利等事项。知识产权作为一种法律权利,除了在理论上应当有正当性之外,也必须在一国法律体系中有自己的实证法依据。从这个角度来说,宪法作为一国位阶最高的法律形式,能够为知识产权提供最根本的实证法依据,构成知识产权最高的实证法渊源。这是知识产权与宪法最直接、最主要的联结关系。同时,也正是因为宪法在法律部门中的引领地位,笔者将知识产权与宪法的关系放在本章的第一节。

那么,作为知识产权最高法律渊源的宪法,是怎样呈现其对知识产权的保护的呢?总体来说有两种形式,一是将知识产权事项明确规定在宪法条款中,这些条款不仅呈现出“知识产权”“专利”“版权(或著作权)”“作品”“发明”等相关术语,甚至给出了定义性描述,如“限定期间的专有权(或排他权)”等,可称之为“显性模式”;二是不直接规定知识产权事项,而是将其包含在基本权利条款中,从字面上很难看到“知识产权”等术语,或者即使有此类术语,也没

有相关定义性条款,可称之为"隐性模式"。

宪法规定的事项都极具基础性和原则性,一般不在条款中直接规定十分具体的权利。实际上,很多国家的宪法都没有直接规定知识产权事项,属于隐性模式。不过美国宪法是一个例外,它是显性模式的一个典型代表。

《美利坚合众国宪法》(下称《美国联邦宪法》)第1条第8款第8项规定:"(国会有权)通过授予作者和发明人对他们各自的作品和发现一定期限的排他性权利,以促进科学和实用技术的发展。"[1]第1条第8款第3项规定:"(国会有权)规范与外国的贸易、各州之间的贸易以及与印第安部落的贸易。"[2]这两个条款分别被称为"版权与专利条款"和"贸易条款"。美国国会正是在这两个条款的基础上制定出美国的专利法、版权法、商标法以及反不正当竞争法,其中版权与专利条款构成版权法和专利法的法源,贸易条款构成商标法和反不正当竞争法的法源。[3]

熟悉美国宪法的读者可能会有疑问,甚至很震惊,在这样一个惜字如金、总字数不到8000字的宪法中,居然用两个条款专门规定了知识产权,这说明美国对知识产权的保护多么重视,对创新成果的保护多么重视,而且还是在1787年美国建国的初期。不过也有学者从美国宪法特点的角度提出不同的解释意见。因为美国属于联邦制,《美国联邦宪法》的一个主要内容是规范联邦和州政府的"分权"问题,因此许多条款涉及的是联邦和州立法权限的划分。《美国联邦宪法》第1条规范的正是美国国会的立法权限问题,所以"宪法规定版权与专利条款,无非是表明这属于联邦政府规范的事项。"[4]虽然这并不影响美国宪法作为其知识产权最高实证法渊源的地位,因为美国国会的确是依此制定了单行的各知识产权法,但据此说明美国在立国之初就已经意识到

---

[1] 英文原文是:To promote the Progress of Science and useful Arts, by securing for limited Times to Authors and Inventors the exclusive Right to the irrespective Writings and Discoveries。

[2] 英文原文是:To regulate Commerce with foreign Nations, and among the several States, and with the IndianTribes。

[3] 事实上,只有"版权和专利条款"属于显性模式,"贸易条款"作为商标法和反不正当竞争法的渊源属于一种解释性引申,并未直接涉及"商标""不正当竞争"等术语和定义,只是因为在英美法系国家,商标法和反不正当竞争法本就是在"反假冒贸易"基础上发展而来的,因此贸易条款可以通过解释适用而衍生为二者的宪法渊源。

[4] 李明德. 美国知识产权法[M]. 2版. 北京:法律出版社,2014:1.

保护创新和知识产权的重要性,将其提到宪法规范的高度,就显得有些牵强了。“很多单一制的国家虽然没有在宪法中规定版权和专利事项,但并不意味着这些国家不重视知识产权的保护。从某种意义上说,单一制国家或许没有必要在宪法中写明版权和专利的事项。”[1]虽然有些国家宪法中的知识产权条款可能是隐性的,隐含或包含在基本权利条款中,但这也并不妨碍宪法作为知识产权最高法律渊源的地位。

二、我国宪法关于知识产权的规定

《中华人民共和国宪法》作为我国的根本大法、基本法,当然也是知识产权的最高法律渊源。那么,我国宪法中是否有专门、明确的知识产权条款,其对知识产权的规定是属于显性模式还是隐性模式,是如何体现知识产权最高实证法渊源地位的呢?

综观《宪法》全文,并未有任何一处出现“知识产权”,不过与知识产权相关的“技术发明创造”“文学艺术创作”“创造性”“新闻广播”“出版发行”等术语在一些条文中有所涉及。这些条文共有三个,分别是《宪法》第20条、第22条、第47条。其中第20条规定:“国家发展自然科学和社会科学事业,普及科学和技术知识,奖励科学研究成果和技术发明创造。”第22条规定:“国家发展为人民服务、为社会主义服务的文学艺术事业、新闻广播电视事业、出版发行事业、图书馆博物馆文化馆和其他文化事业,开展群众性的文化活动。”第47条规定:“中华人民共和国公民有进行科学研究、文学艺术创作和其他文化活动的自由。国家对于从事教育、科学、技术、文学、艺术和其他文化事业的公民的有益于人民的创造性工作,给以鼓励和帮助。”

具体分析这三个条文:第20条中“奖励科学研究成果和技术发明创造”的表述,如果对其进行扩大解释,可以通过与知识产权建立一定关系,成为专利等技术类知识产权的法源。如果仅按照字面解释,我们通常理解的“奖励”含义与知识产权制度确立的商业性激励机制不太一样,专利制度正当性理论的“发明奖励论”,将专利制度视为国家激励或规划产业发展的政策工具。根据

[1] 参见:中山信弘.工业所有权法[M].2版增补版.东京:弘文堂,2000:25.转引自:李明德.美国知识产权法[M].2版.北京:法律出版社,2014:2.

这一理论对“奖励”进行扩大解释，那么第20条作为专利等技术类知识产权的法源就能够获得正解。第47条“国家对于从事教育、科学、技术、文学、艺术和其他文化事业的公民的有益于人民的创造性工作，给以鼓励和帮助”的表述，可以作为著作权的法源。因为“从事教育、文学、艺术和其他文化事业的……创造性工作”与著作权关系紧密，著作权的客体就是文学艺术以及科技领域具有独创性的作品。而且“鼓励和帮助”也与著作权制度中的激励机制相关。第47条还可以作为专利制度的法源，因为“对于从事科学、技术的……创造性工作，给以鼓励和帮助”，与专利制度的原理和精神也是相符的。因此第47条之于知识产权，可谓是中国版的“版权与专利条款”，只是其规定并不直接、明确，需要解释性适用。第22条中关于“文学艺术事业、新闻广播电视事业、出版发行事业”等的表述可以与著作权制度中的“邻接权”❶相联。

综合来看，在这三个条款中，第47条涉及知识产权的内容最为丰富，且其在《宪法》第二章“公民的基本权利和义务”中，因此成为最接近的我国宪法中的“知识产权条款”。依此来看，显然我国宪法对知识产权的规定采取的是“隐性模式”，只是这些条款中都没有关于商标等涉及商业性标志的规定，作为知识产权法律渊源，还不够完整和充分。

但这并非说我国宪法就真的不能为知识产权提供扎实的实证法渊源。事实上，抛开以上条文不论，还有一个更为重要的包容性条款，也足以构成知识产权的宪法渊源，即《宪法》第33条第4款。第33条是《宪法》第二章“公民的基本权利和义务”中的总括性条款，其第4款规定：“任何公民享有宪法和法律规定的权利”。亦即，即使某些权利未在宪法中明确规定，但只要在其他法律中规定出来了，依照《宪法》就可以享有并受到保护，如此知识产权的宪法法源问题即可迎刃而解。不论是版权、专利权，还是商标权、商业秘密权等知识产权，都有《宪法》的正式渊源。

---

❶ 2020年《著作权法》修订后，“邻接权”改称为“与著作权相关的权利”。

第二节 知识产权与民法

一、作为知识产权基础法律渊源的民法

在一国法律体系内,民法具有基础性地位,其所构建的民事主体、民事权利、民事法律行为、民事责任等概念和体系,形成人们生产、生活的基础,是社会运转的基本法律规范。知识产权正是以一种民事权利的身份而嵌入民法框架之中,并由此适用于民法所建构的一整套规则和原则体系。因此可以说,民法构成知识产权的基础法律渊源,民法是知识产权最重要的法律渊源,知识产权与民法的关系最为紧密,如果没有民法所规定的知识产权这种权利类型,那么基于知识产权的一系列其他法律规范体系都将失去存在的价值。具体来说,民法从以下这些方面为知识产权提供法源基础。

第一,民事权利体系为知识产权提供了权利依据。知识产权作为一种晚近产生的权利类型,最主要的特征就在于其客体的非物质性,并由此产生了许多与传统物权、债权不同的权利特征,如权利的独占性、有期限性、地域性等。基于这些本质特征,民法最终将其接纳进自己的权利体系中,并形成物权、债权、知识产权三大财产性权利。[1]而且,由于现代社会知识的重要性愈发突出,知识产权的重要性正在超越物权、债权,成为最重要的财产类型。另外,正是由于民法对知识产权权利身份的确认,也使得知识产权的私权属性得以确认,因此虽然知识产权法具有一定程度的公法因素,但各国立法基本都确认知识产权的私权属性,《与贸易有关的知识产权协定》在其序言中还专门强调知识产权为私权。这是在国际范围内的确认。可见"知识产权是私权"的理念早已深入人心。这样,作为私人财产权、私有财产权的知识产权,就获得了一整套民法原则和规则支持,民法为知识产权提供了基础的、完整的权利依据。

第二,民事主体制度为知识产权提供了主体依据。作为私权的知识产权,其权利主体完全适用民事主体制度,如关于自然人、法人、非法人组织的主体分类,关于自然人、法人权利能力、行为能力的规定,等等。另外,民事主体是各种民事法律关系必不可少的构成要素,基于知识产权的创造、运用、管理和

---

[1] 严格来说,大多数知识产权不仅具有财产性,还具有精神性,是一种兼具财产性和精神性的权利。不过学界习惯上将其与物权、债权并列,作为三大财产权利之一。

保护等所产生的知识产权法律关系，包括知识产权权利归属、侵权、转让、许可等法律关系，也不可能缺少主体要件，但实践中这些主体问题是完全借用民事主体制度的，各单行知识产权法中不用重复规定知识产权主体制度，正是源于此。

第三，民法基本原则为知识产权提供基本法律遵循。民法作为调整平等主体之间财产关系、人身关系的法律部门，规定了若干基本法律原则，如诚实信用、平等、自愿、公平、公序良俗等，这些基本原则可以为知识产权的权利取得、归属、侵权、转让、许可等行为提供基本的法律遵循，因为知识产权产生和运转过程涉及大量平等主体之间的财产法律关系，这些关系完全可以适用民法基本原则。

第四，民法物权制度为知识产权提供了参照模板。知识产权作为民事权利的一种，与物权的关系颇为密切。自诞生之初，学界就习惯从罗马法上有体物和无体物的分类入手，将知识产权与物权进行对比，从而发现其特殊之处。最终得出知识产权和物权的异同。例如两者都是支配权、绝对权，区别仅在于物权对应于有形财产，知识产权对应于无形财产，所以知识产权也被称为“类物权”。正是因为两者有诸多相似之处，物权法上的许多基本原则和制度也当然适用于知识产权。如物权法定原则也适用于知识产权，于是就有“知识产权法定主义”，即知识产权的权利类型、权利范围、权利取得方式、权利归属、权利期限等须由法律明确规定，不能随意创设。再如物权规范的对象——有形财产具有占有、使用、收益、处分权能，知识产权也是由私人主体享有专有权，既可以自己使用，也可以通过许可、质押等获取收益，还可以通过转让、声明放弃进行处分。物权登记、公示原则也适用于知识产权，知识产权中的专利权、商标权在授予、变更时都需要登记公告，在转让、许可、质押担保等过程中也需要进行公示公告等。

第五，民法债权制度为知识产权的权利归属和交易提供基本法律规范。知识产权作为一种财产权，具有重要市场价值，其产生、转让、许可等过程中涉及的权利归属和交易关系都与合同法密不可分。如在技术合作中，究竟是属于技术委托开发关系，还是技术合作开发关系，其中产生的技术成果知识产权权利归属就会有不同的规则，这些规则在合同法的“技术合同”部分都会涉及,可直接适用。再如专利、版权、商标的转让、许可等流转关系,都需要法律规则的规范。在各单行知识产权法中,这些规范并不多,也不完善,但这些交易都可以正常进行,一个主要的原因就是合同法总则和分则中确立的基本法律规则,像总则中关于要约、承诺的规则,关于合同订立、生效、履行、变更、违约责任等的条款,买卖合同、委托合同等有名合同中的基本规则,都可以适用于知识产权交易。

第六,民事侵权制度为知识产权侵权提供了基础指引。知识产权侵权是知识产权保护中一个重要问题,占据实践中知识产权纠纷的重要一隅。知识产权侵权判断与责任承担的确与民法中的一般侵权有所不同,但其基本法理相同,民法中的侵权责任归责原则、侵权判定要件、责任承担方式等都可以适用于知识产权侵权问题。

最后,除上述明确列举的民法规则之外,还有若干民事规则、制度也可以为知识产权提供基础法源。例如,民法关于期间、诉讼时效、代理、继承等的规定也适用于知识产权,因此,民法构成知识产权的基础法律渊源。

二、我国民法对知识产权的规定

(一)规定的形式

民法是知识产权的基础法律渊源,并不意味着民法一定会直接规范知识产权事项。在我国《民法典》编纂过程中,关于是否将知识产权法纳入《民法典》,以及以何种方式纳入《民法典》在当时是一个焦点问题。

从我国民法对知识产权的规定形式来看,1986年《民法通则》第五章第三节规定了知识产权,不过仅规定了著作权、专利权、商标专用权和发现权,较为简单。2017年《民法总则》第123条对知识产权予以确认,并规定了知识产权的客体(共八项)。两者均将知识产权作为民事权利的一项进行原则性规定。随着2021年我国《民法典》的生效实施,民法对知识产权的规定形式终于尘埃落定,仍然是不独立成编、在总则编"民事权利"中原则性规定、在其他编中少量涉及的方式。

(二)规定的内容

我国《民法典》一共有8条包含"知识产权"这一术语。分别是第123条、第

440条、第444条、第600条、第844条、第876条、第1062条、第1185条。除此之外，第二十章关于技术合同的规定也与知识产权紧密相关。

《民法典》第123条规定："民事主体依法享有知识产权。知识产权是权利人依法就下列客体享有的专有的权利：（一）作品；（二）发明、实用新型、外观设计；（三）商标；（四）地理标志；（五）商业秘密；（六）集成电路布图设计；（七）植物新品种；（八）法律规定的其他客体。"该条是我国民法对知识产权最基础的规定，彰显了知识产权在民法中的地位和位置。且该条延续了2017年《民法总则》的形式，对知识产权进行了界定，对知识产权的客体予以详细具体列举，且其第（八）项"法律规定的其他客体"也为知识产权的客体扩张、变动不居提供了很好的适用空间。

《民法典》第440条和第444条是关于知识产权质权的规定。其中第440条规定："债务人或者第三人有权处分的下列权利可以出质：……（五）可以转让的注册商标专用权、专利权、著作权等知识产权中的财产权……"第444条规定："注册商标专用权、专利权、著作权等知识产权中的财产权出质的，质权自办理出质登记时设立。知识产权中的财产权出质后，出质人不得转让或者许可他人使用，但是出质人与质权人协商同意的除外。出质人转让或者许可他人使用出质的知识产权中的财产权所得的价款，应当向质权人提前清偿债务或者提存。"该两条位于物权编"权利质权"，规定知识产权中的财产权可以作为权利质权的标的出质，将知识产权纳入担保物权的范畴；并对知识产权出质规则进行了具体规定，包括知识产权质权成立的条件，出质后知识产权转让和许可的问题等。

《民法典》第600条规定："出卖具有知识产权的标的物的，除法律另有规定或者当事人另有约定外，该标的物的知识产权不属于买受人。"该条款位于买卖合同一章，关注到了知识产权与其载体的物权的分离问题，针对知识产权的特殊性进行了特别规定。

《民法典》第844条规定："订立技术合同，应当有利于知识产权的保护和科学技术的进步，促进科学技术成果的研发、转化、应用和推广。"第876条规定："集成电路布图设计专有权、植物新品种权、计算机软件著作权等其他知识产权的转让和许可，参照适用本节的有关规定。"该两条都位于《民法典》合同编中第二十章“技术合同”中,与该章中的其他条款一起,构成《民法典》中关于知识产权规定最多的一章,主要规范技术开发、转让、许可、咨询或者服务合同中的权利义务关系,其中涉及专利权、专利申请权、技术秘密的转让、许可等规范。而上述第844条还就技术合同签订的基本原则进行了规定,涉及知识产权私权保护与科技进步公共利益的平衡,这一规定非常符合知识产权法上的利益平衡精神。第876条的规定是将技术合同的基本规则扩展适用于集成电路布图设计专有权、植物新品种权、计算机软件著作权等其他知识产权,体现了《民法典》中关于知识产权立法的周延性。

《民法典》第1062条规定:“夫妻在婚姻关系存续期间所得的下列财产,为夫妻的共同财产,归夫妻共同所有:……(三)知识产权的收益……”该条位于婚姻家庭编,将知识产权列为夫妻共同财产。

《民法典》第1185条规定:“故意侵害他人知识产权,情节严重的,被侵权人有权请求相应的惩罚性赔偿。”该条位于侵权责任编,是关于知识产权惩罚性赔偿的基本规定。该条与知识产权各单行法规定的专利侵权惩罚性赔偿、商标侵权惩罚性赔偿、著作权侵权惩罚性赔偿等相匹配和衔接,充分说明了知识产权与民法侵权制度紧密关联。

第三节　知识产权与行政法

一、知识产权与行政法的关联

在民法部门之外,与知识产权关系最为密切的应属行政法。知识产权之所以与行政法紧密相关,根本原因还在于知识产权客体的非物质性,导致其权利的产生、权利范围的界定、权利保护规则、权利流转程序等与物权不同,在诸多环节均需要行政法规范的介入。正是由于行政法规范广泛存在于知识产权法中,导致人们对知识产权法私法属性的质疑,甚至有将知识产权法归入行政法部门的观点出现。那么,知识产权与行政法的关联体现在哪些方面呢?

第一,知识产权权利的产生离不开行政法规范。虽然有些知识产权的产生是基于事实行为,依法自动产生,如著作权、商业秘密权等,但许多知识产权需要申请人申请、行政机关审查批准或者登记才能授权,典型的如专利权和商标专用权。在此情况下,知识产权什么时候产生、权利范围有多大、申请人对授权是否有疑问等都与行政机关的审查审批直接相关。其中因申请和授权产生的申请人与行政机关以及第三人之间的纠纷,既涉及行政许可行为,又涉及行政复议等行为。

第二,知识产权的保护离不开行政法。知识产权的保护主要有两种方式,即司法保护和行政保护。作为一种私权,司法保护当然是知识产权保护的首要方式,但国际上对知识产权的行政保护一直十分推崇,尤其是在假冒和盗版领域,行政保护甚至成为最主要的保护方式。知识产权行政保护相对于司法保护,具有便捷高效的优点,因此在许多国家广泛存在。这样,基于知识产权行政查处的需要,行政法规范自然就融入知识产权保护中来,这样就自然会关涉行政处罚行为。另外在现代社会,行政调解作为一种类似于司法的纠纷解决方式,也广泛应用于实践中。知识产权保护中也存在广泛的知识产权行政调解行为,如专利侵权、商标侵权等。

二、我国的"知识产权行政法"

由于行政法本身体系比较繁杂,多以单行法形式存在,知识产权又包括各种客体,法律规定也比较分散,所以由这两者结合形成的"知识产权行政法",可想而知会有多么烦琐。那么如何梳理我国行政法中关于知识产权的规定呢?与宪法、民法对知识产权的规定采"借用"的方式不同,行政法对知识产权的规定则是"拿来"的方式。"借用"方式是指将知识产权融入宪法、民法体系中,在不破坏宪法、民法体系的情况下,借用其基本原则和制度,因此关于知识产权的条文在该两个部门法体系中显得十分稀少。而"拿来"方式是指知识产权法将行政法的规范直接"搬运"到知识产权法规则条文中,再做一些适应性修改。因此与其说是"了解我国行政法对知识产权的规定",倒不如说是"直接学习知识产权行政法"。亦即,读者不用去翻看行政法条文,直接学习知识产权法中的行政规范就可以了。这应该是知识产权与行政法亲密关系的一种极致体现了。不过即使如此,我们也不应忽略行政法基本原理、原则和规则对知识产权行政的指导意义。

知识产权行政法的具体法律文件和内容简述如下。

首先,就法律文件而言,其特点是层级繁多、数量庞大。从位阶上来看,从法律到行政法规,再到部委规章、地方性法规、地方政府规章,不同层级的法律规范都有。从数量上来看,从中央到地方诸多层级,加上专利、商标、著作权等不同的知识产权类别,法律规范的数量也十分庞大。不过总体来说,其遵循由上而下的法律效力等级,因此一般而言,学习和研究的重点应该是法律、行政法规和部委规章,由此举一反三,再对地方法律规范进行有针对性的比较研究。

其次,就知识产权行政法的内容而言,可以从行政行为类别的视角进行归纳和总结。总体来看,知识产权行政主要包括知识产权行政许可、行政复议、行政处罚、行政调解。以专利行政领域为例,《中华人民共和国专利法》是全国人大常委会通过的基本法律,其第三章和第四章都是关于专利申请和审查的规则。《专利法实施细则》由国务院颁布实施,属于行政法规。其第二、三、四、五、八、九、十章都是关于专利行政条款的,涉及《专利法》中专利申请和审查条文规则的细化,以及专利申请的复审、无效宣告、专利实施的强制许可、专利登记和公告、费用缴纳、专利国际申请的特别规定等。由国家知识产权局颁布的《专利审查指南》更是事无巨细地规定了专利申请和审查中的具体规则,其涉及的事项可归属于行政法中的行政许可、行政复议的类别。再如国家知识产权局颁布的《专利行政执法办法》,其主要立法目的和内容是处理专利侵权纠纷、调解专利纠纷以及查处假冒专利行为,该办法规定的所有规则条文,从第一章总则,到第二章专利侵权纠纷的处理,第三章专利纠纷的调解、第四章假冒专利行为的查处、第五章调查取证、第六章法律责任等、都是关于专利行政的典型规则,其涉及的事项可归属于行政法中的行政处罚、行政调解以及行政复议等。读者可以以此继续对商标、著作权等其他知识产权类别中的行政法规范进行学习研究。

第四节 知识产权与刑法

一、知识产权与刑法的关联

在知识产权与其他部门法的关系中,其与刑法的关系可以说最为清晰,即刑法是知识产权保护的最高级，是对知识产权最高形态的公法保护形式。知识产权与刑法基于“知识产权犯罪行为”联系在一起。

这种关联是知识产权与刑法各自的特征交汇而成的。首先，知识产权受到法律保护，是基于其民事权利的角色，属于一种私权利。合法的私权利不仅受到民法形式的私法保护，也受到行政法与刑法的公法保护，因此侵犯知识产权这种私权利的行为有可能纳入刑法规制范围。另外，知识产权往往还关涉公共利益与市场经济秩序，对知识产权的侵权往往也构成对经济秩序的违反，从这个法益来看，严重的知识产权侵权行为也可能纳入刑法的规制范围。其次，从刑法的特点来看，刑法规制的社会关系是多方面的，知识产权保护关系完全可以纳入其规制范围，刑法区别于其他部门法的最主要特征在于其责任形式，即刑事责任。因此对知识产权的侵犯达到一定程度时，即有可能进入刑法的调控范围之内，构成知识产权犯罪，受到刑事处罚。国际上许多国家的刑事法规范中都有知识产权犯罪的规定。

二、我国刑法中关于知识产权的规定

我国刑法体例比较清晰，因此考察我国刑法对知识产权的规定并不难。从条文来看，我国刑法中涉及知识产权的规定较为集中的是现行《中华人民共和国刑法》分则编第三章第七节。当然，刑法总则中关于犯罪和刑罚的所有规定都可以适用于知识产权犯罪，也属于知识产权刑法的内容。除此之外，历次“刑法修正案”以及最高人民法院、最高人民检察院、公安部发布的相关司法解释、行政解释中涉及知识产权犯罪的条款也都属于知识产权刑法的内容。

我国《刑法》将“知识产权犯罪”置于分则第三章“破坏社会主义市场经济秩序罪”中第七节，截至目前，刑法中侵犯知识产权罪的条文位置一直保持不变。我国《刑法》将“侵犯知识产权罪”置于“破坏社会主义市场经济秩序罪”，而不是分则第五章“侵犯财产罪”中，有什么特殊考虑呢？这关系到刑法对知识产权犯罪的构成理论。按照目前的规则条文结构，我们可以得出如下结论，即我国对该类犯罪侵犯的法益确认为“社会主义市场经济秩序”，而非“私人财产”。这也很好地解释了我国各单行知识产权法中对知识产权民事侵权、行政违法与犯罪行为的区分。一般而言,仅仅对知识产权私权利的侵犯归类于知识产权民事侵权;而如果侵犯知识产权涉及对公共利益的侵犯,就进入知识产权行政违法的范畴;再进一步,如果这种情况下数额巨大或有其他严重情节,就可能进入知识产权犯罪的范畴,因为此时不仅是对私人权利的侵犯,已严重危及社会主义市场经济秩序这个公共利益。

再具体到知识产权犯罪的法律规则。《刑法》分则第三章第七节一共规定了8个罪名,分别是第213条的"假冒注册商标罪",第214条的"销售假冒注册商标的商品罪",第215条的"非法制造、销售非法制造的注册商标标识罪",第216条的"假冒专利罪",第217条的"侵犯著作权罪",第218条的"销售侵权复制品罪",第219条的"侵犯商业秘密罪",第219条之一的"为境外窃取、刺探、收买、非法提供商业秘密罪"(即"商业间谍罪")。除此之外,第220条还就"单位犯侵犯知识产权罪的处罚"进行了统一规定。从上述条文可见,我国刑法对商标犯罪的规定最多,涉及3个罪名,对著作权的规定次之,涉及2个罪名,涉及专利的只有"假冒专利罪",最少。另外,近年来我国大幅提高对知识产权犯罪的处罚力度,降低知识产权犯罪的入罪门槛。例如,取消原来主刑中的"拘役"刑,主刑最低为3年以下有期徒刑,并且将法定最高刑由7年提高到10年,等等。是一个值得关注的问题。

第五节 知识产权与诉讼法

一、知识产权与诉讼法的关联

诉讼法是程序法的主体,作为解决纠纷的正当程序,诉讼法在各法律领域的存在是必然的,在知识产权领域同样必不可少,所以知识产权与诉讼法的联接点就是"知识产权诉讼"。由于知识产权的特殊性,在知识产权创造、运用、保护和管理过程中,其纠纷类型复杂多样,既包括知识产权民事诉讼,也包括知识产权行政诉讼和刑事诉讼,已经形成一个庞大的知识产权诉讼群。具体来说,知识产权与诉讼法的关联可以从知识产权民事诉讼、行政诉讼和刑事诉讼三个领域展现。

首先，在知识产权民事领域，知识产权民事诉讼主要有两大类型：一是知识产权权属与侵权纠纷，包括专利权权属与侵权纠纷，商标权权属与侵权纠纷，著作权权属与侵权纠纷，商业秘密权权属与侵权纠纷等类型。二是知识产权合同纠纷。主要是专利、商标、著作权等在权利转让、许可过程中出现的纠纷，有时知识产权合同纠纷也与权属纠纷交织在一起，如技术开发与合作，多人创作作品等过程中发生的由于技术成果、作品的归属产生的权属纠纷，包括发明人、专利权、专利申请权、作者权等权属纠纷。

其次，在知识产权行政领域，主要是知识产权授权确权以及行政管理和保护过程中产生的行政纠纷，该领域纠纷类型多样，数量庞大，如专利授权确权中的专利驳回行政纠纷、专利无效行政纠纷，商标授权确权中的商标驳回行政纠纷、商标异议行政纠纷、商标撤销行政纠纷、商标无效行政纠纷等。知识产权行政执法过程中由于行政处罚、行政强制等产生的行政诉讼也大量存在。另外，由于知识产权权利的不稳定性，知识产权行政纠纷往往还与民事侵权纠纷交织在一起，如专利侵权诉讼中，被告往往会提起专利无效程序，继而引发专利无效行政诉讼，导致此类诉讼旷日持久。

最后，在知识产权刑事领域，主要是知识产权犯罪引发的知识产权刑事诉讼。该类案件相比知识产权民事诉讼和行政诉讼，类型较为单一、清晰，基本是刑事诉讼程序在知识产权犯罪上的应用，争议不大。

二、我国的知识产权诉讼

虽然知识产权诉讼数量庞大，种类繁多，但基本上都可以纳入现行三大诉讼法，因此我国并没有单独的知识产权诉讼法律法规。知识产权法中涉及纠纷解决的诉讼程序时，一般只是简单规定：当事人可以提起民事诉讼或行政诉讼；构成知识产权犯罪的，依法追究刑事责任，即按照刑事诉讼法的规定提起刑事诉讼。

从知识产权诉讼程序来看，基本都是遵循相应的三大诉讼法的规则。如两审终审制、案件基本管辖规则、一审程序、二审程序、再审程序、诉讼期限、送达规则、回避制度、证据规则等。不过由于知识产权本身的特殊性，以及案件数量的日益增多,案情的复杂性和特殊性,知识产权诉讼确实也有许多不同于一般民事诉讼、行政诉讼的具体诉讼规则。如关于知识产权案件的管辖问题,最高人民法院发布了若干司法解释确定了一些不同于一般民事诉讼的具体规则。再如知识产权诉前证据保全、行为保全的规定,也都有一些特殊之处。除此之外,我国还在知识产权诉讼领域进行了若干司法改革,如知识产权"三审合一"审判方式改革、知识产权诉讼集中管辖制度,以及四大知识产权法院的设立等。

第六节　知识产权与国际法

一、知识产权与国际法的关联

知识产权与国际法的关联,源自知识产权国际保护的需求。知识产权的国际保护是指以涉及知识产权事项的多边国际公约、双边或区域性条约和协议等为基本法律形式,以政府间国际组织为主要协调和实施机构,以实现国际范围内保护标准的一体化为目标的知识产权保护。这样,知识产权保护就从一国境内发展到跨国范围以及国际范围。由于知识产权国际保护需要国与国之间的协商、谈判、合作、交流、沟通,需要制定国际公约、双边或区域性条约,需要成立协调和实施机构,发生纠纷时需要专门的纠纷解决机制和机构等,这些事项的履行和实施需要遵循国际法上的原则和规则,因此势必与国际法紧密相关。具体来说,知识产权国际保护涉及国际公法中关于国际法主体、国际法基本原则、国际法与国内法的关系、国际条约的签订与效力等方面的内容,还涉及国际私法中准据法的确定等内容,以及国际经济法中国际技术贸易、国际投资、国际经济争端处理等内容。另外,由于多年来知识产权国际保护的发展,知识产权与国际法结合而生的"国际知识产权法"已经形成蔚为壮观的图像,几乎成为国际法的一个分支。

二、国际知识产权保护发展情况

如果将1873年奥地利维也纳国际博览会视为知识产权国际保护开端[1]，截至今天，知识产权的国际保护已超过140年的历史。在这大约140年里，知识产权国际保护经历了复杂的历史进程，其保护体制不断转移，保护水平逐步提高，目前呈现出一种统一、整合与对抗的复杂多变格局。

（一）两次体制转移

在知识产权国际保护的大约140年历史中，保护体制经历了两次明显转移，也因此大致可以将知识产权国际保护的历史概括为三种体制，分别对应于三个阶段。即"WIPO体制""TRIPs体制"和"自由贸易协定（FTA）体制"。

首先，WIPO体制，也就是知识产权国际保护的第一阶段，大致从1883年《巴黎公约》签署到1994年《与贸易有关的知识产权协定》通过之前。在这一阶段，知识产权的国际保护主要由世界知识产权组织予以协调和管理，因此称为"世界知识产权组织体制"。该体制的特点在于：知识产权国际保护各项事宜由世界知识产权组织协调，在其组织下，各成员国通过多边谈判的方式签署和通过专门的知识产权多边国际公约或条约、协议，由世界知识产权组织管理。各成员国再通过调整国内法以达到国际公约规定的最低保护标准，逐步实现知识产权国际保护标准的统一。世界知识产权组织体制在知识产权国际保护中的地位、作用以及优势十分突出。由于世界知识产权组织专业性强，在知识产权国际保护中影响巨大，其成员国达193个，管辖着26个重要的、体系化的国际知识产权公约、条约或协定。世界知识产权组织的运行机制较为公平、公正、公开、透明。不过该体制由于缺少统一有效的争端解决机制，也导致知识产权国际保护发展缓慢。

其次，TRIPs体制，即知识产权国际保护的第二阶段，这一阶段大致从

---

[1] 在此次博览会上，由于许多国家的发明人尤其是美国发明人担心他们的发明在博览会上展出后招致仿冒，因此敦促奥地利政府更加充分地保护在博览会展出的发明。最终奥地利通过了一部保护参展发明的专门法律，此外还接受了美国的建议，决定在该博览会之后，立即召开一次专利改革的国际会议，这就是1873年维也纳会议。维也纳会议最终作出决议，认为已到了各国政府应当尽可能地努力达成专利保护的国际谅解的紧迫时刻，并授权一个筹备委员会继续开展工作，于是就有了后来的1878年巴黎会议，继而在1883年通过并签署了《巴黎公约》，且于1884年成立了保护工业产权国际联盟。

1994年《与贸易有关的知识产权协定》通过到2010年《反假冒贸易协议》(ACTA)实质性谈判结束之前。该阶段除了原来由世界知识产权组织主导的保护体制外，由于TRIPs的通过，保护体制出现了重大变化。由于将知识产权国际保护纳入贸易范畴，世界贸易组织成为知识产权国际保护的新任主导者，而且其角色地位日益突出，因此该阶段可称为“TRIPs体制”或“世界贸易组织体制”。该体制的形成主要缘于发达国家知识产权产业集团的推动，提高了知识产权保护水平，引入了世界贸易组织的争端解决机制，推动了知识产权国际保护的进展。

最后是FTA体制，该体制之下的自由贸易协定或者是双边协定，或者是区域性的协定，又或者是最典型的准多边协定[1]。其协定形式可能体现为贸易协定，也可能体现为投资协定(Investment Agreements)或优惠贸易协定(Preferential Trade Agreements)。FTA体制是TRIPs体制的延伸，是进一步追求高水平知识产权保护的结果。该体制的贸易谈判采用“俱乐部模式”，谈判具有秘密性，谈判过程中各参与国政府都签订保密协议，约定在一定期限内不得公布协定文件。该体制主要目的是确立高于TRIPs的知识产权强保护标准，即设定“TRIPs-Plus”义务。因此FTA体制是“后TRIPs时代”知识产权国际保护的新体制，彰显了知识产权国际保护的最新模式。

(二)保护水平提高

在知识产权国际保护的三种体制转移过程中，总体来说，知识产权国际保护水平逐步提高。首先从世界知识产权组织体制的保护来看，其“软法”属性的缺陷足以说明其较低的保护水平。以世界知识产权组织体制早期的法律文件《巴黎公约》为例，其对知识产权国际保护的贡献主要在于确立了国民待遇原则、优先权原则，规定了成员国国内立法的最低要求，保证了成员国国民在申请和取得专利、商标等工业产权时在其他成员国可以享有的统一的、最低限度的权利。但除此之外，各成员国在工业产权领域的国内立法自由度很高，如可专利性、专利三性的规定和审查标准、专利权期限等，均由成员国自由立

[1] “准多边”，也可称“复边”，即超越双边或区域性范围，在更大范围内多个国家之间形成的自由贸易协定，如跨太平洋国家之间，但又未达到如《巴黎公约》、TRIPs的多边国际公约或条约范围，仍然是一个“小圈子”“小集团”，而这也正是准多边协定追求的“俱乐部模式”的体现。

法。又由于该体制缺乏有效的执法标准、措施和争端解决机制，因此在知识产权国际保护一体化上程度较低。TRIPs时代知识产权国际保护水平相比世界知识产权组织体制有了很大提高，如知识产权客体范围和权利范围扩张，延长和统一各种知识产权保护期，对知识产权执法程序和保护措施进行明确具体的规定，增强可操作性等。FTA体制又在TRIPs体制基础上附加了更高的保护标准。因此，知识产权国际保护在客体范围、权利范围、执法措施、争端解决等方面体现出一种逐步走高的态势，其一体化程度逐渐增强，保护水平渐次提高。

（三）目前保护现状

综上，知识产权国际保护的现状可以说极为复杂，一方面是知识产权国际保护的不断扩张，为此发达国家不断变换保护体制，追求知识财产利益的最大化，不过在发达国家内部也存在一定的分歧。另一方面则是反对扩张，从各种不同领域对扩张进行限制，但在发展中国家内部也存在不同的利益诉求。在扩张与限制的不断对峙中，知识产权国际保护也在一体化的进程中艰难迈进。因此，知识产权国际保护的发展现状可谓是一个“统一、整合与对抗”并存的复杂局面。就我国而言，处在这样一个知识产权国际保护大局中，而且近年来随着我国经济、社会、科技以及知识产权事业突飞猛进的发展，已经不可避免地来到这个大局的中心地带。中美贸易摩擦中的核心问题往往都与知识产权国际保护息息相关，2020年1月15日《中美第一阶段经贸协议》的签订正是当前知识产权国际保护在我国的具体和典型体现，那么，如何根据我国的国情应对知识产权国际保护的现实，提升我国在知识产权领域的国际地位和话语权，为创新型国家的建设保驾护航，实现伟大的中国梦，这是目前摆在我们面前的一个重大课题。

【案例分析】

加拿大专利局签发第一个药品出口强制许可

加拿大专利局于2007年9月19日向加拿大药品制造公司奥贝泰克有限公司签发了第一个出口强制许可。该许可涉及向最不发达的非洲国家卢旺达出口用于治疗艾滋病的抗反转录病毒药品Triaver，该药品组合了300毫克的齐多夫定（AZT）、150毫克的拉米夫定（3TC）和200毫克的奈韦拉平。这些成分的加拿大专利权分别由葛兰素集团、希雷生物化学公司和勃林格殷格翰公司享有。该许可授权制造1560万粒Triaver药片,从签发之日起2年有效。[1]

该案的背景源自卢旺达艾滋病泛滥,2007年7月17日,卢旺达向TRIPs理事会发出通报,由于艾滋病肆虐,希望从加拿大奥贝泰克公司进口26万盒治疗艾滋病的药品Triaver。加拿大专利局于是发布了针对该药品出口的强制许可。卢旺达成为《多哈宣言》通过之后的受益国。该案也很好地展示了知识产权国际保护与维护公共健康之间的平衡问题,说明了知识产权国际保护问题的复杂性。

【基本概念】

知识产权宪法条款;知识产权民法条款;知识产权犯罪;知识产权诉讼;国际知识产权法

【思考与分析】

1. 我国宪法关于知识产权的规定有哪些?
2. 为什么说民法是知识产权的基础法律渊源?
3. 我国《民法典》关于知识产权的规定有哪些?
4. 我国《刑法》关于知识产权犯罪的规定有哪些?
5. 简述知识产权国际保护发展过程、体制转换和现状。

【延伸阅读书目】

[1]阿伯特,科蒂尔,高锐. 世界经济一体化进程中的国际知识产权法[M]. 王清,译. 北京:商务印书馆,2014.

[2]郑成思. 知识产权论究[M]. 北京:法律出版社,2003.

[3]吴汉东. 知识产权国际保护制度研究[M]. 北京:知识产权出版社,2007.

[4]薛虹. 十字路口的国际知识产权法究[M]. 北京:法律出版社,2012.

[5]吴汉东,等. 知识产权制度变革与发展研究[M]. 北京:经济科学出版社,2013.

[1] 参见:阿伯特,科蒂尔,高锐. 世界经济一体化进程中的国际知识产权法:上册[M]. 王清,译. 北京:商务印书馆,2014:346.

第二编　知识产权多维论

第十章　知识产权哲学观

知识产权法哲学需要解决的是知识产权的正当性或合法性的问题，即探究保护知识产权的正当性何在的问题。法学家和思想家们很早就从古代法律文献资料中寻求对知识财产进行保护的依据，并最终形成了以洛克的劳动财产理论、卢梭的社会公益理论以及黑格尔的财产人格理论等为代表的知识产权法哲学理论。

第一节　知识产权法哲学概述

一、哲学、法哲学与知识产权法哲学

（一）哲学

"哲学"一词出自希腊语Φιλοσοφία，即philosophia。它由philo（爱）和sophia（智慧）两部分组成，意为"爱智慧"。在希腊人看来，哲学只以追求知识和智慧为最高目的，但这里的知识并非我们现在所谓的分门别类的知识，而是超越一切世俗生活的纯粹思辨的"超知识"。西方学术界普遍认为哲学是"一种系统思考真理、存在、实在、因果规律及自由等诸概念的学问"。《中国大百科全书·哲学卷》将其定义为："哲学是世界观的理论形式，是关于自然界、社会和人类思维及其发展的最一般规律的学问。"可见，哲学是普遍的事物及其客观规则，是诸多实践经验的总结概括，哲学的主要内容是世界观与方法论的总结概括。从这个意义上来看，哲学是一个关于知识的总的范畴，法哲学和知识产权法哲学都属于它的子系。

（二）法哲学

法哲学在西方有两种含义，一为法律哲学，即Philosophy of Law或Legal Philosophy，研究的是法律和法学最一般的理论问题，如意义、目的、起源和效力等，主张它是哲学的一个分支。二为法理学，即Jurisprudence，它系统阐述

法律的概念和理论,以帮助理解法律的性质,法律权力的根源及其在社会中的作用等,主张它是法学的一个分支。我们认为,法哲学是关于法的最高形式的理论思维。法哲学既是哲学的一个分支,也是法学的一个分支,是从哲学的角度和用哲学的方法来研究和思考法学问题的一门综合学科。它不仅阐明法律哲学的总的哲学设想,还研究法律文化的价值所在;它所关注的不仅是法律的知识(knowledge),还有法律的思想(thoughts),囊括了各法学流派或重要法学家学说中的基本内容。

(三)知识产权法哲学

从研究范围来看,知识产权法哲学既是法哲学的子类,更是哲学的子类。然而,知识产权法哲学并非脱离现实的纯粹的思辨哲学,它是从法哲学的角度透视知识产权制度的基本内涵和原理的理论学科。知识产权法哲学所要解决的是知识产权正当性或合法性的问题,其研究对象是知识产权制度特有的理念、原则和理论基础等。作为财产权,知识产权的出现和发展有着深刻的政治、经济、文化与哲学的背景,尤其是与西方特定时期的特定文化与哲学理念密切相关。[1]因此,由知识产权自身的特性(如财产性、无形性等)决定,知识产权法哲学所涉及的不仅有法哲学思想,还包括经济哲学、历史哲学、社会哲学以及政治哲学等相关内容。

二、知识产权制度的罗马法基础

在罗马法时代,虽然尚未产生近代意义上的知识产权理论,但其留下的财产法制度,尤其是"无体物"理论,成为我们今天诠释知识产权法和知识产权制度的思想理论渊源。

罗马法中将物分为有形物和无形物。有形物是指看得见摸得着的有体物,如土地、奴隶、衣物等物品;无形物则是指没有实体,只存在于法律之中的某种权利,如继承权、用益权、地役权等。[2]这一概念最早可追溯到斯多葛学派。在斯多葛学派看来,时间、空间、真空和词义是世界上四种无形物,它们并不实际存在,只存在于人的精神世界,是人的思维强加于有形世界的东

---

❶ 龙文懋.知识产权法哲学初论[M].北京:人民出版社,2003:1.

❷ 周枏.罗马法原论:上[M].北京:商务印书馆,1994:28.

西。[1]这种无形物一旦进入人们的信念,就变成有形的动力,可以产生出来有具体含义的实体,从而获得有形物的特性。

罗马法关于“无体物”的概念范畴为知识产权制度的构建提供了理论基础。

首先,“无体物”的非物质性特征正是知识财产的本质特性。按照罗马法的说法,“无体物”是“法律上拟制之关系”,它并非事实存在之物,而是由法律规定作为权利客体的物。[2]在知识产权领域,作为客体的知识产品也是由人们智力创造、并由法律加以规定和认可的。

其次,“无体物”的“占有”制度可用于解释知识产权理念最初的起源。古罗马时代,艺术家和艺人非常活跃。盖尤斯认为,精神努力与技艺的产品都属于艺术家的财产。查士丁尼认为,在他人的羊皮或纸上写诗文或演说词,虽然羊皮或纸张属他人所有,但如果他人拒绝支付书写费用,则写作人可以提出“欺诈抗辩”之诉。[3]可见,当时已经具有“一个人通过自己的劳动和努力所创造的东西属于他自己”的观念。这种观念为此后论证知识产权的正当性提供了理论基础。

再次,“无体物”的“主观拟制性”有助于知识产权价值的实现。事实上,作为权利客体的“无体物”并不存在于有形世界,它存在于人的思想中,但需要通过表达而获得有形性,从而成为“可表达物”。只有这样,无体财产才可以转化为有体财产,智力劳动者才可以获得相应财产利益。“抽象物财产一旦获得法律承认,在有形世界中对财产关系起决定作用的物质性的重要地位就得到了加强。”[4]

最后,“无体物”的转让对知识产权的继受取得具有借鉴意义。“无体物”的特性使得它无法像有体物那样采用标的物交付的方法,为此罗马人创制了“拟诉弃权”制度,即通过公开的、模拟诉讼的方式来确认所有权的转让。在知识产权领域,由于知识财产的非物质性特征,对知识产品的占有只能是虚拟的,知识财产权益的获得也必须通过将之有形化来实现。因此,知识产权的继受

---

[1] 德霍斯.知识财产法哲学[M].周林,译.北京:商务印书馆,2017:35.

[2] 陈朝壁.罗马法原理:上[M].北京:商务印书馆,1936:84.

[3] 查士丁尼.法学总论[M].张企泰,译.北京:商务印书馆,1989:55.

[4] 德霍斯.知识财产法哲学[M].周林,译.北京:商务印书馆,2017:41.

取得就需采用某种法定形式完成。而罗马法中“无体物”转让的公开性和程序性，对知识产权贸易无疑有着启发借鉴意义。

三、知识产权法哲学流派的形成及其发展

近代以来的思想家不满足于从古典文献的残章断篇中钩沉财产制度的属性和要素，而是积极地从各种角度提出自己关于财产权的理论。在此过程中，逐渐形成了劳动论、人格论、激励论、社会规划论等知识产权法哲学流派，[1]为知识产权制度构建相应的学理基础。

（一）劳动论

从前述可以看出，早在古罗马时期就确认了“一个人可以通过自己的劳动和努力所创造的东西属于他自己”的观念。中世纪早期，劳动和财产权之间的关系就得到进一步的关注。例如，多纳图派曾经指出增益财产的劳动赋予人们拥有财产的基本权利；圣托马斯列举田地耕耘的例子说明自然公正被认为是绝对的、必然的；巴黎的约翰也认为通过自己的劳动和勤奋可以获得对物品的真正的控制权。[2]此后，在知识产权制度日臻完善的过程中，人们也逐渐将劳动的自然权利的观念扩展到智力财产领域。洛克的《政府论》堪称这一观念的范本，洛克本人也成为劳动财产理论的集大成者。此后，19世纪美国的斯波纳确认思想可以成为财产，斯宾塞和科兹纳推进了劳动基础上的道德应得主张。[3]直至今日，学者们也对以洛克为代表的劳动论进行深入的演绎和分析，从而形成颇具特色的当代劳动论，代表人物为罗伯特·诺奇克、温蒂·戈登、爱德威·海丁格尔等。

（二）人格论

人格论是除劳动论之外的另一个传统法哲学思想。该理论认为人格是人主体性的集中体现，私人财产权对满足人的基本需要和人的主体性具有关键意义。知识产品离不开人的智慧和思想，相比其他财产权，更加具有人格的属

---

[1] 芒泽．财产的法律和政治理论新作集：影印版［M］．北京：中国政法大学出版社，2003：168-199．

[2] 凯利．西方法律思想简史［M］．王笑红，译．北京：法律出版社，2002：102，143-144．

[3] 关于斯宾塞和科兹纳的思想，参见：ADAMTHIERER，WAYNECREWS. CopyFights：the Future of Intellectual Property in the Information Age［M］. Washington D C：Cato Institute，2002.

性,是人格的必然要求。例如,专利体现着发明人的心理气质、技术素养等,商标也与企业家的气质、能力等相关,它们都具有强烈的人格意味。最早对人格作出系统论述的是德国哲学家康德,他把财产和自由意志联系起来,明确肯定这是实践理性的先验性要求。人格论在欧洲影响巨大,是法国、德国等国家知识产权法确立精神权利的理论基础,如法国1957年《文学艺术财产权法》明确规定文学艺术作品的享有者享有"永久性的、不可分割的、不可限定的"精神权利。该理论的代表人物还有德国古典自由主义者威尔姆·冯·洪堡、约瑟夫·科勒以及黑格尔等。

(三)激励论

知识产权功利论来自功利主义学者对功利主义思想的阐述。它从激励智力创造的角度看待知识产权的正当性,其基本内涵为知识产权的授予为创造者带来激励,促使其愿意投入到知识产品的创造活动中,努力为社会创造出有价值的知识产品,并最终造就整个社会的繁荣与进步。这一理论模式为许多国家的知识产权立法所采纳,如1978年《美国宪法》明确规定:"国会有权利通过赋予作者和发明人在有限时期内对于其作品和发现享有排他性权利的方式来促进科学和实用技术的进步"。其代表人物主要有亚当·斯密、杰里米·边沁、陶西格、阿诺德·普兰特以及约瑟夫·熊彼得等,他们促成了该理论在20世纪70年代的成熟,并造就了知识产权法经济学的分析范式。

(四)社会规划论

与前三种理论相比,社会规划论出现较晚,可以说,直至目前,仍然处于兴起阶段。该理论主张分配正义,明确要求建构公正的文化与社会,认为知识产权法是理想社会中的制度之一,必须遵循公正的价值规范。该理论最早可以追溯到亚里士多德的道德哲学传统,诉诸人性的理解。此外,一些政治理论家和社会理论家也是社会规划论者,努力寻求理论提出的根源,如18世纪末美国缔造者之一的托马斯·杰斐逊的"分享民主制"理论将教育视为分享民主政体构建的重要支柱,给当代学者为知识产权寻找正当性理据带来了重要的启示。其代表人物主要有法律现实主义者菲利克斯·S. 科恩、批判法学家邓肯·肯尼迪、约瑟夫·威廉·辛格尔、威廉·费舍尔以及内尔·威兹托克·奈特尼尔等。[1]

第二节 知识产权的正当性

一、洛克的劳动财产理论

知识产权的劳动财产理论也可称为“知识产权自然法理论”，其基本观点是，创造者对其经过大量的智力劳动创造出来的知识产品（知识财产）享有独占性权利，即知识产权。这一理论的代表人物是英国哲学家洛克，他系统地发展了自然法的财产劳动理论。洛克的思想集中体现在《政府论》一书中。

（一）主要内容

1. 人对自身享有财产权

洛克认为，人对其自身天然地享有所有权。这种权利是上帝赋予的，任何人都无法剥夺。它是人的初始权利，是其他一切权利的基础，其他权利，如生命权、自由权、平等权都是由此派生出来的。

洛克指出，财产权是神圣不可侵犯的，这是财产的基本特征，如果可以随意侵犯，那就不是财产。他说：“如果别人可以不得到我的同意就有权随意取走我的所有物，我对于这些东西就确实并不享有财产权。”“未经他们的同意，任何人不能取走其任何部分。”在这里，洛克所谓的“财产”是包括生命、自由、财产（狭义）等一切权利在内的广义的财产。正如他自己所言，“……生命、特权和地产，即我根据一般的名称称之为财产的东西。”“必须说明，我所谓财产，在这里和在其他地方，都是指人们在他们的身心和物质方面的财产而言。”[2]据此，洛克证明了生命、自由、财产和政治权利等都是天赋的、神圣不可侵犯的人权。

2. 天赋人权是财产权的基础

洛克认为，一般意义上的财产权是一种狭义的财产权，它是与政治权利、人身权利、社会权利等平行的物质性权利，这种权利是以上述的天赋人权为基

---

❶ 芒泽．财产的法律和政治理论新作集：影印版［M］．北京：中国政法大学出版社，2003：168-199.

❷ 洛克．政府论：下［M］．瞿菊农，叶启芳，译．北京：商务印书馆，1983：86，118，77，106.

础的。财产权是生命权的延伸和自由权的行使,人为了维护自身的生命和生存,就有权利获得必需的财产,因此财产权是正当的。

3. 人对自己的劳动成果享有财产权

洛克认为,人既然是自己的主人,那么他的身体从事的劳动就应当属于他自己所有。也就是说,每个人对自己的劳动创造都享有权利,个人的劳动属于其本人。只要人使东西脱离了它的自然状态和原本所处的状态,这个东西就掺进了人的劳动,也就成为付出劳动的人的财产,他就可以正当地拥有该物。劳动需要付出脑力和体力,财产权就是其付出应得的报酬。

4. 财产权的取得应给其他人留有足够的份额

洛克认为,劳动是获得财产权的正当手段,但只有在给他人留有足够的、同样好的东西的情况下,劳动才能获得财产权。此外,由上帝造物是为了人类享用而非毁坏的旨意出发,洛克推断:“谁能在一件东西败坏之前尽量用它来供生活所需,谁就可以在那个限度内以他的劳动在这件东西上确定他的财产权。”[1]也就是说,每个人只能取走自己需要的份额,不能造成浪费,否则就违背上帝的旨意。在洛克看来,劳动需要获得报酬,个人通过劳动对财产加以改造,也是对社会财富的积累贡献力量。

5. 政府合法存在的前提之一是为财产提供保护

洛克认为,财产权是任何一个社会都必须保护的自然权利,国家和政府有义务对这一自然权利给予尊重并付诸实施。也就是说,人们联合成为国家和政府的主要目的在于政府可以保护他们的财产,这是政府能够合法存在的前提之一。

对洛克而言,劳动把公有与私有作出了区分,也是劳动使原来处于公有状态的东西变成了私人所有。通过把个人的劳动添附到其他产品上,占有和拥有财产的权利出现了。由此,洛克构建了一个完整的财产权理论体系。它以人对自身的财产权为起点,以劳动为获取其他财产的必要手段,从而为私有财产的合法性提供了有力的佐证。[2]

---

[1] 洛克.政府论:下[M].瞿菊农,叶启芳,译.北京:商务印书馆,1983:21.

[2] 龙文懋.知识产权法哲学初论[M].北京:人民出版社,2003:91-92.

(二)优势与局限

洛克的劳动财产理论虽然没有直接涉及知识产权问题,但该理论蕴含的财产概念和理论与知识产权制度有很好的契合力,为论证知识产权制度的正当性提供了重要的理论基础。然而,在知识产权运用方面,劳动财产理论也有一定的局限性。

1. 优势

首先,劳动财产理论有利于对个人利益的保护。劳动财产理论以个人为中心,其本质是维护个人的自主、独立与安全。“劳动财产理论认为,人们有着根本性的利益,这些利益为公共利益所吞噬,社会的整体福利不应凌驾于这些利益之上。”[1]因此,从根本上来说,劳动论是以人为中心的,财产也是为了人而存在的,它需要通过劳动归于人,而人的价值就体现在劳动之中。因此,知识产权劳动理论倡导的是个体利益和个体价值。

其次,劳动财产理论开启人们对与知识产权有关的正义问题的思考。知识产品是由创造者通过自己添附的劳动创造出来的,但他所利用的知识却是全体人类共同创造的,是人类共有的。当个人对其创造出来的产品享有知识产权时,人类全体对知识共有物做出的贡献未享有应得的权利。而按照劳动财产理论,既然人类全体对知识共有物付出了劳动,那么就应当获得合理的补偿。然而,事实情况是,社会公众很难从中主张权利。这就开启了人们对知识产权正义问题进一步思考和探讨的空间。

最后,劳动财产理论是知识产权限制制度的依据。劳动财产理论为知识产权创造者享有财产权提供了理论依据,而先决条件的存在,也使社会公众对知识共有物享有财产权有据可依。创造者对知识产品付出了劳动,理应享有对该知识产品的权利;而公众基于对知识共有物的共有权也可以对知识产品行使利用权。这种冲突的出现,妨碍了知识产权的运行。而洛克的知识财产劳动理论则清楚地表明:智力资源的共有是知识产权的前提,创造者只有在留下足够多同样好的资源给他人时,才可以对知识产品享有知识产权。这样一来,洛克就为二者之间的冲突设置了一条基本原则,即创造者的知识产权须以

---

[1] 饶明辉. 当代西方知识产权理论的哲学反思[M]. 北京:科学出版社,2008:69.

公众共有权为先。这实际上构成了知识产权限制制度的一个依据。[1]

2. 局限

首先,劳动财产理论可能会导致创造者个人权利的无限扩张。知识产品的创造者享有对知识产品的独占权,这排除了社会公众对知识产品的接近和利用,然而知识产品又是思想发展的基本条件,因此知识产权限制了思想的自由发展,从而使社会公共利益受到了损害。同时,创造者之外的他人为了使用该知识产品而不得不付出种种代价,也会造成对创造者依赖的倾向,这势必会加强知识产权的垄断。[2]

其次,劳动财产理论的先决条件是一种理想状态,不具有现实意义。只有为他人留下足够的、同样好的东西且不浪费的情况下才能获得财产权的主张事实上包含两个前提:一是财产必须无比丰富,既能满足创造者自己的需要,又能有足量的等值东西供他人享用;二是人类必须都是道德上极致完美之人。然而,现实中,财产总是有限的,并非取之不尽、用之不竭的;道德完美之人罕有,自私自利常见。这就使得洛克的先决条件因知识财产的有限性和人类自利的本性丧失了现实可行性,知识产权的合理性论证也就失去了主要的依托。[3]

二、卢梭的社会公意理论

卢梭的社会公意理论是建立在对以洛克为代表的传统劳动财产理论批判的基础上的。其思想主要体现在《社会契约论》一书中。以洛克为代表的财产劳动理论包含有“先占、需求和劳动”三个要素,卢梭认为这三个要素的满足只能代表占有事实的成立,并不能表明财产权的成立。卢梭认为,自由和权利有两种,一种是自然状态下的,另一种是社会契约下的。前者是一种事实状况,后者则是受到法律保护的利益。也就是说,在自然状态下对物进行占有、支配和控制,只是一种事实,并不是“权利”,只有以社会契约为基础、以社会公意为依据,才能形成财产权。

---

[1] WENDYJ, GORDON. A Property Right in Self-expression: Equality and Individualism in the Nature Law of Intellectual Property[J]. Yale Law Journal, 1993, 102: 1533-1609.

[2] 饶明辉. 当代西方知识产权理论的哲学反思[M]. 北京:科学出版社, 2008: 72.

[3] 李扬. 再评洛克财产权劳动理论:兼与易继明博士商榷[J]. 现代法学, 2004(1): 171-177.

(一)主要内容

1."公意"与"众意"

卢梭说道,"公意始终是公正的,永远以公共的福祉为宗旨,但不能因此就得出结论说人民的意见也永远是公正的。"[1]他认为,人人都希望幸福,但却不知道如何通往幸福。人民永远不会破坏幸福,但他们通常容易受到蛊惑和欺骗,所以不能时时以人民的意见为公正的准则。

可以看出,在卢梭看来,公意与众意之间是有很大差别的。他认为,"公意只考虑共同的利益,而众意考虑的只是个人的利益,它是个别意志的总和。但是,从众意中除去互相抵消的最多数和最少数以后,则剩下的差数仍然是公意。"[2]卢梭还引用马基雅维里的话进一步指出,如果人民在充分了解情况的情况下进行讨论,则他们相互之间即便有小分歧,也会达成公意。但是,如果有人拉帮结派、玩弄阴谋,则会形成不利于政府的小集团,那么他们达成的共同意志对于这个小集团来说是公意,但对整个国家而言则是个别意志,而不是公意了。所以,卢梭最后总结道,为了公意能够得到更好的表达,就不能有小集团的存在,国家应当保证每个公民按照自己的想法表达自己的真实意愿。

2. 公意与法律

卢梭认为,政治共同体因为社会契约而存在,但缔结契约的这一行为还不能决定它应当做些什么事情,因此就必须通过法律使它运作起来并表达政治共同体的意志,即公意。也就是说,法律就是公意的行为,由于公意带有普遍性,法律也是普遍性的规定,它所考虑的是全体臣民和抽象的行为。"法律可以规定某些特权,但它绝不明确规定把这些特权给予哪一个人;法律可以把公民分成几个等级,甚至规定取得各个等级的权利的资格,但它绝不指明某人可列入某个等级"。[3]

卢梭认为,人们通过社会契约达成公意有得也有失。他们失去的是天然的、绝对的自由和能够获得一切的无限权利;而他们得到的则是社会的自由和他们对已经拥有的一切东西的所有权。天然的自由以个人体力为界限,社会

---

[1] 卢梭.社会契约论[M].李平沤,译.北京:商务印书馆,2011:32.

[2] 卢梭.社会契约论[M].李平沤,译.北京:商务印书馆,2011:33.

[3] 卢梭.社会契约论[M].李平沤,译.北京:商务印书馆,2011:42.

的自由则受公益的限制,我们必须将二者区别开来;此外,我们还需把依靠个人强力或最先占有权而拥有的财产权和根据正式的身份而拥有的财产权加以区别。可见,在卢梭看来,依靠强力和先占获得的自由,只是贪欲的冲动,只有在进入国家状态之后,服从人们为自己所制定的法律,才能获得真正的自由和拥有正式的财产权。据此,卢梭将财产权成立的依据归结为社会公意,而这种公意是通过法律确定并得以运作的。

3. 正义与财产权

卢梭认为,人类一旦从自然状态进入社会状态,正义会替代本能,从而使他们的行为具有之前没有的道德性。此外,财产观念也必然随之产生。可见,卢梭认为财产权和正义的概念是同时产生的。在他看来,社会状态下的所有权一经确定,就使财产成为真正的权利,不仅对他人,也对财产所有人产生限制。一个人一旦取得了他所需要的那一份,就要以此为限,不应再对共同体要求更多的权利。这就是财产权受到保护与尊重的社会秩序,这种尊重与保护是符合正义法则的。

在卢梭的财产理论中,财产权利是平等的。但这种平等并不是指财产的绝对相等,而是指财产所有人享有平等的地位和平等地受财产权保护。“社会公约在公民之间将奠定这样一种平等,使他们每个人都遵守同样的条件,从而享受同样的权利。”[1]可见,无论主权力多么绝对和不可侵犯,都不可超过公共约定的界限,每个人都可以自由处置自己所有的财产和自由。

“共同利益”“公共福祉”是卢梭的“社会公意”财产理论中反复强调的一个思想。财产权的依据是每个成员之间的约定,这个约定建立在社会契约的基础上,是合法的;它以大家的幸福为目的,是有益的。人民服从这个约定,不是在服从某个人,而是服从他们自己的意志。个别意志不能代表公意,公意一旦有了个别目的,它的性质就会发生改变,也就不能再作为公意对某个人或某件事作出判决。

(二)优势与局限

卢梭的社会公意论财产权思想虽然多是以土地为例阐述的,但也可成为论证知识产权制度正当性的有力依据,对近现代社会的“专利契约”理论也有

[1] 卢梭.社会契约论[M].李平沤,译.北京:商务印书馆,2011:37.

很大的影响。然而，在知识产权运用方面，社会公意论也有一定的局限性。

1. 优势

首先，卢梭对公意、法律与财产之间关系的论述，有助于我们理解知识占有的自然状态与知识权利的法律状态之间的区别。如前所述，卢梭认为财产的自然占有只表明占有人有享有权；只有在社会状态里，人们才享有正式的财产权。这种认识较之以前的理论有了进一步的深入和发展。❶

其次，卢梭对正义理念的强调，为知识产权制度的公共利益原则提供了哲学上的理论支持。卢梭认为，财产权是构建稳固的社会秩序所必需的，理应为国家所保护，这是对法的正义价值的践行。通过社会契约形成的所有权关系体现了财产领域中权利与义务的对等关系，这一切均指向了公共领域的利益。这成为论证知识产权限制与公共利益保护的有力依据。

2. 局限

首先，社会公意理论对公意的过分强调容易导致对其本源的前提问题的忽视。公意发挥作用的前提是较为复杂的，劳动也是财产权获得不可忽略的要素，卢梭虽然对自然状态下的占有和社会状态下的财产权作出区分，但却没有对劳动的作用作出明确的肯定。这也使得其社会公意理论在论证知识产权正当性时欠缺一定的逻辑完整性。

其次，社会公意理论未能对公意与道德作出明确的区分。在卢梭看来，财产权之所以得到保护，是公意通过法律赋予国家行使权力的结果。然而，道德与法律常常是并行的、不可回避的存在，知识产权制度在平衡个体利益和社会公共利益的过程中，往往涉及道德的问题，卢梭的社会公意理论虽然注意到了道德的重要性，但却未对此作出阐述，更未对公意与道德、道德与法律的关系作出明确的区分，这使得其对知识产权制度正当性的论述不够充分和完整。

三、黑格尔的财产人格理论

由于知识产权包含了财产权和人格权两部分内容，人格理论就成为对财产权进行解释的另一个传统的法哲学思想。人格理论以黑格尔的财产人格学说最为著名，他将财产权纳入哲学体系，创立了意志和人格学说，从而把人格

❶ 吴汉东. 知识产权多维度学理解读[M]. 北京：中国人民大学出版社，2015：139.

理论发展到一个更高的、更完备的、更系统的层次,其思想主要体现在《法哲学原理》一书中。

(一)主要内容

1. 意志与自由

黑格尔认为,意志是自我意识在客观精神领域中的一个理念。他曾给出意志的完整定义,称意志:

> 是自我的自我规定。在这里,它设定自己作为它本身的否定的东西,即作为被规定的、被限制的东西;它留在自己那里,即留在与自己的统一性和普遍性中;又它在这一规定中只与自己本身联结在一起,……自我规定自己,因为它是否定性的自我相关。[1]

意志与自由不可分割。在黑格尔看来,自由是不断被意识到作为一个人的存在,并且通过一个更为客观的秩序来表达的。精神自由是人最独有的特征。实现绝对自由是意志的任务,这需要几个阶段才能完成。意志以人格的方式出现并将其本身施加于外部世界是第一阶段。这也是黑格尔对财产权进行论述的起点和范围。

2. 财产与自由

黑格尔将财产看成是实现主观自由的东西,认为财产是自由的第一体现。财产的真正目的就是通过其本身施加给世界,从而占有外部世界。在黑格尔看来,人只有与外部某件东西发生财产关系时才成为真正的自我。他认为排斥财产是对自由本质的误解。财产是个体在世界上生存所必不可少的,它不仅是最初的自由,还是自由的首要体现,更是人自身实践的终极目标。[2]

3. 人格与财产

黑格尔将人格与财产联系起来。对黑格尔来说,人格是第一的,是最抽象的、决定性的、最后的意志。人格主张外部世界是自己的。人的人格以思想自由为基础,而思想自由的前提是自我认识不受任何限制。他认为一个人可以对任何物质主张自己的财产权。"财产作为人格的组成部分,通过对其占有、支配、处分或与其发生联系,表明自己的人格。人通过劳动及财产权将自己的

---

[1] 黑格尔. 法哲学原理[M]. 范扬,张企泰,译. 北京:商务印书馆,1961:17.

[2] 冯晓青. 知识产权法哲学[M]. 北京:中国人民公安大学出版社,2003:149-150.

意志客观化，并表达了他对于他人即社会整体化的需要。”[1]黑格尔认为，人格是财产制度的基础，但它是抽象的、内在的，必须将其从潜在性转化为现实性。在人格现实化的过程中，对物的行为就是一个初步步骤，财产成为意志的表达。

黑格尔还认为财产不仅是人发展的必要条件，还是这种发展自身的体现。人们可以通过财产实现自己的目标，继续发展自己。要使财产成为个人发展的一部分，还需通过一定的行为进行。占有就是这样的行为，是财产中最初步的特征，但黑格尔认为仅仅是占有并不能确保物的所有权，因为双方可以通过共同的意志来改变占有，实现所有权的转移。为此，黑格尔还提到了劳动的作用，认为劳动是意志占有的一个手段。但与洛克将关注点集中在商品的开始和出处不同，黑格尔的人格正当性集中在一个商品结束时的状态。

4. 国家与财产

黑格尔对财产权的解释是从强调个人人格的重要性开始的。但随之，他的研究视角转换到了国家和社会的层面。黑格尔认为，国家代表了个人所能获得的最高形式的自由，在国家中个人的自由不再是抽象的，而是具体化为一种义务，是一种客观的自由。

同洛克一样，黑格尔认为国家应负有保护公民财产权的任务，其作用在于制定并认可保护公民私人财产的法律。在黑格尔看来，法律是实现自由理想的外部形式。他认为，人的自由事实上是由理性支配的，而理性的一个基本要求就是对他人人格和权利的尊重，法律的作用在于确保这一点。不过，黑格尔也提到说国家在保护公民财产方面有着重要作用，但国家不应成为有产者利益的仆人，不应是特权的确立者和保护者。

5. 人格理论下的知识产权理念

黑格尔对知识产权问题也做过一定的思考。他认为对知识产品主张权利不适用于现有的普遍原则。黑格尔说道：

精神上的智能、艺术修养，甚至教会的物、发明等，成为契约的标的，通过买卖，事物被确认为物。可能会问，艺术家、学者等从法律的观点来看，是占有他们的艺术，创作了歌曲、诗歌等，而不考虑他们的成就是不是“物”。我们

[1] 冯晓青．知识产权法哲学［M］．北京：中国人民公安大学出版社，2003：153．

称这种能力、智能为物是有点犹豫的,因为这些占有是商业交易和合同的标的,似乎它们是物,也有一个内在的和精神上的某种东西。而且,基于这种原因,在用法律术语来描述这种占有时,这种理解有点困惑。❶

这表明用对有形物质占有的方式来看待智力产品有所不妥。他还提到说,精神产品的独特性,依其表现的方式和方法,可以直接转变为物的外在性。不难看出,黑格尔已经注意到精神产品的非物质性特征。而黑格尔所强调的"外部的定性""物的外在性"等也表明精神产品具有可再现性以及物化载体的基本特征。

此外,黑格尔还注意到了知识产权的保护问题。他指出:"促进科学和艺术的纯粹消极但又是首要的方法,是保证从事此业的人免遭盗窃,并对他们的所有权加以保护"。❷

(二)优势与局限

与劳动财产理论一样,人格财产论也是阐明知识产权正当性的一种相当重要的理论。从人格的角度理解财产,可以赋予财产以新的内涵。但同时,人格理论在知识产权的适用上也存在一定的局限性。

1. 优势

首先,人格财产理论注重人格对知识产品的主宰。与劳动财产理论过分强调劳动者对劳动产品的身份依赖不同,人格论强调的是知识产品对创造者人格的依赖。创造者的人格成为知识产权正当性的主导,知识产品必须体现创造者的人格。同时,知识产权也为人格向外部延伸提供了可能。

其次,人格财产理论适合证明知识产权的转让。有学者认为知识产权的转让会使作者或发明人与作品或发明的人格关联相分离。而一旦这种人格关联丧失殆尽,知识产权享有者是否还能够继续享有知识产权就成为问题。❸但这个问题在黑格尔那里并不是什么难题,因为在黑格尔看来,知识产权的全部让与是错误的,应该被绝对禁止。黑格尔认为,人格是不可割让的,知识产权

❶ 黑格尔.法哲学原理[M].范扬,张企泰,译.北京:商务印书馆,1961:51.

❷ 黑格尔.法哲学原理[M].范扬,张企泰,译.北京:商务印书馆,1961:77.

❸ HUGHES. The Philosophy of Intellectual Property[M]. Washington D C: Georgetown Law Journal, 1988:77.

的转让就不能理解为创造者人格的转让，而应当认为，即便他放弃了知识产品，仍然可以以该知识产品确证自身。事实上，知识产权的转让在现实中是通过复制品的形式进行的，而非知识产品本身。因此，人格财产论为知识产权的转让，提供了一种更为直接的理论证明。[1]

2. 局限

首先，人格财产理论无法解决作者死后其人格依然存在的问题。人格论赋予作者享有知识产权的正当性，现行著作权法一般规定在作者死后一定期限内仍对其著作权予以保护，那这是否意味着作者死亡后仍然具有人格？如果答案是肯定的，这就有悖于我们的常理，即人格随着主体的消亡而丧失。在此情况下，要想使人格财产理论有说服力，就必须解决作者的人格为何在其死后依旧存在的问题。

其次，人格财产理论对知识产权的独特本质关注不够。人格财产理论对人的主体性存在与知识财产的关系问题尤为关注，但从总体上来看，未能对知识产权的本质做深入的探讨和研究。人格论者对人性或人的本质问题需要加以高度的关注，加大推进人性研究的深度，只有这样，人格财产理论才能为知识产权正当性的证成提供坚实可靠的有力支撑。

第三节　知识产权与科学技术

一、知识产权与科学技术一般关系

知识产权制度不仅是市场经济的产物，也是科技发展的产物，它解决“知识”作为资源的归属问题，是一种激励和调节的利益机制。[2]当今，人类社会正在进入知识经济时代。知识经济是以科学技术为第一生产要素的智力经济，科学技术创新活动是知识经济发展的动力。

从本质上而言，科学是一种累积的知识传统，是维持或发展生产的主要因素。现代科学活动与生产活动关系密切。知识并入生产过程，转化为直接生产力，是科学活动的应有之义和科学建制的重要功能之一。[3]

[1] 饶明辉．当代西方知识产权理论的哲学反思［M］．北京：科学出版社，2008：87-88.

[2] 参见：吴汉东．知识产权多维度学理解读［M］．北京：知识产权出版社，2015：296.

[3] 参见：刘大椿．科学技术哲学概论［M］．北京：中国人民大学出版社，2019：2.

知识产权与科学技术之间存在相辅相成的互动关系。

(一)科学技术是知识产权制度的客观基础

科学技术是直接生产力,知识产权制度是上层建筑。科学技术对知识产权制度具有决定作用。

1. 科学技术的发展决定知识产权制度的产生

前资本主义时期是一种封闭性的社会经济格局,科学技术具有分散性和经验性。“运用科学技术生产的物质产品可以作为商品,但是科技成果本身却不是商品。”[1]资本主义的产生推动了商品经济的发展和商品贸易规模化的形成,科学技术作为一种独立存在的知识形态,在商品的价值构成中所占比例日益增大。技术商品的本质是知识,是一种无体物,具有无形性和易扩散性,影响科技成果在市场上的正常流通,阻碍科技成果创新者的积极性。为加速技术的推广和利用、调整各方利益关系、促进科学技术的良性发展等,产生了知识产权制度。[2]

2. 科学技术的发展决定知识产权制度的完善和变革

随着科学技术的不断发展,知识产权保护的客体和范围不断扩大。自20世纪下半叶以来,以电子技术、生物工程技术等为代表的第三次科技革命在给社会经济成长带来巨大影响的同时,也给知识产权领域带来新的冲击和挑战。首先,传统知识产权保护范围不断扩大。如,著作权从传统的“印刷版权”时代进入“电子版权”时代;专利法增加微生物品种及方法专利等其次,出现新的独立财产权制度。如与集成电路技术有关的布图设计专有权、与现代生物工程基础有关的新植物品种权等。最后,商业秘密保护与反不正当竞争纳入知识产权体系。[3]

如今,以“信息革命”和“知识革命”为标志的第四次科技革命的兴起使第三代生产力展露萌芽。[4]第三代生产力主要依靠信息和技术,其中以网络技术和基因技术最具代表性和影响力。就知识产权制度而言,不仅要通过制度创

---

❶ 参见:吴汉东.知识产权多维度学理解读[M].北京:知识产权出版社,2015:279.

❷ 参见:江永真.论科学技术与知识产权的相互作用机制[J].科技管理研究,1999(1):35.

❸ 参见:吴汉东.知识产权多维度学理解读[M].北京:知识产权出版社,2015:300-302.

❹ 参见:薛虹.网络时代的知识产权法[M].北京:法律出版社,2000:8.

新实现立法的现代化，还要在全球范围内建立新的知识产权保护机制。这意味着，科学技术的发展使知识产权制度进入一个统一标准的新阶段。❶

（二）知识产权制度是科学技术不断发展的动力

1. 知识产权制度对科学技术发展的促进和激励作用。

在知识经济时代，科技进步是经济增长的动力机制，知识是生产力和经济增长的发动机。知识经济以知识劳动为源泉，以知识创新为动力。作为法治建设重要内容的知识产权制度成为现代科学技术进步与市场经济发展的推动器。在知识产品的创造过程中，政府通常通过特别的法律手段，以支撑和激励创造者的精神生产活动。例如，发明创造者将自己的智力成果公布于众，社会承认其在一定时期内对该智力成果的专有权。通过这种方式，知识产权制度"为权利人提供了最经济、有效和持久的创新激励动力，保证了科技创新活动在新的高度上不断向前发展，从而促进了创新成果所蕴藏的先进生产力的快速增长。"❷

2. 知识产权制度对科学技术发展的控制和保护作用。

德国学者乌尔里希·贝克曾于1986年首次提出"风险社会"的概念。贝克认为，人类面临着威胁其生存的由社会制造的风险。科学技术的高度发展既是风险社会的特征，又是风险社会的成果。所谓技术风险，是指人类由于对技术的不当应用所产生的社会风险。❸例如，21世纪，基因技术的发展使人类社会面临生态环境、社会秩序和转基因食品等风险。知识产权制度在对基因技术授予专利的同时，通过界定基因专利保护范围、明确基因专利的排除领域等制度，严格控制基因技术可能带来的风险后果。此外，作为这个时代新的社会结构和模式，网络技术所蕴含的数字化在使信息传播便捷且广泛的同时，也弱化了著作权人对其作品的控制力。为应对来自网络技术与网络著作权本身的"内生性"风险，技术保护措施被纳入著作权制度。❹

---

❶ 参见：吴汉东．知识产权多维度学理解读[M]．北京：知识产权出版社，2015：302-304.

❷ 参见：吴汉东．科技、经济、法律协调机制中的知识产权法[J]．法学研究，2001(6)：145-146.

❸ 参见：王学忠，张宇润．技术社会风险的法律控制[J]．科技与法律，2008(4)：3.

❹ 参见：吴汉东．知识产权多维度学理解读[M]．北京：知识产权出版社，2015：345-346；李宗辉．历史视野下人工智能流派与知识产权法的关系[J]．重庆邮电大学学报，2021(5)：35.

二、知识产权与现代科技互动

(一)人工智能与知识产权

“人工智能”一词正式出现于1956年在达特茅斯学院召开的研讨会上。[1]由于人工智能涉及领域广泛、发展进程迅速,无法给它下一个确切的、统一的定义。[2]国外学者的定义大致可分为“像人一样思考的系统”“理性思考的系统”“像人一样行动的系统”“理性行动的系统”四大类。前两者关注思维过程和推理,后两者则强调行为的重要性。[3]国内学者普遍认为,人工智能是对人的智能的模拟、延伸和扩展,其研究领域主要涉及机器学习技术、自然语言处理技术、图像处理技术和人机交互技术等。[4]

人工智能发展中形成的三个不同流派与知识产权之间形成了紧密联系。

(1)符号主义流派。也称逻辑主义、心理学派或计算机学派,认为所有智力工作都是对符号的操纵。符号操作系统(即物理符号系统)假设和有限合理性原理是其主要依据。[5]该流派兴起于20世纪50年代,但直到60年代中期,随着计算机产业的发展,包括符号主义人工智能在内的计算机技术对知识产权法的影响才开始引起立法者和决策者的重视。不过,符号主义人工智能偏重对规律性较强的固定问题的解答,在设计上过于简单,“难以解释和处理智力成果在创造、应用过程中所涉及的各种复杂因素和多方利益关系。”[6]

(2)联结主义流派。又称仿生学派或生理学派,认为智能的基本单位是神经元,认知过程表现为信息在神经元中的并行分布和特定的联结方式,而不是

---

[1] 需要注意的是这并非“人工智能”一词的首要出处。研讨会的召集者和命名者麦卡锡提到这是他从别处听来的,但原创者及改词的最初含义已不可考。参见:尼克.人工智能简史[M].北京:人民邮电出版社,2017:8.

[2] 参见:李宗辉.人工智能的知识产权法挑战与应对[M].北京:知识产权出版社,2021:2.

[3] 参见:拉塞尔,诺维格.人工智能:一种现代方法[M].殷建平,等译.北京:清华大学出版社,2013:3-4.

[4] 参见:吴汉东,张平,张晓津.人工智能对知识产权法律保护的挑战[J].中国法律评论,2018,20(2):2.

[5] 参见:蔡自兴.人工智能学派及其在理论、方法上的观点[J].高技术通讯,1995(5):55.

[6] 参见:李宗辉.历史视野下人工智能流派与知识产权法的关系[J].重庆邮电大学学报,2021(5):36-37.

符号的运算。[1]该流派兴起于20世纪80年代，主张人脑的组织和学习是一个“演进”过程，而不是类似计算机程序的操作过程。[2]这种“机器学习”行为与知识产权法“鼓励学习”的根本宗旨深度契合。联结主义人工智能作为科技创新活动的组成部分受到知识产权法的激励，它的算法开发与知识产权法的制度供给一起鼓励人类的学习和创新活动。[3]

(3)行为主义流派。源于20世纪初兴起的行为主义心理学派。认为人工智能可以像人类智能一样逐步进化，因此也被称为进化主义人工智能。该流派主张人工智能研究应以复杂的现实世界为背景，让人工智能理论和技术经受解决实际问题的考验，并在这种考验中发展。[4]在网络时代，行为主义人工智能与知识产权立法一样，都否认完全基于理性或预设的结构、制度，而追求一种类似于自然科学的客观、量化体系。

(二)区块链与知识产权

区块链技术最早源于2008年的一篇名为《比特币：一种点对点电子先进系统》的论文。区块链技术是一个去中心化的技术，它按照时间顺序将一个个单个数据库(区块)链接起来，重在提升各个区块的协作效率，以形成多方信任，使得数据不可篡改和伪造、可追溯、可审计等等。区块链被认为是人类信用进化史上继血亲信用、贵金属信用、央行纸币信用之后的第四个里程碑。

作为智慧经济建设的新一代信息技术创新和价值互联网的基石，区块链主要从技术支撑、管理优化与法律保障三方面推动知识产权生态的构建和完善。[5]

首先，区块链具有“共治、共享、服务”的特性，可以为知识产权创新生态系统的构建提供应用平台。区块链技术“去中心化”的逻辑结构与技术自治系

---

❶ 参见：李宗辉．历史视野下人工智能流派与知识产权法的关系[J]．重庆邮电大学学报，2021(5)：37-39.

❷ 参见：沈家煊．人工智能中的“联结主义”和语法理论[J]．外国语，2004(3)：4.

❸ 参见：李宗辉．历史视野下人工智能流派与知识产权法的关系[J]．重庆邮电大学学报，2021(5)：39.

❹ 参见：张家庆，张军．九十年代GIS软件系统设计的思考[J]．测绘学报，1994(2)：131.

❺ 参见：王肃．区块“链动”知识产权生态优化的场景塑造与风险治理[J]．学习论坛，2021(4)：130.

统,可以让专利技术供需双方直接参与到交易中,直接记载、发布、传播有关专利交易信息,去除传统交易中双方寻求交易信息的中介成本。❶

其次,区块链技术的信息可溯源性、无法篡改性以及共识性验证机制可以增强数据验证的可靠性,在监督专利权权属、提高专利审核效率、追踪商品来源等方面发挥模式塑造与路径优化的作用。❷

最后,区块链技术的去中心化、去信任化、可审计等内在属性可以为提高确权效率、节省交易成本、留存侵权证据等知识产权法律保护机制的革新提供技术保障。❸例如,区块链可以利用"时间戳"技术和"零知识证明",为商业秘密保护提供存在性证明,并可在诉讼中提供真实可靠的电子证据。❹

(三)大数据与知识产权

"大数据"一词首次出现在美国学者阿尔温·托夫勒1984年所著的《第三次浪潮》中。❺从法学视野来看,大数据是依托于互联网及相关技术产生的、以包含尽可能多的数据种类与数据量为目标的一种大规模的数据信息集合。大数据具有数据种类多、数据容量大、数据价值高和存取速度快的主要特征。

知识产权制度与社会创新活动密切相关。从技术发展与社会关系变化的角度看,大数据在"知识积累-专家创新"的传统模式之外,引入了"非专家模式",从创新活动主体身份和创新内容等方面对社会进行了分层。❻从市场竞争角度来看,大数据使数据信息成为竞争的主要因素并具有了类似"基础设施"的地位。❼从基本范畴、外在形式和法律定位上,大数据类似于知识产权客体。对于大部分的知识产权客体而言,其本质在于"信息",大数据作为对信息的创新性应用模式和对象,也作用于"知识产权信息"并引发传统知识产权

---

❶ 参见:张静.区块链技术对民法的影响:以知识产权制度为例[J].现代管理科学,2019(1):50.

❷ 参见:胡光.基于区块链技术的智能知识产权管理应用场景研究[J].河南工业大学学报(社会科学版),2019(2):50-55.

❸ 参见:王肃.区块"链动"知识产权生态优化的场景塑造与风险治理[J].学习论坛,2021(4):131.

❹ 参见:张怀印.区块链技术与数字环境下的商业秘密保护[J].电子知识产权,2019(3):75-77.

❺ 参见:托夫勒.第三次浪潮[M].黄明坚,译.北京:中信出版社,2006:67.

❻ 参见:王德夫.论大数据的法律保护与规制[D].武汉:武汉大学,2016:87-89.

❼ 参见:王德夫.论大数据的法律保护与规制[D].武汉:武汉大学,2016:92.

制度的变动与调整。[1]

大数据的运行方式使“共享知识”的知识产权基本理念受到冲击。在传统知识产权制度中，大部分知识产权客体意味着对社会公共知识产品数量的贡献。但基于大数据的产品或服务，力图将所有数据信息囊括其中，以获取经济价值的最大化，并期望将所有的个体都变为自己的用户。这必然导致具体的数据信息和抽象的知识最终被集中于少量个体手中，从而使大数据对数据、信息的搜集和使用产生“黑箱”效果。

大数据对传统知识产权客体也产生关联和影响。例如，大数据相关经营者可以通过使用他人著作权作品获利；通过大数据应用，在一定程度上可以实现对商标信息的数字化检索，有助于提升商标申请审查效率或者发现隐藏的商标侵权行为。[2]

(四)云计算与知识产权

2006年，亚马逊公司首先推出了弹性云计算服务，实现了云计算从理论到实际应用的转变。同年6月，谷歌公司前任CEO埃里克·施密特第一次提出了“Cloud Computing”(云计算)的概念。“云”是虚拟的计算资源，云计算是一个模型，它借助互联网，以按需分配的方式提供可配置的包括网络、服务器、存储、应用、服务等在内的计算资源，并能以最小的代价实现资源发布。云计算旨在通过网络连接，由中心软件(云计算系统)对大量计算资源进行统一管理和调度，构成一个计算资源池，按用户所需为其提供服务。

根据美国国家标准和技术研究院(NIST)的研究，云计算具有五种关键特征：按需自助服务、开放式网络、资源集中化、弹性、可计量的服务。[3]其服务模式包括：“基础设施即服务”(IaaS)模式、“平台即服务”(PaaS)模式和“软件即服务”(SaaS)模式。IaaS模式是最基础的云计算服务，服务器、网络接入设备等硬件资源是其基础设施，为用户提供处理、存储等服务。PaaS模式向用户提供服务引擎，用户在此平台上开发应用软件。SaaS模式是最上层的云计算服务，以软件为服务形式，用户以租赁方式，通过浏览器访问、使用远端服

---

[1] 参见：王德夫．论大数据的法律保护与规制[D]．武汉：武汉大学，2016：99-100.

[2] 参见：王德夫．论大数据的法律保护与规制[D]．武汉：武汉大学，2016：102-103.

[3] 参见：罗先觉，尹锋林．云计算对知识产权保护的若干影响[J]．知识产权，2012(4)：60.

务器上的应用程序。

云计算的应用与发展改变了信息交换的规模与速度,使知识产权客体日益向多样化方向发展。云计算服务模式下的知识产权客体包括信息产品和计算程序或者创新方法。在云计算时代,知识产权的生产方式也从个人创造转变为商业投资与市场运作的模式。这种模式使得个人创造个性成分减少,经济成分和市场规模增加。

云计算技术的发展也触动了知识产权固有原则和观念的改变。例如,在SaaS模式下,用户利用云计算软件创造出的智力成果和用户经由云存储软件上传的内容如何确定归属?在PaaS模式下,云计算环境下的专利技术复杂多样,不仅主体多方,行为也是多层的,对侵权行为如何进行认定?这些都需要知识产权制度作出积极的回应。

第四节 知识产权法哲学理论的当代发展

一、抽象物理论

澳大利亚学者彼得·德霍斯所著《知识财产法哲学》一书是当代知识产权学界的一部重要著作。该书以财产制度的产生、发展以及相关理论为脉络,从抽象物的角度探讨知识产权的特点,提出了用工具主义的哲学态度建立知识产权制度的理论。

德霍斯的抽象物理论主要包括如下内容。

1. 抽象物是虚构的存在物,不存在于有形世界,但社会现实需要确认抽象物的存在

按照德霍斯的观点,抽象物的概念源自罗马法上的“无体物”。如果说罗马法上的无体物指的是除所有权之外的财产权利的话,那么德霍斯所谓的抽象物则指的是“固有的独立存在物,或者用另一种方式说,就是恰当的智力思考”[1]。抽象物可以通过法律的约定而存在,现实中的很多权力也是依赖于这一假设而存在的。抽象物具有无形、无始无终、无因变化等特征。[2]

---

[1] 德霍斯.知识财产法哲学[M].周林,译.北京:商务印书馆,2017:215.

[2] 冯晓青.知识产权法哲学[M].北京:中国人民公安大学出版社,2003:346.

2. 抽象物与有形物的关系

抽象物虽然被归入无形物的范畴中，但它却与有形物有着极为密切的关系。尽管抽象物并不存在于有形世界，但它需要通过有形物体现出来，从而获得有形性。按照德霍斯的观点，依据知识产权法，不同的有形物可以被认为出自同一本源，因为它们事实上都是对同一抽象物的模仿。

3. 抽象物是资本的一种形式

德霍斯认为抽象物可成为资本并使知识产权资本化。"在许多生产资料、生产程序以及产品（包括服务）本身的背后，有抽象物的支持，而且通过知识财产法律，这些抽象物可以成为被单独所有和单独控制的对象。"[1]也就是说，抽象物本身就是资本的一种形式，可使知识产权资本化。事实上，在当今社会中，知识产权本身就已经成为一种重要的资本。而抽象物能使知识产权资本化的主要原因在于在抽象物上设立知识产权能够让权利人获得一种合法的市场垄断权，这不仅可以直接为权利人带来经济效益，还可以通过这种垄断优势阻止他人与自己竞争。

4. 在抽象物上设立知识产权的后果

德霍斯指出，当作为知识产权客体的抽象物成为被普遍依赖的对象时，将会产生两种后果：一是产生新型的威胁权力，强化人身依赖关系；二是造成社会分配的日益不平衡。在德霍斯看来，任何财产权都有产生人身依附关系的可能性，而在抽象物上设立财产权时，这种依赖关系就会更加强化。这种依赖关系为权利人行使"威胁权力"创造了必要条件，因为通过抽象物获得专有权利的人，会利用这种垄断性权力去控制其他更多的资源。这必然会使权利人的权利不断扩张，社会资源越来越集中在少数人手中，从而使得社会分配愈加不均衡。因此有必要对这些权利的范围加以严格限制。

总体而言，德霍斯的抽象物理论为我们深刻认识知识产权的性质、分析无体物与有体物的联系、探讨知识产权制度的社会功能提供了新的视野。他不仅为知识产权制度存在的合理性提供了进一步的理论依据，也将对知识产权的研究提高到了一个更高的层次，为我们认识知识产权发展的规律提供了新的哲学思路。

---

[1] 德霍斯．知识财产法哲学[M]．周林，译．北京：商务印书馆，2017：222.

二、社会规划论

知识产权的社会规划论是直到近代晚期才发展起来并形成相对独立的一种论证知识产权正当性和合理性的理论。其基本观点是,知识产权能够而且应当予以架构,不仅因为知识产品能够使人们达致一种优良的生活,还因为它们自身的架构会成为构建理想社会的要素,能够将人们引领到一个公正的理想社会中去。❶就理论渊源而言,社会规划论并没有直接的理论根源或极具代表性的人物,学者多是从古典共和主义那里寻求理论支持,并从一些政治理论家和社会理论家那里汲取理论素养。从产生背景来看,社会规划论多是在对数字环境下知识产权民主特性的思考中产生的。

社会规划论至今尚处于兴起阶段。对这一理论有过明确阐述的是奈特尼尔和费舍尔两位学者。❷

(一)奈特尼尔的"民主范式"知识产权理论

奈特尼尔主要从著作权的角度对知识产权作出思考。他认为,著作权的主要目标是支撑民主文化。奈特尼尔将民主的市民社会视作人们应当追求并实现的理想图景,从而将著作权和民主政治连接起来。❸

奈特尼尔认为著作权具有生产功能和结构功能,著作权通过这两种功能促成一个民主的市民社会。生产功能强调独创性表达的生产和传播,这是民主联合的基础。民主的市民社会很大程度上依赖于知识的广泛传播,在民主的市民社会,市民要参与民主治理,就需要交流看法和意见,并进行讨论。因此,政府必须保障信息的流通,而能够作为沟通中介的,就是电子媒体和印刷

---

❶ 转引自:芒泽.财产的法律和政治理论新作集:影印版[M].北京:中国政法大学出版社,2003:168-199.

❷ 奈特尼尔(Neil Weinstock Netanel),美国加利福尼亚大学法学教授,主要著作有NETANEL. Copyright's Paradox[M]. Oxford:Oxford University Press,2010;NETANEL. Copyright and a Democratic Civil Society[J]. YaleLaw Journal,1996,106。费舍尔(William Fisher),哈佛大学知识产权法教授,主要著作有FISHER. Reconstrucing the Fair Use Doctrine[J]. Harvard Law Review,1988,101;FISHER.Theories of Intellectual Property[M]//MUNZER S,New Essays in the Legal and Political Theory of Property. Cambridge:Cambridge University Press,2001.

❸ 饶明辉.当代西方知识产权理论的哲学反思[M].北京:科学出版社,2008:100.

媒体。著作权对作品的创造、传播等对市民社会的民主性、参与性都具有十分重要的意义。

著作权的结构功能在于加深公共的民主特质。奈特尼尔认为,只有独创性表达是自主的、多样的,市民之间的沟通才会有助于一个民主的市民社会的发展。因此,奈特尼尔认为著作权的核心在于传授知识、拓展公民自由,即要将知识传播给每个人,要为公民自由和公共教育开辟出独立的领域。不过,他接下来又强调说著作权要为创造性表达的私人控制行为设定范围,从而在某种程度上削弱媒体大企业对公共话语的把持。这样才能在思想领域达成一种民主的平等对话氛围,增强表达的多元化和多样化。

(二)费舍尔的"乌托邦范式"知识产权理论

费舍尔在重构合理使用原则的过程中,提出了他的"乌托邦"知识产权理论。他认为用经济学的路径来建构著作权法的合理使用原则是有局限性的,因为经济学关注的只是稀缺资源的使用效率,这种视角可能造成对著作权合理面貌的歪曲与误解。因此,费舍尔主张对合理使用原则进行重构,将"优良生活"和"优良社会"等观念融合进去,从而形成更加一体化的法律话语和一种更为公正的社会秩序。[1]

费舍尔的"乌托邦"社会理论以亚里士多德的道德哲学传统为理论基础,并吸收功利主义和康德自由主义的某些观点。认为要构建一个"优良社会",这个社会能为所有人提供参与优良生活的平等机会。在他看来,优良社会的重点应放在对某种独特文化的建构上,也就是说,通过知识产权法的调控,努力推进一个具有公正的、有吸引力的文化的社会。按照费舍尔的观点,"知识产权领域内多种规则的融合,将通过在激励创造与激励传播和使用这二者之间达到最优的平衡而使得消费者福利实现最大化。"[2]费舍尔指出,在"优良文化"和"优良社会"中,公民能够接触到广泛的信息和思想,知识产权可以培育出这种丰富的思想文化,所有人都有权使用这些信息资源,并参与到文化意义的创造过程中来。

总的说来,社会规划论吸收了劳动财产论的合理内容,弥补了人格财产理

---

[1] 饶明辉.当代西方知识产权理论的哲学反思[M].北京:科学出版社,2008:98.

[2] 饶明辉.当代西方知识产权理论的哲学反思[M].北京:科学出版社,2008:99.

论未能对人性作出重大研究的缺陷,使知识产权的正当性和合理性有了进一步深入的理论基础。以往的理论更多地关注知识产权带来的经济效益,社会规划论则将知识产权与民主政治勾连起来,试图引导人们思考知识产权的政治性质和政治功能。但社会规划论的前提在于设定某一特定的文化和社会图景,而不同的人对此有不同的观点,其理想的社会图景带有很大的不确定性和理想性色彩,因而它为知识产权的合理性提供的论证不够充分和成熟,这也是它迄今为止尚未被人们普遍接受的一个主要原因。

【案例分析】

皮埃尔·雨果诉塞雷萨案

2002年,在纪念法国大文豪维克托·雨果诞辰二百周年之际,法国普隆出版社出版(以下简称"出版社")了由作者弗朗索瓦·塞雷萨撰写的《悲惨世界》续集——《珂赛特:梦想年代》。但雨果的玄孙皮埃尔·雨果认为出版社和续集作者塞雷萨违背了雨果原作的精神,亵渎了原著的完整性,要求法庭判决禁售此书,并赔偿450万法郎。初审法院审理之后认为,皮埃尔·雨果并不能够提供足够的证据证明自己和原著者的关系,塞雷萨的改编行为和出版社的出版行为并不构成对原著作者的侵权。皮埃尔·雨果不服,随即提出上诉。2004年,上诉法院推翻了初审法院的判决,认定原著作者的著作权可以由其后人继承。此后,该案上诉至法国最高上诉法院。经过漫长的审理,直到2007年1月30日,法国最高上诉法院作出终审判决,认定出版社和塞雷萨无须经过作者及其后人同意便享有对原著的改编权,皮埃尔·雨果败诉。最高上诉法院的判决依据是《悲惨世界》自1862年发表至今,早已过了著作权保护期限,已经进入公共领域,成为人人可以自由使用的作品。

该案例涉及的问题可以用人格财产理论加以分析和思考。例如,作者在作品中体现的人格是否随着著作权保护期的结束而终止?改编者的后续创作是否给名著带来了负面影响,从而影响其声誉?改编者的著作权应该给予怎样的保护?

【基本概念】

劳动财产理论;社会公意理论;人格财产理论;抽象物理论;社会规划理论。

【思考与分析】

1. 简述劳动财产理论的基本内容。

2. 试述人格财产理论的基本内容,并对其简要评价。

3. 试述社会规划论的内容。

【延伸阅读书目】

[1]冯晓青.知识产权法哲学[M].北京:中国人民公安大学出版社,2003.

[2]龙文懋.知识产权法哲学初论[M].北京:人民出版社,2003.

[3]饶明辉.当代西方知识产权理论的哲学反思[M].北京:科学出版社,2008.

[4]德霍斯.知识财产法哲学[M].周林,译.北京:商务印书馆,2017.

第十一章　知识产权历史观

知识产权制度迄今已有几百年的历史，其财产权内核的确立、发展和完善都是在近现代西方各国法制演进的过程中逐步实现的。知识产权制度的历史，不仅受经济科技的制约，还受政治法制的塑造和思想文化的引导。将知识产权制度置于历史视野下进行合理的分析和探究，不仅是对该制度普遍发展规律的解读，更是对经济全球化的浪潮下构建本土知识产权制度、培育和塑造适合中国国情的知识产权文化的思考和探索。

第一节　知识产权历史观概述

知识成为商品并被当作交易的对象是历史发展到特定阶段所产生的必然现象。知识产权制度是历史生成的，它对于文化繁荣、科技创新、经济发展和社会进步有着极大的激励作用和价值。将知识产权制度置于历史视野下进行考察，梳理其过往脉络，探究其产生和发展的深层次因素，不仅仅是提供某种解释和了解，更是思索知识产权本土化制度建构、塑造和培育适应我国国情的知识产权文化的应有之义。[1]

一、知识产权制度产生的经济科技基础

知识产权制度是近代商品经济和科学技术发展的产物。具有近代意义的知识产权制度肇端于17、18世纪并非历史的偶然。中世纪后期，自然经济的解体导致劳动力的转移，有着熟练技艺的农奴开始转向交通更为便利的城镇附近居住，他们制造并销售手工制品以换取生活用品和生产资料。渐渐地，独立的手工业开始出现，形成了较为集中的同行业手工作坊聚集地。西欧从农业社会向工业化社会迈进，资本主义生产关系逐渐形成，特别是与资本主义经济发展密切相关的纺织、采矿、冶金和化学等部门取得了长足的进步。手工业者先进的、独具特色的技艺在有形财产之外的价值日益受到重视。

[1] 参见：李宗辉．历史视野下的知识产权制度[M]．北京：知识产权出版社，2015：2-5.

当工场手工业出现并逐渐壮大时，手工业就从零散、无序的状态走向集中与合作的状态，欧洲的商品贸易也呈现出前所未有的繁荣。欧洲不仅出现了独立的商人阶层，还出现了定期的集市。当时，法国里昂、德国法兰克福等地都有大型的定期集市，其中最负盛名的是法国的香槟集市。此外，还形成了以威尼斯、热那亚和比萨为中心的地中海贸易区，以布鲁日为中心的汉萨同盟和不列颠贸易区等大型的地区性贸易中心。受此影响，科技发展也开始从科学研究活动本身及航海探险等领域转向工业化生产的各个部门。西欧各国相继成立了科技研究的组织或协会，这些组织或协会不仅聚集了科技精英、促进科技交流和技术创新，还确立了各类有关科技研究和革新的规范，成为日后专利授权的权威标准。在近代早期出现的新兴技术中，古登堡活字印刷术[1]的产生和传播具有革命性的影响，它改变了知识的存储、传播、获取的方式，推动了学术交流和知识分子阶层的形成，增加了科技革命的深度和广度，并影响了图书出版行业和文学产权观念的兴起。[2]“这种通畅的贸易网络和开放的商业精神也必然带来欧洲国家从理念到制度的多重创新。”[3]例如，为了保持商业上的优势地位，商品就必须具备新颖性、实用性和先进性，于是兴起了以奖励发明和引进新技艺并防止技术外泄等为主要内容的“重商主义”思潮，形成了财产权和交易的各种习惯，并培育了私法自治的理念，为知识产权法的创制奠定了现实基础。

二、知识产权制度产生的政治法律背景

早期的知识产权尚未摆脱封建法律的形式，它是国王根据其至高无上的权力授予的“特许权”，是王室特权的一种表现形式。早在1331年，英国国王爱德华三世就曾授予一个手工业者约翰·坎普在染织方面一定的特权。不过，这一授权尚不具有垄断性，只是为了鼓励和吸引外国工商业者来英国发展而采取的一种经济措施。此后，伊丽莎白女王在1561年之后的10年里，也授予了多项特许权。例如，1561年授予的制造白色肥皂盒10年专利权，1562年授

[1] 古登堡活字印刷术是德国发明家约翰内斯·古登堡于1450年发明的金属活字印刷方法，被认为是欧洲活字印刷术诞生的标志。

[2] 参见：李宗辉．历史视野下的知识产权制度［M］．北京：知识产权出版社，2015：47，269.

[3] 李宗辉．历史视野下的知识产权制度［M］．北京：知识产权出版社，2015：9.

予的制造明矾20年专利权,1565年授予的开采金银矿、生产硫和油等不同年限的专利权,1568年授予的对衣服进行染色和装饰7年专利权,等等。[1]这些特权从总体上而言,并没有形成一套固定的制度体系,专利权的授予没有严格审慎的审查程序和科学合理的审查机制,完全取决于国王个人的喜好和意志,多是对个案具体情形的考量,是国王出于各种经济、社会和政治目的而与个人、行会等进行的"交易",其目的是建立新兴的产业或者贸易以促进英国经济的发展,因此难以形成统一的标准,也无法成为法律上或现实中稳定的财产权。

不过,在解决"特许权"滥用的问题上,英国并没有寻求废除国王的这一特权,而是极力将其系统化、合理化和法律化。1623年《垄断法》的诞生就是英国议会与王权政治博弈的产物。这部法律是为了顺应当时逐渐兴起的自由贸易潮流,清理因国王滥发特许状而带来的日益混乱的市场秩序而进行的。它没有对专利进行定义和分类,也没有具体的授权标准和专门的授权机构,只是笼统地规定专利应当授予"真正的第一发明人",这类似于现代专利法上关于新颖性的标准。从这一点来看,《垄断法》文本和形式上的意义远远大于其实质意义,尽管如此,它仍然可以被视为近现代专利法的开端。

在《垄断法》颁布80多年之后,第一部近代意义上的著作权法——《安妮法》诞生了。它的出台事实上是出版商在旧的垄断消亡,寻求新的出版垄断过程中产生的结果。随着活字印刷术的广泛应用和发展,众多政治思想和宗教思想得到迅速的传播,这引起了统治者对异端思想的恐慌,于是有了许多限制言论和出版自由的法令。起初,书商公会出任出版审查机关,拥有极大的权力,它们不仅建立起书籍出版和交易的批准和强制登记制度,还成立了内部法庭来处理纠纷,同时根据王室的授权去发现以及查封非法书籍和出版物。然而,随着资产阶级革命的发生,天赋人权、独立平等的理念席卷全国,言论自由被视为公民的基本权利,任何人都可以参与到图书出版行业中来,这使得书商公会的垄断地位岌岌可危。为此,书商公会不断向议会游说、请愿,以期在图书出版上再次获得专有权利。议会接受了相关立法的建议,如明确赋予作

---

[1] HULME. History of the Patent System under the Prerogative and at Common Law[J]. Law Quarterly Review, 1896(12): 145-149.

者以版权并将作者的版权视为书商版权的基础,但并没有按照书商公会的意愿授予版权永久性财产权。《安妮法》作为历史上第一部完全意义上的著作权法,以成文法的形式将著作权确定为一种新的财产权形式,它初步创设了著作权法上的公共领域,明确表明了其根本目的不在于保护书商公会的个体利益,而在于促进社会文化的发展和进步。[1]

此后,英美法系在实践中不断探索、细化和总结各类法律规则,也逐渐形成了专利审查员、知识产权代理人等职业化群体,他们在完成具体工作的同时也对知识产权的本质、权利范围、审查程序等提出创新、实用且系统的观点,为立法活动和司法实践提供了切实可行、有价值的理论思考。

三、知识产权制度产生的思想文化指引

知识产权观念萌芽于西欧文艺复兴之际。人文主义思潮、启蒙运动以及康德、黑格尔的哲学思想都对知识产权制度的产生和发展提供了思想文化方面的指引。

人文主义强调以人为本,重视人的价值和尊严,主张依靠个人的独立意志和才智获取物质财富和社会地位。这样一来,凭借智力劳动创造出来的成果就成为创造者极力维护的事物。在艺术上对个性的推崇使得这一时期颇负盛名的绘画、雕塑、建筑等无不带有创作者显著的个人风格和强烈的个人印记,因此也形成了后来"突出自己原创特点、贬抑复制当代作品的艺术创作道德"。[2]文艺复兴时期的诸多艺术家往往多才多艺,他们不仅有着卓著的艺术成果,还在技术发明领域颇具造诣,他们在创造出各种实用器具的同时,也激起人们对科学的认知、热情和尊重,这不但促进了科学知识、发明创造的普及,也大大提高了科学家、发明家和技术专家的地位,为后来创造成果的法律保护奠定了社会基础。此外,文艺复兴时期的大学教育也为知识的传播和普及提供了巨大的支持。我们所熟知的伽利略、哥白尼等近代科学革命的先驱们都曾在大学中求学或任教,他们将科学的理念和知识带到了当时的大学教育中。这一时期的教育面向世俗生活,教授的是各种有用知识和实用技能,迎

---

❶ 李宗辉.历史视野下的知识产权制度[M].北京:知识产权出版社,2015:271.

❷ 参见:李宗辉.历史视野下的知识产权制度[M].北京:知识产权出版社,2015:272.

合了城市中许多以技术为基础的新兴工商业发展的需要,也为知识产权制度的建立提供了各种有利的条件和充足的准备。

启蒙运动对知识产权制度的影响主要体现在两个方面:一是其对理性主义极度推崇,宣扬自然法精神,强调公平、正义与理性法则的一致性。这不仅提高了科学研究的积极性,促进科技的发展和进步,也让科技成果归属、利用与分享的制度建构更加合理。在这个过程中,科学逐渐从个人的事业转变为团体和社会的活动,对创造者的成果赋予财产权,使私人财产权免受专制权力的干涉。二是启蒙运动认为国家的基础是自由平等的人,而生命、自由、财产等是人生而具备的、不可被剥夺的基本人权。在《人权宣言》中,曾有如下表达:"自由传达思想和意见是人类最宝贵的权利之一;因此,各个公民都有言论、著述和出版的自由,但在法律规定的情况下,应对滥用此项自由负担责任。"可以说,这种认知对给予作品财产权保护是更为有利的,但考虑到当时法国大革命的狂热与极端,这种自由又过于绝对和冒进。这让启蒙思想家们又不得不为科学至上的现象感到忧虑,为此,启蒙运动又将道德视为知识传播与发展的一道防线,认为个人在享有权利的同时更要有利于公共利益,这就为知识产权制度的平衡性建构奠定了思想基础。

康德和黑格尔建立起来的哲学思想体系中与精神活动、智力劳动和无形产品有关的部分也为知识产权制度的建立和发展提供了不同的哲学理论路径。康德在1785年发表的《论未经许可之图书出版的非法性》一文中直接讨论了"物理之书"(即作为物质客体的书籍)与"言论之书"(即作为主体言论活动的书籍)的区别,指出作者的思想所有权不因任何重印行为而改变,而以个人使用为目的对作品进行复制并不违法。康德的哲学将"意志的自律性"视为最高的道德原则,在对表达自治给予充分肯定的同时,也强调公共领域保护的合理性。[1]黑格尔的哲学理论将财产权设置在国家的整体制度建构中,确认了人的法律主体地位和人格权的存在,认为各种财产权都是依附于人格的具体权利,而作为精神活动成果的知识产权则将这种依附关系表现得更加直接和明显。这些思想和观点影响了知识产权制度的概念和架构,为知识产权理论的发展与成熟提供了思想文化上的指引。

[1] 参见:李宗辉.历史视野下的知识产权制度[M].北京:知识产权出版社,2015:135-139,273.

第二节　专利制度历史

一、专利制度的起源与发展

在工业革命开始之前，人类社会整体处于农耕文明时期，技术手段和智力成果的水平低下，导致在社会竞争中智力成果往往不起决定性作用，因此不存在利用法律手段保护发明创造的需求，自然也就不会诞生专利法。此后，随着生产力水平的提高，依靠技术创造的财富比例逐渐提高，人们开始意识到技术的重要性。到13世纪，英国开始以特许令的方式奖励技术创新，由国王颁布诏书对新发明的技术授予一定期限的垄断权。这种钦赐特权制度成为专利制度的萌芽。但专利真正形成一种制度，则是15世纪之后的事。

1443年，法国人安东尼奥·马里尼向威尼斯政府申请一项关于在威尼斯特定区域使用一种磨粉机的垄断权，这是第一个"威尼斯式"的发明专利权；1460年，威尼斯参议会开始就"威尼斯式样"授予专利权。[1]1469年，德国印刷商约翰·施贝耶获得了现存历史记录中第一个垄断性专利权。1474年，威尼斯共和国元老院颁布了世界上第一部专利法令。其基本内容如下：

> 每一个在本市建造任何未在本共和国内制造过的新颖和灵巧装置之人，当其装置已经简约完善到可使用和操作时，应通知全民福利委员会办公室。在我们的领域和城镇范围内的任何他人，未经作者同意和许可，在10年保护期内，被禁止制造与该装置一致或者类似的装置。任何违反规定制造装置之人，上述作者和发明人有权将其传唤至本市的任一行政长官面前，该长官应责令侵权人支付100达克特的赔偿并立即销毁其侵权装置。但是，在政府的权力和自由裁量范围内，其可以在其活动中使用任何该类装置和工具，条件是只能由作者进行操作。

该法令虽然只有一个条文，但它不仅有对发明的限定，还规定了申请注册的原则以及制止侵权和补偿的机制，已经蕴含了专利权授予与保护的基本内容，勾勒出现代专利法的轮廓。

威尼斯共和国极为看重对技术秘密的保护，对泄露技术秘密的工人处以非常严厉的刑罚，这导致大量工人逃往国外并在当地建立和发展自己的专长。

---

[1] 参见：李宗辉．历史视野下的知识产权制度［M］．北京：知识产权出版社，2015：25.

他们也试图向所在地政府寻求"威尼斯式样"的专利保护,专利制度也随之传播至欧洲其他各地。到了16、17世纪,特别是伊丽莎白女王时代,授予专利成为英王增加王室收入的一种手段,各项专利泛滥如潮。民众和新兴的资产阶级对此怨声载道,他们纷纷请愿,要求改变现状,伊丽莎白女王被迫废除以前的特权制度。到了詹姆斯一世时期,正式建立起一套新型的法律制度以保护先进技术和鼓励技术进步,其标志就是1623年颁布的《垄断法》。这是世界上第一部具有现代意义的专利法。此后,各国纷纷效仿,逐步建立起各自的专利制度。例如,美国1790年颁布了专利法;法国1791年颁布专利法,并在序言中明确了专利权的人权地位;俄国1812年,西班牙1826年,瑞士1899年也分别颁布了自己的专利法。[1]

专利制度发展到19世纪,在一些国家出现了倒退现象。例如,瑞士曾一度拒绝专利制度的建立,并在19世纪下半叶举行的两次全民公决时,拒绝授予议会制定工业产权法的权利。而荷兰更是在1869年废除了已经实施半个多世纪的专利法。这与自由资本主义时期崇尚的自由、平等观念密切相关。当时普遍认为垄断是对贸易自由、契约自由原则的违背,而专利法所确立的恰恰是一种垄断性权利,故专利法在当时被视为"恶法"而加以限制甚至废止也就不足为奇了。不过,随着专利法对社会发展的促进作用在坚持实施专利制度的国家得到验证,那些没有实施或者废除专利制度的国家逐渐感受到自己在国际竞争方面的劣势。因此,到19世纪末20世纪初,实施专利制度的国家数量持续缓慢增加,而那些曾经废除或者未曾建立专利制度的国家也在这一时期开始实施专利法。例如,荷兰于1910年重新恢复制定了专利法,并且派专利审查员去德国和英国学习;德国在1877年制定了自己的第一部统一专利法,这部专利法在很多方面已经具有现代专利法追求的利益平衡的价值取向和特征。此外,尽管德国的专利申请量较小,但与之前相比,已经呈现出飞速增长的趋势,仅在1910年就签发了1万件专利。第一次世界大战之后,多数国家都颁布了专利法。不过,由于当时世界经济萧条,各国为了经济的发展,更多的是注重发挥专利法鼓励技术进步的作用,这使得法律更倾向于技术的利用和传播,而不是对专利权的保护。这种状态一直持续到第二次世界大战结

[1] 刘春田. 知识产权法[M]. 北京:中国人民大学出版社,2000:141.

束后近30年。20世纪七八十年代，已经在经济和技术上取得领先地位的西方国家开始采取各种措施，强化对专利权的保护。例如，增加对基因及生物技术的保护，药品专利的保护期可以延长，等等。这表明西方国家对专利权的保护水平在不断提高，在一定程度上也反映了西方国家的利益和需求。

除了各国国内对专利制度建立的努力之外，国际方面各个国家和国际组织也作出了不懈的努力。19世纪末，维也纳发明国际博览会的召开开启了专利权国际保护的道路。一方面奥匈帝国通过立法给予所有参会国发明、工业设计临时性的保护；另一方面也促使同年召开的维也纳专利会议对专利制度应当遵循的若干原则的达成。这成为日后巴黎工业产权联盟和1883年《巴黎公约》的基础，公约对专利、商标等工业产权保护对象从实体法和程序法等多方面规定了法律保护的基本原则和最低标准，开创了专利法国际协调的先河。

二、我国专利制度的历史与发展

（一）中华人民共和国成立之前的专利制度

"专利"一词在中国古已有之。例如，早在西周早期，大夫芮良夫就曾说道："匹夫专利，犹谓之盗，王而行之，其归鲜矣。"[1]此时的含义基本上可以等同于专营或专卖，大致与英国早期的君赐特权相同。但由于中国的法律制度"诸法合一，礼法不分"，在民事法律制度总体发育不完备的情况下，古代中国的法治土壤中不可能生成专门的专利法。

鸦片战争之后，面对西方列强的坚船利炮连连战败的中国开始思考落后的原因。1859年，太平天国领导人之一洪仁玕在他著名的《资政新篇》中首次提出了建立专利制度的建议。他认为，中国要想赶上西方发达国家，就要对发明实行专利保护。他甚至提出了在同一专利制度上分别设置保护发明专利与"小专利"的设想，提议对专利保护期加以区别，"器小者赏五年，大者赏十年，益民多者年数加多"。如今的法国、澳大利亚等国家，实际上实行的正是这种大、小专利并行的制度。1881年，我国早期民族资产阶级的代表人物郑观应，曾经就上海机器织布局采用的机器织布技术向清朝皇帝申请专利。1882年，光绪皇帝批准了该局可享有10年专利，这是较有影响的我国历史上的"钦赐"

---

[1] 参见：上海辞书出版社．辞海：词语分册[M]．上海：上海辞书出版社，1979：29.

专利。此外,清末刘鹗在其《老残游记》中也曾就当时吸食鸦片的工具的专利性作出一番评论。可见,当时的中国已经有了近代“专利”的概念。到1898年,在著名的“戊戌变法”的影响下,光绪皇帝签发了《振兴工艺给奖章程》,并依此章程在纺织、造船等行业中颁发了几项专利。尽管这部章程随着变法的失败未能真正实施,但这是我国历史上的第一部专利法,正是因为这部法律,“专利”在我国才由“特权”向作为财产权的某种现代民事权利演化了。

1912年,当时的工商部颁布了《奖励工艺品暂行章程》,对经过工商部考验合格的有关发明给予5年专利权或名誉上的奖励。该章程于1923年加以修订,将专利的保护期限分为3年和5年两种。1928年,国民政府颁布《奖励工业品暂行条例》,并废止之前的暂行章程。1932年,又颁布了《奖励工业技术暂行条例》,对首先发明的工业物品或方法,给予10年或5年专利权,该法先后于1939年及1941年进行修订。1944年,国民政府公布了中国历史上第一部专利法,该法共133条,分为发明、新型、新式样和附则四章。规定了先申请原则、异议程序、复审制度,确立了专利“三性”、发明专利保护期15年等。此后,其在我国台湾地区一直实施到20世纪90年代才作了大规模的修改,如扩大专利权保护范围、延长保护期限、强化民事救济手段等。

(二)中华人民共和国成立之后的专利制度

我国在1984年之前没有真正意义上的专利制度,有的只是一些单一发明和技术改进的奖励制度。1950年,中央人民政府政务院颁布了《保障发明权与专利权暂行条例》,规定申请人可以就其发明创造选择发明权或专利权的其中一个申请权利。1978年,中华人民共和国国务院颁布了《中华人民共和国发明奖励条例》,将之前的专利与发明奖励制度并存的双轨制变成单一的发明奖励制度,只对那些具有新颖性、技术水平处于领先地位的发明创造发给发明证书予以褒奖。

改革开放后,国家开始重视专利制度在中国建立和发展的必要性。1980年,中华人民共和国国务院批准成立中国专利局,并着手起草专利法。同年10月和11月,分别召开专利问题座谈会和专利法研讨会,确定专利制度是一种技术性的法律制度。经过数次研讨和争论,1983年8月,《中华人民共和国专利法(草案)》经中华人民共和国国务院常务会议审议通过,9月提请全国人民代表大会审议。1984年3月12日，历经24稿的《中华人民共和国专利法》终在第六届全国人民代表大会常务委员会第四次会议上获得通过，并于3月20日公布，自1985年4月1日起实施。这是中华人民共和国成立以来的首部专利法，也是在中国真正得到全面贯彻实施的第一部专利法。1985年还通过了《中华人民共和国专利法实施细则》。中国专利法在立法上吸收了国际上专利立法的最新经验。其主要内容包括授予专利权的条件，专利的申请、审查和授权程序，专利权的期限、终止和无效，专利实施的强制许可，专利权的保护，等等。

1992年，在《专利法》颁布8年之后，考虑到《知识产权协定》中对知识产权保护规定的标准已经得到国际认同以及以美国为首的发达国家针对中国知识产权制度施加的压力等，我国对《专利法》作了第一次修改。其具体内容包括扩大了专利保护的范围；专利权保护期限延长；增加了进口权的专利权内容；取消审查中的异议制度，改为授权后的行政撤销程序等。

2000年，为满足中国加入世界贸易组织对《专利法》提出的最低法律要求，我国对《专利法》作出第二次修改。此次修改共34条，涉及《专利法》所有内容，有许多内容的修改甚至是实质性的改变。例如，进一步强化专利权的效力；进一步完善专利保护制度；增加诉讼保全制度；将专利审查完全置于司法监督之下等。

2008年12月27日，全国人大常委会通过《关于修改〈中华人民共和国专利法〉的决定》，对《专利法》作出第三次修改。如果说前两次修改的动因主要来自外部的话，这次修改的动因则主要来自内部，是为了满足国内经济技术发展的需要、为了提高自主创新能力而主动为之的。此次修改新增7条内容，修改了23条内容，具体变化有：取消涉外专利代理机构；提高授予专利权的条件；提高侵犯专利权的法定赔偿额度等。

2020年10月17日，中华人民共和国第十三届全国人民代表大会常务委员会第二十二次会议通过《全国人民代表大会常务委员会关于修改〈中华人民共和国专利法〉的决定》，自2021年6月1日起施行。此次修改新增保护局部外观设计的规定；引入“诚实信用原则”；新增外观设计6个月的国内优先权期限及要求优先权时提交副本的期限；将外观设计的专利权期限从10年延长为15

年;引入“专利权期限补偿”制度等。自此,《专利法》历经4次修改,见证了中国经济从起步、发展到腾飞的整个过程,促进了国家经济的持续发展和创新型国家的建设。

(三)港澳台地区专利制度现状

现行的香港特别行政区专利制度名为《香港专利条例》,是1997年5月28日由香港特别行政区立法局三读通过,并于当年6月27日由前港督彭定康签署后刊登于《宪报》而生效实施的。该条例共19章159条,用中英文双语写成,内容包括:导言、标准专利的申请和效力、雇员的发明、专利的撤销、优先权、侵犯专利、短期专利、涉及专利问题的罪行以及过渡性安排等。香港根据自身经济结构和特点,增加设立了保护短期产品的短期专利制度。这一制度是原英国法中没有的,也不同于内地的实用新型制度。

澳门特别行政区没有专门的专利法,这主要由其经济结构决定。澳门以第三产业为主,没有大量的发明创造寻求专利保护,也没有建立专门的管理机构,专利权是和商标权、名称及标志权、地理标记权等一同规定在澳门特别行政区《工业产权法律制度》中。1995年1月24日,澳门批准了《工业产权法典》,并于同年9月4日公布,该法典于同年11月6日、12月4日进行部分修改,建立了有关商标保护的专门制度。随着经济的发展,特别考虑到澳门特区作为WTO的一员,根据TRIPs有关规定,2000年6月7日正式生效的第97/99/M号法令对《工业产权法典》进行修订并更名为《工业产权法律制度》,从而完全履行了澳门特区所承担的国际义务。该制度对工业产权的登记、注册类型以及侵犯工业产权行为的刑事行政法律责任作出了详尽的规定,基本建立了保护工业产权的规范体系。

我国台湾地区现行“专利法”于1944年公布,自1949年1月1日起实施。此后,该法历经多次修改,特别是为进一步以“单独关税区”的身份进入《关税与贸易总协定》(GATT)创造条件,我国台湾地区于2001年、2003年连续对“专利法”进行相应修正,2014年更是对专利用语、专利申请、专利审查等进行大规模修正,共修正108条,增订36条,删除15条。这在其“立法”沿革史上甚为少见。经过长达半个多世纪的司法实践,我国台湾地区“专利法”相对较为稳定和完善,操作性和执法力度都十分强,这为其经济和科技进步奠定了强有力的基础。[1]

综合而言,大陆与港澳台地区为适应时代发展和国际标准的要求,都不同程度地作出努力,也兼顾社会经济科技的实际发展,不断调整其具体的制度规范。目前,在TRIPs的规范下,有关专利方面的规范也出现了趋同之处。例如,在判断专利新颖性的标准方面,均采用国际新颖性标准;均增加有关因公共健康危机而颁发强制许可的规定。但由于各自历史原因,也存在一些差异。例如,从立法形式角度看,香港特别行政区专利制度的法律条文更为细致严密;从立法宗旨角度看,香港特别行政区更倾向认为专利权纯属私人财产等。

第三节 商标制度历史

一、商标制度的起源与发展

商标是商品经济发展到一定阶段的必然产物,它伴随着直接以交换为目的的商品生产而出现。但商标作为一种法律制度的存在,是中世纪以后的事,主要体现为行会等同业组织对成员生产商品的标记的统一要求。不过此时的商标保护多是依赖道德规范或舆论制裁的方式。

进入近代以来,伴随着1791年行会的取消,法国迅速出现了假冒商标、版权和专利的浪潮,政府被迫加强立法予以制裁。1803年法国颁布了《工厂、制造和作坊法》,建立起地区层级式的商标注册传统,从而在一般意义上打击了假冒和侵犯商标的行为。1804年法国颁布的《拿破仑民法典》,第一次肯定了商标权应与其他财产权同样受到保护。1803年和1809年,法国还先后颁布了两个《备案商标保护法令》,再次申明了商标权与其他有形财产权相同的地位。1857年6月23日,法国制定了第一部近代意义上的商标法,明确宣称了商标上的财产权利,并加强了商标注册制度。以1857年商标法为基础,法国还开始了外交努力和商贸谈判,力促法国商标在其他国家也得到保护,其先后与俄国、英国和美国达成了包含商标保护的双边条约,间接促成了后两个国家的商标立法。

普遍认为,英国商标法起源于1618年的Southern v. How一案。这是第一

---

[1] 彭辉.知识产权制度比较研究[M].北京:法律出版社,2015:46-73.

个经法院判决,保护商品提供者专用标识的案例。不过,直到19世纪下半叶之前,英国对商标的保护缺乏连续性和体系性,更没有将商标作为一种法律上的财产看待。随着英国对外贸易的持续增长,这种法律状态上的模糊和混乱已不足以让英国在国际贸易谈判中取得优势。为此,英国国内商标立法提上了日程。1861年,坎贝尔爵士向上议院提交了第一份商标法草案,但最终未能通过。1862年2月,英国成立了由律师和商业精英组成的专责委员会,会见并听取了各个行业的广泛意见,最终一致通过了政府的法案,即1862年的商标法。该法全称为《修正涉及商业欺诈标注之法律的法案》(*An Act to Amend the Law Relating to the Fraudulent Marking of Merchandise*),是英国的第一部成文商标法。它在某种程度上承认了商标的财产权性质,但明确将商标作为财产权客体的是1875年的《建立商标注册制度的法案》,该法的最大贡献在于创建了全国统一的商标注册系统、减少商标使用者的权利确定成本以及明确了商标权的保护依据。[1]

美国的商标法最初也是零散的、以制裁为主要目的的附带性普通法保护制度。在联邦成文法制定之前,美国只有少数几个州先行制定了商标法,包括1845年《纽约州商标法》和1863年《弗吉尼亚州商标法》。在司法实践中,1865年的Derringer v. Plate一案首次提出在长期存在的联邦国家范围内统一商标权的问题;1867年的Burnett v. Phalon案是首个纯粹关于商标的案件。1870年,美国国会根据宪法中的知识产权条款制定了商标法,确立了全国性的商标注册和保护制度。

二、我国商标制度的历史与发展

(一)中华人民共和国成立之前的商标制度

我国春秋战国时期,就有手工匠人在自己制造的产品上刻上专属记号的传统;西汉宣帝五凤年间留下的瓷器上,有以年号"五凤"作标识的产品;到了经济相对发达的宋代,商标的使用已非常普遍,甚至出现了专门印制的商标标识。例如,当时山东刘家"功夫针铺"就使用了"白兔"的商标,该商标以图形为主,辅之以文字说明。中心位置是一只手持钢针的白兔,上方写有"济南刘

[1] 参见:李宗辉.历史视野下的知识产权制度[M].北京:知识产权出版社,2015:130.

家功夫针铺”的字样。这也是迄今保存最完整的商标模板。清道光年间，上海绮藻堂布业总公所订立的“牌谱”对布业行业使用的商标作出规定：名牌不准有接连两字相同，并不准接连两字内有音同字异及音形相同之弊，如天泰、天秦，或大成、大盛等字样。这样规定的目的在于保护行会商人的权益，防止商标被冒用。这里的“牌”，也就是今天所谓的商标。

尽管我国使用商标的历史源远流长，但以法律的形式保护商标专用权、建立商标法律制度则是在晚清时期。1902年，清政府在天津和上海分别设立商标注册局，由外国人管理。次年，清政府成立商部。1904年，商部内设商标注册分局，同年6月颁布实施《商标注册试办章程》，这是中国历史上第一部商标法规，其目的是履行与各国签订的不平等条约。该章程规定了注册原则和申请在先原则，注册有效期为20年。1923年，北洋政府颁布商标法（共44条）和商标法实施细则（共27条）。同年5月12日，又通过了《商标局暂行章程》（共12条），5月16日在北京举行了商标局成立大会。1925年9月，颁布《商标条例》和《商标条例施行细则》。1930年南京国民政府公布《商标法》和《商标法施行细则》。

（二）中华人民共和国成立之后的商标制度

1950年，中华人民共和国颁布《商标注册暂行条例》和《商标暂行条例施行细则》，实行全国商标统一注册制度。1963年颁布《商标管理条例》，废止了商标申请注册的审定程序，明确了商标权利及其法律保护。1978年工商行政管理总局成立之后，全国商标统一注册工作逐渐恢复。次年5月，《商标法》着手起草。1982年8月23日第五届全国人大常委会通过《中华人民共和国商标法》，该法自1983年3月1日起施行。《商标法》确立了以保护注册商标专用权为核心的商标基本制度，采取自愿注册的原则，并规定对获得注册的商标施行法律保护，保护期为10年，可以续展。这是中华人民共和国的第一部商标法，也是中华人民共和国制定的第一部知识产权法律。该法自颁布实施以来，共进行了4次修改。

1993年2月22日第七届全国人大常委会第三十次会议通过了《关于修改〈中华人民共和国商标法〉的决定》，对《商标法》进行第一次修正。其具体内容为扩大商标保护的范围；完善了商标注册和撤销程序；加重对假冒注册商标犯罪罪行的处罚,提高了该类犯罪的法定刑。

为适应经济全球一体化的发展需求,1998年我国开始着手对《商标法》进行第二次修正,2001年10月27日第九届全国人大常委会第二十四次会议通过了对《商标法》的第二次修正。此次修正增加了集体商标、证明商标的规定;扩大了商标构成的范围;增加了对在先权利和驰名商标保护的规定等。此次修改进一步完善了商标法律制度,更加有利于保护中外企业的商标权,也更加符合世贸组织的相关规则。

2012年10月31日,《商标法修正案(草案)》提交全国人大常委会进行审议,最终于2013年8月30日经第十二届全国人大常委会第四次会议审议通过,这是《商标法》的第三次修正。此次修正增加了诚实信用原则条款和惩罚性赔偿的规定,提高了侵权赔偿数额;增加侵权人举证责任;增加声音商标;修改异议复审制度,限定异议主体和理由;增加禁止宣传和使用驰名商标的规定等。

2019年4月23日,第十三届全国人民代表大会常务委员会第十次会议审议通过《关于修改〈中华人民共和国建筑法〉等第八部法律的决定》,于2019年11月1日起施行。这是《商标法》的第四次修正,是应我国内生需求,推动知识产权高质量发展的重要举措。此次修改规定了"一标多类"申请制度;明确禁止在广告宣传、展览活动等商业活动中使用"驰名商标"字样;明确规定商标代理机构的权限;增加对商标案件的审理期限等。

(三)港澳台地区商标制度现状

香港特区的商标法律制度是其原有法律制度经本地化后建立起来的,其最早的《商标条例》于1873年通过,比1875年才建立的英国商标注册制度还要早两年。由于香港特区与英国的特殊关系,香港特区商标法律制度深受英国普通法和衡平法的影响,致使其有关商标注册、管理和保护的规定与内地有诸多不同。2003年4月4日,香港特区开始实施新修订的《商标条例》。此次修订简化了商标注册的程序、大幅调低了商标注册的费用、扩大了可注册为商标的标记范围、简化了商标的发牌和转让程序,为商标提供了更高的保障。

澳门地区自葡萄牙管治以来,直到1995年都没有自身的商标法,有关的规范是直接使用葡萄牙的《工业产权法典》。这是自葡萄牙延伸至澳门地区使用的葡萄牙《工业产权法典》，即1940年8月24日第30679号命令，于1959年3月24日公布于澳门地区“政府公报”。之后，1987年4月20日澳门地区“政府公报”的自葡萄牙延伸至澳门地区适用的第40/87号法令对上述法典引入修改。根据该法典规定，澳门地区经济司无权对商标申请进行注册，商标权的注册、续展、许可他人使用、转移等都需要葡萄牙的工业产权署办理，经济司只能作为中介人的角色。这不但阻碍了澳门地区商标的发展，也对澳门地区工商业发展有所影响。1995年11月6日，澳门时任总督根据《澳门组织章程》制定了规范商标保护的第56/95/M号法令（即《澳门商标法令》），取消了澳门地区在商标注册上对葡萄牙行政机关的依赖，并将有关制度运行所需的权力赋予了澳门地区经济司，从而使澳门地区拥有对商标注册的权力及对注册商标的管理。[1]但1995年《澳门商标法令》仅将商标的注册权和管理权赋予经济司，经济司依旧没有监管权及处罚权，对于假冒侵权注册商标的产品，只能由被侵权人提起诉讼，这不但使商标权人对注册商标的保护缺乏信心，也凸显出商标监管制度的不足。因此，澳门于1999年6月28日通过第27/99/M号法令，赋予经济局（即回归前的经济司）监督工商业及知识产权方面的职权以及查处有关犯罪活动的权限。[2]此后，鉴于1995年《澳门商标法令》对驰名商标的保护明显不足，1999年12月13日，葡萄牙政府为澳门地区通过第97/99/M号法令，该法令核准了一部适用于澳门地区的《工业产权法律制度》，从而在澳门地区建立了系统的工业产权制度。该制度既保留了原有商标制度的运作模式，又根据澳门地区社会的特点、经济发展的需要以及本土文化的独特内涵，真正实现了与以华人为主体的澳门地区社会的融合。[3]

台湾地区的商标规范仍以1930年的“商标法”和“商标法施行细则”为现行规范性文件，自颁布之日起，前后共经历13次修订。其中，1993年的修订是

---

❶ 参见：彭辉．知识产权制度比较研究［M］．北京：法律出版社，2015：177.

❷ 澳门特区作为单独的关税区已加入TRIPs；对于以国家为缔约主体的公约，已经由中央政府延伸适用于澳门特区；而由于技术上的原因，《商标国际注册马德里协定》尚未适用于澳门特区。

❸ 第97/99/M号法令于2000年6月7日正式生效，其核准通过的《工业产权法律制度》不仅将专利（包括植物之取得之保护）、工业外观设计及实用新型纳入工业产权法的保护范围，而且将商标（包括生产商标及商业商标）、地理标记（包括原产地名称）、集成电路布局拓扑图也列入保护的范围内。这与内地以单独立法形式进行保护的制度有很大不同。此外，由于这部法律是葡萄牙政府在其结束对澳门的统治前仓促制定的，其立法严密性、立法技术等方面都存在着诸多问题。

台湾地区商标制度的重大转折,其修改幅度之大,修改内容之多,修改层次之深,修改涉及的关系之广,都是此前历次修订所不及的。此次修正共39条,删除4条,增订5条,在很大程度上增强了条款的务实性和适应性,被认为是一部较为完整且实用的商标规范。此后,台湾地区"商标法"为进一步与WTO规则相衔接,并应对岛内日益严重的抢注和侵权行为,更重要的是为应对来自大陆商标立法水平不断提升的压力,于2002年、2003年、2010年和2011年共进行了4次修订。自此,台湾地区商标规范以"商标法"及其施行细则等规范性文件为基本框架,以"行政法院"的判例和"大法官会议"的司法解释为补充,形成较为完整的规范性体系。

综合而言,由于法律传统和社会经济情况的不同,中国各法域的商标制度规范在商标权主体、客体、内容、注册程序以及法律保护等方面呈现不同特点,如台湾地区的商标规范无论法律概念的解释、法律用语的选择,抑或整体规范构建都较为精细;香港特别行政区对各种商标的保护手段非常有力,形成自上而下由政府到民间的保障体系等。

第四节 著作权制度历史

一、著作权制度的起源与发展

尽管人类很早就有创作作品的活动,但著作权制度的出现却是近代以来的事情。古登堡活字印刷术的推广,使得印刷作品在欧洲十分流行,意大利的一些出版商最先意识到独占出版的重要性。1481年,德伯西斯争取到《斯福尔扎传》的专有出版权。1496年阿尔杜斯·曼努提乌斯也获得一项为期20年的特许权,根据这项授权,所有在希腊发行的作品都必须由他来印刷出版。除此之外,一些特许权也授予了著作者,威尼斯的一位历史学家马克·安东尼奥·萨比力科于1486年获得了对其作品《威尼斯事略十卷书》的特许权,他可以据此自行选择出版商,而任何出版商未经萨比力科的同意出版此书将被处以500达克特的罚款。1515年,阿里奥斯托也获得其作品《疯狂的奥兰多》的特许权,在他有生之年都对自己的这一作品享有权利,任何侵犯这一权利的人将被罚款1000达克特。威尼斯的出版特权制度在16世纪渐渐传往欧洲其他国家并被普遍接受。不过，此时的出版权与其他特权混杂在一起，很难区分开来，而且大多数特许权都是授予出版商，只有少部分授予作者本人。以英国为例，其最早于1530年授予约翰伯爵对其一部法语教科书享有为期7年的专有权利。此后，詹姆斯国王也授予塞缪尔·丹尼尔享有他所著的《英格兰史》10年的独占权。但值得注意的是，"直到16世纪中期，英格兰最为重要的授权不是授予某个人特定的资质，而是授权给特定类型的图书，如法律书籍、教义手册、圣经、字母表（ABCs）及年鉴。"[1]

在英国，出版商工会享有印刷出版的垄断权。1534年，英国出版商第一次获得了皇家的特许，有权禁止外国出版物向英国进口，以便垄断英国图书市场。1556年，印制图书的自由被取消。1557年，《王室宪章》授予出版商公会印刷出版的垄断权，规定只有公会成员或其他获得授权的经营者，才享有出版权。不过，政府授予这种垄断权的目的并不是为了出版商的利益，而是为政府对出版业的监管建立一种更为有效的制度。1662年，英国颁布《许可证法》，规定出版图书必须在出版商公司登记并领取印刷许可证，但当时的《许可证法》必须每隔一段时间就通过议会续展一次，才能继续有效。到1694年，该法的续展未能在议会通过。这导致相当长时间内英国盗印图书的现象激增。因此，出版商们强烈要求重新建立新的许可制度，以确保他们自己的财产权。与此同时，对作者权保护的呼声在英国也与日俱增。著名哲学家洛克就提到说，作者在创作作品时同样花费了时间和劳动，作品也应当像其他劳动成品一样，获得应有的报酬。这些都反映出资产阶级革命后，"财产权"的概念已发生了深刻的变化。在无形财产权方面继续沿用封建社会的"特许"形式，显然不能再适应新的生产关系。

1709年，制定版权法以区别之前的《许可证法》的议案再次向议会提交。1710年春，《安妮法》终获通过，这是世界上第一部著作权法，其全称为《为鼓励知识创作而授予作者及购买者就其已印刷成册的图书在一定时期内之权利的法》（*An Act for the Encouragement of Learning by Vesting the Copies of Printed Books in the Authors or Purchasers of such Copies*）。《安妮法》明确指出：颁布该法的主要目的，是为了鼓励有学问、有知识的人创作有益的作品；作者是第一个

---

[1] 罗斯．版权的起源［M］．杨明，译．北京：商务印书馆，2018：22.

应当享有作品中的无形产权的人;出版商或公会将依法对他们印制与发行的图书,享有翻印、出版、出售等专有权;作者对已印制的书在重印时享有专有权,等等。此外,《安妮法》也明确规定了受法律保护的专有权的有效期如何计算的问题,如该法第11条规定:一般作品的保护期为从出版之日起的14年,如果14年届满而作者尚未去世,则再续展14年;对于该法生效日(1710年4月1日)前已出版的作品,一律保护21年(自法律生效日算起),不再续展。在可以续展的情况下,展期内一切权利都将回归作者,作者可以自行处分自己的权利。《安妮法》的颁布,标志着从主要保护印刷出版者到主要保护作者的一个转变。不过,需要指出的是这部法律整体上的立足点放在维护作者及其他权利人的经济权利方面,并没有强调对作者的精神权利的保护。此外,把"印刷"当作版权的基础的特点也对此后西方国家影响深远,例如西班牙在1834年颁布的该国第一部著作权法,就叫作《皇家印刷法》(*RoyalLawon Printing*)。这种现象直到18世纪末才得到改变,这一时期,法国于1791年颁布《表演权法》,1793年又颁布了《作者权法》,使著作权法从标题到内容都离开了"印刷""出版"等字样,成为保护作者的法律。它首先强调作者的人身权利受保护,亦即作者享有发表权、署名权、保持作品完整权等,然后才是对经济权利的保护。到19世纪后半叶,《伯尼尔公约》等重要的著作权国际公约的签订更是扩大了著作权保护的对象和范围,形成了著作权的一般概念。

二、我国著作权制度的历史与发展

(一)中华人民共和国成立之前的著作权制度

东西方的知识产权法学者普遍认为古登堡的活字印刷术是现代版权的开端。不过一些自然科学研究领域的西方学者认为欧洲的印刷术是从中国传入的。近些年,西方一些知识产权论著也渐渐认可了这一说法。20世纪80年代,联合国教科文组织在其出版的《版权基本知识》中也明确指出早在15世纪欧洲印刷术出现的几个世纪之前,中国就已经有了活字印刷术。

据宋朝邵博的《见闻后录》和孔平仲的《珩璜新论》记载,五代后唐时期,朝廷就命国子监主持校正《九经》并"刻板印卖"。可以认为当时的国子监就是世界上第一个官办的、以出售为目的的、大量印制图书的"出版社"。宋人罗壁所著《识遗》记载，在北宋神宗继位之前，朝廷曾下令禁止一般人随便刻印《九经》，如果想要刻印，必须先请求国子监批准。这实质上是授予国子监对《九经》监本刻印出版的一种专有权，这种“特许权”比欧洲早出现近500年。此外，南宋时期出版的《东都事略》也载有“眉山程舍人宅刊行，已申上司，不许覆板”的文告；《方舆胜览》一书中还规定了“追人毁版、断治施行”的法律责任；晚清版本学家叶德辉所著《书林清话》中也提到“翻版有禁例始于宋人”，并记载了宋代保护版权的官府榜文。宋代的这些文告反映出当时对出版权中经济权利加以保护的因素，已经可以被视为著作权制度的萌芽。但是需要指出的是，宋代的禁令与近代形成的著作权保护的重大区别在于，它没能建立一个明晰的财产权制度。“宋代的禁令是针对个案颁布的，尽管出版者的利益诉求是禁令颁布的重要动因，但禁令所考量的利益因素又绝非单一的市场利益。”❶

中国历史上对出版者以及编著者权利的保护是以禁令的形式为之的，这种禁令或文告长期以来未曾被成文法的全面版权保护所代替。直至清朝末年，中国的出版业已经开始向近代化方向发展，民族资本向出版业投入，近代出版企业相继出现，由此产生了相应的利益诉求。同时，随着西方思想的传入，国人也或被动或主动地对西方制度有了更多的了解。著名的翻译家严复就十分清楚版税制度，曾就其所译《原富》一书向出版社索要版税，这说明当时的有识之士已经有了深刻的版权意识。此外，刚刚经历战争失败的中国迫切希望改变落后颓败的困境，赶超西方强国，欧美与日本等成为其学习效仿的对象，这导致译介之风大起，美日等国在与中国的商谈中也提出对其国民著作权的保护要求。1903年清政府签订的《中美通商行船续订条约》和《中日通商行船续约》中也都有保护外国人著作权的条款。这些均构成我国著作权立法的内外背景。1910年《大清著作权律》获准颁布，该律主要以日、美等版权法，特别是日本1899年著作权法为蓝本，分为通例、权利期限、呈报义务、权利限制和附则5章，共55条，内容涉及著作财产权和著作人身权。《大清著作权律》是我国历史上第一部著作权法，其内容和框架基本被之后的北洋政府和国民政府颁布的著作权法沿袭，在我国著作权立法史上产生了深远的影响。

---

❶ 刘春田．知识产权法[M]．北京：中国人民大学出版社，2000：49.

(二)中华人民共和国成立之后的著作权制度

1990年9月7日第七届全国人民代表大会常务委员会第十五次会议通过了中华人民共和国第一部著作权法,该法自1991年6月1日起实施。其立法宗旨是在著作权人和使用人以及社会公众之间达致利益平衡;其核心原则是对作者权益给予人身和财产上的保护,并调整作者与作品的再创作者、使用者和传播者的关系。

我国著作权法自颁布以来,对保护广大文学、艺术和科学作品作者的正当权益,促进我国与世界各国在文学、艺术、科技领域的交流,繁荣我国科学文化与教育事业,都发挥了积极的作用。但是,随着我国政治、经济和文化的发展变化,以及国际交往的频繁,已有的法律不足以应变新技术和新文化的挑战。为此,中华人民共和国国务院于1996年将修改《著作权法》列入立法日程。2001年10月27日第九届全国人民代表大会常务委员会第二十四次会议对《著作权法》进行了首次修正。此次修正扩大了著作权保护的客体;调整了电影作品作者和邻接权所有者的权利;增加了编写出版教科书使用他人作品的法定许可;增加了侵权的法定赔偿责任的规定;加重了对损害社会公共利益的侵权行为的行政处罚等。此次修正,使我国著作权法律制度向现代化迈出了重要的一步,但同时也存在一些不足之处,例如没有对实用艺术作品予以保护;对民间文学艺术的保护较为笼统,缺乏具体的规定;未能更好地与中国参加的国际条约对接一致等。

此后,随着互联网的迅猛发展,原有的法律制度的弊端也逐步体现,著作权法的一些条文显得不合时宜。2010年2月26日,第十一届全国人民代表大会常务委员会第十三次会议对《著作权法》作出了第二次修正。此次修正涉及面较小,只对两个条文作出改动。首先是将第4条修改为"著作权人行使著作权,不得违反宪法和法律,不得损害公共利益。国家对作品的出版、传播依法进行监督管理。"删除原来的"依法禁止出版、传播的作品,不受本法保护";其次是增加了著作权出质登记的内容,即第26条:"以著作权出质的,由出质人和质权人向国务院著作权行政管理部门办理出质登记。"

如果说前两次《著作权法》的修正是源于加入国际公约的需要和国际社会的压力,那么2011年的第三次修订则是我国立足本土国情作出的主动安排。

此次修订于2011年7月13日在北京启动。2012年3月31日，国家版权局公开《著作权法（修改草案）》的文本，向社会公开征求意见。这次修订首先在条款上作出改变，由原来的6章61条增加为8章88条。此外，在内容上增加了作者和表演者的出租权；增加了实用艺术作品和“三步检验法”等内容；完善了信息网络传播权和广播权的界定；提高了侵权赔偿的标准等。

2020年11月11日，《全国人民代表大会常务委员会关于修改〈中华人民共和国著作权法〉的决定》由中华人民共和国第十三届全国人民代表大会常务委员会第二十三次会议通过，自2021年6月1日起施行。新的《著作权法》增加惩罚性赔偿制度；规定视听作品，将“电影作品和以类似摄制电影的方法创作的作品”改为“视听作品”；对作品定义和作品类型作了修改；规定合作作品的著作权归属及演员职务表演权利归属；增加“以阅读障碍者能够感知的方式向其提供已经发表的作品”为合理使用的法定情形，凸显对残障人士的关爱，体现著作权修法的人文关怀和温暖。

（三）港澳台地区著作权制度现状

香港特别行政区受英美法系的长期影响，习惯上使用“版权”一词。在回归之前，香港并无独立的版权法，1972年12月12日开始使用英国1956年《版权法》，以此为基础，香港地区也有一些辅助性或附属性立法，如专门规定对侵犯版权的行为进行刑事制裁的《版权条例》《版权（出版通知）规则》等。香港特别行政区现行的版权制度是1997年6月24日通过，当月27日生效施行的《版权条例》，该条例分别于2001年、2003年、2004年、2007年、2009年进行多次修订。此后，香港特别行政区分别于2011年6月15日向立法会提交《版权（修订）条例草案》，建议加强在数码环境中对版权作品的保护，以回应资讯科技发展为版权保护工作带来的挑战；2014年6月18日向立法会提交《版权（修订）条例草案》，新增多项版权豁免，更新版权制度，确保制度与时俱进。

澳门特别行政区在回归之前，一直采用源自葡萄牙的包括保护著作权制度在内的各项法律制度，除加入《知识产权协定》《世界版权公约》《伯尔尼公约》和《罗马公约》等国际性公约外，有关著作权制度由公布于1972年1月8日《政府公报》之1966年4月27日第46980号法令所规范。1985年11月25日和1998年5月4日，当时的立法会针对社会中出现的新问题分别颁布第4/85/M

号法令、第17/98/M号法令作为补充规定。此后,随着科技资讯技术的迅猛发展,原有的法律已不再适应新形势的需要,因此澳门地区政府于1999年8月16日颁布第43/99/M号法令,全面废止旧的著作权法律,制定出全新的《著作权及有关权利之制度》,共6编223条。该制度除了对著作权的内容、归属,著作权中的财产权的保护期,国际上的保护范围、作品的使用等作出详尽规定外,还对侵犯著作权的行为的法律责任作出了明确规定。2012年,澳门特区政府对《著作权及有关权利之制度》进行修订,并于同年6月1日正式生效,成为第5/2012号法令。修订后的《著作权及有关权利之制度》主要从强化专有权的保护、平衡著作权保护与公众利益、完善处罚制度三个方面进行分析和完善,以使澳门特区的著作权制度更贴近当今新的国际保护标准,为《世界知识产权组织版权条约》及《世界知识产权组织表演和录音制品条约》延伸至澳门特区打下良好的基础。2013年8月6日,世界知识产权组织总干事以照会确认,上述两份国际公约自2013年11月6日起在澳门特区生效。❶

台湾地区现行"著作权法"是1928年5月14日颁布的"著作权法",共40条,分为总纲、著作权之所属与限制、著作权之侵害、罚则、附则五章。它汲取了1910年清政府颁布的第一部著作权法——《大清著作权律》和1915年北洋政府颁布著作权法的立法经验,并参考了日本立法。此后,"著作权法"历经17次修正❷,特别是2000年以来更是修订8次,几乎占修订总次数的一半。修订次数的频繁,一方面在于顺应岛内教育、经济以及科技快速成长的需要,另一方面也出于政治原因的考虑。台湾地区在申请加入WTO的时间里,为获得更多成员的支持,也为自身规范制度走向国际化,对其经贸法规与WTO章程中不相吻合之处作了全面修改。至此,台湾地区"著作权法"的国际化程度越来越高,与大陆的著作权法也越来越趋同,为两岸的知识产权交流提供了基础。

综合而言,目前中国各法域均已制定著作权规范,尽管由于社会制度以及法系的不同,决定了各法域著作权规范在权利归属、权利形成、权利转让以及

❶ 参见:彭辉.知识产权制度比较研究[M].北京:法律出版社,2015:280-282.

❷ 分别是1944年、1949年、1964年、1985年、1990年、1992年(两次)、1993年、1998年、2001年、2003年、2004年、2006年、2007年、2009年、2010年以及2014年的修正。

法律用语方面难免存在差异，但在学说基础和立法理论上都在不断趋同，共同发展。

第五节　其他知识产权制度历史

一、集成电路布图设计保护的起源与发展

1947年，美国的巴丁、布莱顿发明了世界上第一个晶体管，预示着电子线路集成化时代的到来。1952年5月，英国皇家研究所的W. A. 达默在美国工程师协会举办的座谈会上第一次提出了集成电路的设想。1958年，以美国德克萨斯仪器公司的科学家杰克·基尔比为首的研究小组首次在一块硅片上制成包括晶体管、电阻、电容的振荡器，标志着集成电路的诞生。

美国是集成电路布图设计保护的先行者。早在1984年，美国国会就通过了世界上第一部专门的集成电路保护法——《半导体芯片保护法》。随后日本于1985年，瑞典于1986年，德国、法国、荷兰、英国、丹麦等国在1987年，西班牙、奥地利在1988年，意大利、葡萄牙在1989年先后颁布立法以保护集成电路布图设计权。1989年世界知识产权组织在华盛顿召开专门会议，通过《关于集成电路的知识产权条约》，对布图设计的客体条件、法律保护形式、手续程序及保护期限等作了具体规定。1994年《知识产权协定》也对集成电路作了相当具体的规定。

我国集成电路产业相对落后，布图设计的保护立法也比较缺乏，对集成电路布图设计保护的现实必要性不强。但随着我国加入WTO以及相关行业的发展，我国也开始重视对集成电路布图设计的法律保护。2001年3月28日国务院通过的《集成电路布图设计保护条例》是我国第一个关于保护集成电路布图设计的单行法规；2001年9月18日国家知识产权局发布《集成电路布图设计保护条例实施细则》；2001年10月30日最高人民法院发布《关于开展涉及集成电路布图设计案件审判工作的通知》。至此，我国已初步建立起对集成电路布图设计的法律保护制度。

二、植物新品种保护的起源与发展

将生物作为知识产权客体的研究势头起于20世纪后半叶，植物新品种的

保护即起源于这一期间。对于植物新品种,各个国家予以保护的模式不尽相同。德国、法国将植物新品种纳入专利法的保护范围;英国、澳大利亚和欧盟等多数国家采用特别法形式保护植物新品种;极少数国家如美国、丹麦和日本等以专利法和特别法结合的方式保护植物新品种。美国于1930年5月23日颁布了世界上第一部《植物专利法》,开创了人类历史上利用专利制度保护植物育种者权利的先河。1957年2月22日,法国邀请12个国家、保护知识产权联合国际局、联合国粮农组织和欧洲经济合作组织在法国召开第一次植物新品种保护外交大会,并形成决议。1961年12月2日在巴黎签订并讨论通过了《保护植物新品种国际公约》,成立了保护植物新品种联盟(UPOV),奠定了当代国际植物品种知识产权保护体系的基础。该公约分别于1972年11月10日和1978年10月23日在日内瓦进行修订,并于1991年3月19日由国际植物新品种保护联盟重新颁布,新颁布的公约提高了植物新品种的保护水平,并扩大了适用的范围,是迄今为止对保护植物新品种规定最为详细、参加国家最多的国际公约。

我国专利法对植物新品种本身并不授予专利权,但对其生产方法则授予专利权。为了加强对植物新品种的保护,鼓励培育和使用植物新品种,国务院于1997年3月20日发布了《植物新品种保护条例》。1999年3月,中国加入《保护植物新品种国际公约》,成为该联盟的第39个成员国。此后,原农业部和原国家林业局又于1999年6月16日和8月10日分别颁布《植物新品种保护条例实施细则》的农业部分和林业部分。国务院于2013年1月16日和2014年7月29日分别对《植物新品种保护条例》作了两次局部修改。植物新品种开始正式进入中国的知识产权保护领域。

三、地理标志的起源与发展

地理标志最早起源于法国葡萄酒产地保护制度。1883年《保护工业产权巴黎公约》(简称《巴黎公约》)是第一个涉及地理标志保护的国际公约,首次将货源标记和原产地名称纳入工业产权的保护对象。1891年《制止商品产地虚假或欺骗性标记马德里协定》(简称《马德里协定》)将地理标志的保护范围从"虚假标记"扩大到"虚假或欺骗性标记",这也是在《巴黎公约》框架下第一个规范虚假和欺骗性产地标记的专门性公约。从保护水平来看,《马德里协定》远高于《巴黎公约》。例如,提高对虚假或欺骗性标记的制止力度;要求缔约国法院根据地理名称的通用特征,确定不适用该协定条款的名称;注意到了原产地标记保护中的通用名称问题,等等。可以说,《马德里协定》为其后的国际公约的制定树立了典范。但需要注意的是,该协定并未区分货源标记和地理标志,更侧重于对货源标记的保护。此外,在实践中,《马德里协定》成员国数量有限,加上其在实际应用中受到非常严格的限制,所以产生的影响也十分有限。1958年《巴黎公约》的部分成员国在里斯本签订《原产地名称保护及其国际注册协定》(简称《里斯本协定》)。该协定首次界定了原产地和原属国的内涵,还对保护地理标志的目的及原产地的国际注册作了规定,但未明文规定地理标志的保护方式。《里斯本协定》由于严格的保护标准以及欠缺灵活性,使得其签署过的数量也极为有限。1993年《与贸易有关的知识产权协定》是目前保护地理标志最新也是最全面的国际条约。它首次明确地对地理标志的概念作出界定。其第22条规定:“地理标志是识别一种原产于一成员方境内或境内某一区域或某一地区的商品的标志,而该商品特定的质量、声誉或其他特性基本上可归因于它的地理来源。”

当前世界各国对地理标志保护的方式多样,如专门法保护,代表国家是法国,其于1919年颁布《原产地标志保护法》;商标法保护,代表国家是英国、美国及欧盟国家等;反不正当竞争法保护,代表国家是德国、日本、瑞典等。我国对地理标志的保护方式多样,从1986年起,原国家工商行政管理总局就表明“原产地名称”在我国受到法律保护。1994年12月30日,原国家工商行政管理总局发布《集体商标、证明商标注册和管理办法》,第一次在商标法律制度中确定了地理标志的法律地位。2001年10月27日我国《商标法》第二次修正案中正式明确了对地理标志的保护。1999年8月17日,原国家质量监督检验检疫总局发布的《原产地域产品保护规定》是我国第一部专门规定原产地域产品保护的规章,首次界定了原产地域产品的概念,并规定了原产地域产品的注册登记制度。此外,我国《反不正当竞争法》《产品质量法》《消费者权益保护法》等也从不同角度对地理标志的保护作了相应的规定。

四、商业秘密保护的起源与发展

对商业秘密的保护最早可追溯到古罗马时期。古罗马奴隶制经济繁荣,手工业技术进步,其中的知识、经验、技艺往往成为企业发展的关键因素。在当时,售卖“雇主”商业秘密的现象十分普遍,为此罗马法发展出对抗诱骗商业秘密的第三人的诉讼请求制度。但需要注意的是,此时的商业秘密依旧处于一种自然状态,尚未上升为具体的法律制度。此后,随着第一次工业革命的到来,对商业秘密的保护也进一步发展。1820年,英国衡平法院核准了一项使用和泄露商业秘密的禁令;随后,美国于1837年继受了英国的商业秘密保护制度。19世纪中叶,法国和德国分别在刑法典中规定了对未经许可泄露工厂秘密的惩处。1909年德国制定了反不正当竞争法严惩侵害商业秘密的行为。至此,对商业秘密的保护逐渐由法外利益转为法权利益的保护。20世纪中叶以来,社会逐步进入“信息时代”。技术和信息的流通范围不再局限于一国境内,对商业秘密的保护也逐渐进入国际知识产权保护领域。1986年,美国、加拿大、澳大利亚、欧共体国家等提交在《关贸总协定》中保护商业秘密的议案,商业秘密的保护被列入了TRIPs中,并最终成为国际经济法的一部分。国际条约的制定极大地促进了各国国内法的发展,日本、乌克兰、丹麦、匈牙利等国纷纷通过制定或修改法律保护商业秘密。我国也于1993年制定《反不正当竞争法》,并于2017年和2019年对其进行两次修订,从而填补了商业秘密保护上的空白,目前我国关于商业秘密保护的专门法律也正在酝酿之中。

【案例分析】

蒲柏诉柯尔案(1741年)

亚历山大·蒲柏是一位诗人,也是一位学者,他于1714年至1738年间,曾与爱尔兰王国圣帕特里克学院斯威夫特院长有着长时间的书信往来,内容涉及各种主题。艾德蒙·柯尔是一个出版商,他策划出版了《斯威夫特院长的文学信函》(*Dean Swift ' s Literary Correspondence*)一书,书中包含了大量蒲柏与斯威夫特院长的往来信件。而蒲柏不久前刚将这些信件作为其收藏作品的一部分予以出版。1741年,蒲柏向法院提起诉讼。在呈给大不列颠法官哈德威克的诉状中声称:他是信件的唯一作者,因而拥有对这些信件的印制、重印、公开出版和销售的绝对的、专有的权利。艾德蒙·柯尔等人未经原告(即蒲柏)同意就销售和处置上述信件,公然挑战法律和原告对上述信件的正当权利,是非法的行为。故请求法院发布禁令,禁止被告(柯尔)等人的出版销售行为。随后,书商艾德蒙·柯尔也作出回应,辩称:他不了解,也无法证明原告是否就是起诉状中所指信件的唯一作者和权利人;他也无法证明原告是否将其权利授予他人,更无法证明原告是否拥有印刷、重印、出版和销售这些信件的专有权。被告承认原告诉状中提到的信件是收发件人之间的往来书信,但原告不应该被视为全部或任何一封信件的作者和权利人。被告提出,他并不是这些信件的首印者,在此之前爱尔兰王国都柏林的书商乔治·福克纳曾受斯威夫特院长的指示在当地首次印刷。因此,被告主张,该国内的任何人对在爱尔兰王国首次印刷、首次出版的书籍都有重印权。

案件的判决最后由大法官哈德威克作出。他首先指出将书信集与其他著述进行区分是可笑以及有害的;接着他反驳了被告所谓的"重印权",因为这样的话任何一部书籍都可以先送往爱尔兰印刷,接着就可以在英格兰无限"重印",这是对《安妮法》的规避。他判定,原告诉状中所提到的信件对收件人而言只是一项特殊财产,可能仅拥有纸张的财产权,收件人的许可并不能构成任何第三人出版的依据。因此,法院最终维持禁令判决,但该禁令只针对蒲柏名下的信件和涉及蒲柏撰写的信件,不包括他作为收信人接收的信件。

哈德威克的这一判决确立了一个规则,即书信的著作权属于写信者,并确定了著作权的非物质性特征,将写作从社会交换中分离出来,构建为一种自给自足的创作行为。1741年的"蒲柏诉柯尔案"也因此成为英国和美国著作权法中的奠基性案件。"记录了写作概念的过渡时刻和知识产权概念产生的关键时刻。"[1]

【基本概念】

《安妮法》;《大清著作权律》。

【思考与分析】

1. 简述知识产权制度产生的思想文化基础。
2. 试述专利制度的起源与发展。

---

[1] 罗斯.版权的起源[M].杨明,译.北京:商务印书馆,2018:76.

3. 试述我国商标制度的历史与发展。

4. 简述我国著作权法的修订内容。

【延伸阅读书目】

[1]李宗辉.历史视野下的知识产权制度[M].北京:知识产权出版社,2015.

[2]彭辉.知识产权制度比较研究[M].北京:法律出版社,2015.

[3]罗斯.版权的起源[M].杨明,译.北京:商务印书馆,2018.

[4]谢尔曼,本特利.现代知识产权法的演进:英国的历程(1760—1911)[M].金海军,译.北京:北京大学出版社,2006.

第十二章　知识产权经济观

知识产权经济观是关于经济学如何看待知识产权的观点。经济学以成本收益为基石，形成了资源稀缺下如何选择的理论与方法。知识产权创造侧重于知识产权的经济合理性，知识产权运用侧重于交易成本分析，知识产权管理要注意“把权力关进制度的笼子里”，企业管理的边际成本与边际收益最好一致，知识产权保护的实质是“侵权定价”，而纠纷解决途径的选择遵从成本收益的衡量。知识产权分为智力创造成果类和工商业标记类，二者有着不同的经济学解释，前者以激励创新的社会契约论为主，后者以间接激励创新的信息经济学为主。通常认为，经济增长依赖于“三驾马车”的拉动：投资、消费、出口，知识产权对于这三种经济增长动力有着强有力的保障、牵引作用。

第一节　知识产权经济观概述

知识产权经济观就是知识产权经济学的基本观点，或者是关于经济学如何看待知识产权的观点。其内容主要包括两个方面，一是用经济学的理论工具、研究方法来分析知识产权，旨在用“效率”标准来评价和改进知识产权制度；二是知识产权制度如何影响经济增长或经济发展，用定性、定量的方法来阐述知识产权制度对经济的作用。

经济学研究人们如何进行经济生活，即如何生产、如何交换、如何分配、如何消费，乃至于一个国家和国际社会的经济生活图景与运作规律。在经济学发展过程之中，其研究经济问题的理论工具、分析框架、研究方法逐渐一般化，形成了一种问题分析范式或模式。这种分析范式或模式，被用于分析非经济领域，如社会学、历史学、法学、教育学等，逐渐形成了一种运动或潮流，这就是“经济学帝国主义”。法学领域也被全面侵入，形成了法经济学。知识产权作为民事权利的一种，是当然的一种法律制度，知识产权经济观就是用这种一般化的经济分析方法来观察、透视知识产权制度，进而研究知识产权这个制度如何影响经济增长,归根结底是研究知识产权与经济之间的关系。知识产权经济学实质是法经济学的一个分支领域。

经济学的分析方法主要是运用微观经济学的理论方法。它假设人们是“趋利避害”的追求利益最大化的理性经济人。市场中有两个基本主体:生产者、消费者,生产者追求利润最大化、消费者追求效用最大化。与此同理,个体加总求和,整个社会追求效率最大化。对于社会个体(无论是自然人,还是法人)来说,总在力求“成本”最小,“收益”最大,从而实现“收益—成本”的利益最大化。对于社会整体(无论是国家社会,还是国际社会)来说,总是期望生产者“利润最大化”的供给,消费者“效用最大化”的需求,在数量和价格上达到一种“市场均衡”,从而实现“生产者剩余”和“消费者剩余”之和的“效率最大化”。当然,理性经济人总是个假设,且一再被修正,人的非理性和利他本性也被嵌入在经济分析框架之中。这种“自利而利他”的经济观,实际上也兼顾“分配公平”“实质正义”,更重要的是,“效用、效益、效率”体现的不仅是金钱,而且包括人的精神或者心理体验。

以“成本—收益”衡量为基础,经济学提炼了一些基本原理,如斯密定理、霍布斯定理、科斯定理、波斯纳定理等,以及外部性理论、垄断理论、公共产品理论、信息理论、边际理论等,形成了规范分析、实证分析等成熟的分析方法,也把数学模型、博弈论等与经济理论紧密融合进来,形成了精致而科学的经济学。知识产权经济观就是按照这个经济学的逻辑架构展开的,其中有大致的略图,也有精深的透视。

第二节　知识产权环节的经济分析

一般而言,知识产权环节是指《国家知识产权战略纲要》(2008)所提出的“知识产权创造、知识产权运用、知识产权管理、知识产权保护”,后来又有“知识产权服务”之说。本章仅就一般意义上的知识产权环节的经济含义进行简要分析。

一、知识产权创造的经济分析

知识产权创造是把我们的智力创造成果或者工商业标记纳入法律规定的

范畴之内，使之受到法律的保护。当然，现实中，各种发明创造或者创新活动也被称为“知识产权创造”，实际上这仅仅是获得知识产权的一个前提，我们的智力创造成果或者工商业标记要想获得“知识产权”，必须符合法律规定的要件，无论是必须经审查许可的知识产权，还是所谓自动获得的知识产权，皆是如此。

知识产权创造的经济学解释，牵涉到四个问题：一是“知识”为何赋予“产权”；二是哪些“知识”应被赋予产权；三是“知识”应赋予什么样的产权；四是这些“知识”的产权赋予谁。对于第一个问题，通常有三个经济理由：一是“知识”具有与有形财产一样的经济属性：有用性，对人类有使用价值和交换价值；稀缺性，不是“俯拾即是”，而是艰苦努力而得。二是通常认为，“知识”是公共产品，一般具有非竞争性和非排他性，如果不赋予“产权”，则很容易被“搭便车”，这样对智力创造成果或者工商业标记的创造者或者拥有者不公平，也使他们失去了创新创造的动力和潜力。三是“知识”还具有正外部性，对于没有把外部性内化为产品价格、不能弥补创造者损失的，创造者将失去成本优势，进而失去市场优势，最后可能将被挤出市场。

对于第二个问题，“知识”是人类对自然界和社会界的基本认知理解把握和利用，依靠这些认知理解把握和利用，我们才可以从众多生物中胜出，站在食物链的顶端。当然，不是所有的“知识”都赋予产权，毕竟，无产权的“知识”大家可以免费自由使用，“知识”对人类的作用就越大。知识产权关注的“知识”有两种：一种是直接显示的智力创造成果，一种是用标识间接显示的智力创造成果。这些“知识”的数量与质量、扩散与利用是人类生存发展的关键。只有创新性的、对人类有益的“知识”才考虑赋予产权。对“知识”的权利化意味着“知识”的私人领地增加，公共领地减少，不利于知识的传播和利用，故只需要对创新性知识赋予“产权”。

对于第三个问题，“知识”应赋予什么样的产权，则要看产权的形态，以及哪种形态符合我们对“知识”的经济态度。产权经济学构建了四种产权形态：无产权、私人产权、共有产权、政府产权，这四种产权状态各具有优势也具有劣势。知识产权的史学观表明，“知识”在不同的历史阶段和不同的国家，经历过无产权、政府产权、共有产权、私人产权等各个时期。即便在现在，不同的国家对“知识”采取的产权状态也有不同。只不过,“知识”的“私人产权”形态比较常见。知识产权的私权化,意味着这些创新性“知识”归属于特定主体,这样也就构成了交易基础、确立了责任机制、促进实现最优配置、实现信息有效处理。[1]

对于第四个问题,则是“权利”应该尽量首先赋予最珍视它的人,把产权界定给使用效率最高的人。通常产权赋予有四个基本规则:先占原则、附属原则、创造原则、公平原则。[2]四个基本规则各有各的优势与劣势,需要在不同的目的要求中分析它们的适应性。人类对“知识”的需求是越多越好、越优越好,故首先应该适用“创造原则”,发明创造者拥有“产权”。但是,大多不好界定谁先创造,即发现成本非常高,退而求其次,就适用“先占原则”,谁先占用“知识”,“产权”就先赋予谁,请注意,通常情况下,知识创造者即占有者。对于“知识”创造或占有过程中,其他相关人的利益要进行照顾,“知识”的“产权”也分一杯羹给他们,故知识产权也适用公平原则。至于发明创造过程中的附属产品,大多可以归属于“秘密”,当然属于发明创造者,这样,也适用“附属原则”。

二、知识产权运用的经济分析

知识产权运用是实现知识产权使用价值和交换价值的方式途径,从主体上说,分为自我实施、他人实施;其中他人实施又分为意愿实施、强制实施。在经济学看来,知识产权如财产权一样,是一个权利束,在市场经济活动中,即便是自我实施大多也不可能涵盖所有权能,总是或多或少地让渡某些权能或权利,而这个过程的实质就是知识产权交易。换言之,知识产权运用可谓知识产权交易。

知识产权交易的核心问题是交易成本。如果交易成本为零,则知识产权的界定根本不需要,因为不论把产权界定给谁,谈判总能实现市场的最优效率;现实中,知识产权的交易成本总是为正,有时甚至巨大到交易不可能。交易成本理论认为所有影响知识产权交易的因素都可能阻碍交易,成为交易成

---

[1] 魏建,周林彬.法经济学[M].北京:北京大学出版社,2017:107-108.

[2] 魏建,周林彬.法经济学[M].北京:北京大学出版社,2017:75.

本。交易成本理论把交易成本分为搜寻成本、谈判成本、签约成本、执行成本、救济成本等。知识产权交易的搜寻成本是指哪些知识产权需要交易、谁的知识产权在交易、知识产权交易的价格怎样、知识产权的交易在哪里等因素带来的成本;知识产权交易的谈判成本是指双方就特定的知识产权的交易条件进行谈判的成本,包括价格、交付、使用、纠纷处理等;知识产权交易的签约成本是指知识产权交易双方谈判的结果进行法律意义上的协议确认的成本。“不完全合同理论”指出,合同总是不够完善的,不可能穷尽交易的所有方面,为了节约成本,知识产权交易的合同也是不完全的;知识产权交易的执行成本是指在知识产权交易合同的执行过程中,双方的履行、协商、变更以及实现合同目的的行为所带来的代价;知识产权交易的救济成本是指在知识产权交易之协议不能按照约定顺利而完整地履行,合同目的实现受阻,双方为了权利的救济而付出的所有代价。

交易成本理论认为,交易成本之所以存在,其根源在于信息的不对称、道德风险、机会主义、逆向选择等。为了减少或者降低知识产权交易成本,促使知识产权交易双方从竞争走向合作,有必要极力消除这些交易障碍及其根源。经济学上的对策主要是两个方面:一是政府提供知识产权公共产品,营造公平、便利、可持续的营商环境,包括建立知识产权交易平台,集聚发布知识产权交易信息,提供知识产权交易参考范本,提供违约救济的行政、司法和多元解决方式,通过宣传教育、建立黑名单等方式,建设诚实守信、尊重知识、鼓励创新的文化等;二是政府对服务于知识产权交易的主体进行激励,鼓励支持知识产权交易价格评估、居间经纪、法律咨询、诉讼代理等市场服务,总而言之,是“鼓励交易顺利,保证安全便捷”,无论是制定法律、发布政策,还是实施行政管制,其目的皆是如此。

上述对知识产权交易的讨论是建立在“自愿交易”的基础上,若遇到交易成本巨大或权利人拒绝交易,交易又有必要和必需时,就需要建立“强制实施”制度,这就是“知识产权强制交易”。“知识产权强制交易”意味着这些交易对于社会和国家是必要的也是必需的,符合“公共利益原则”,但是因为交易成本非常高,或知识产权权利人拒绝交易,需要政府出面干预、强制推进交易。强制实施的情形有法定许可、强制许可、合理使用等。当然,强制交易的本身还是交易,只不过是政府模拟市场定价;有些合理使用是免费的,其中的经济逻辑却是利益平衡原则使然。

三、知识产权管理的经济分析

知识产权管理属于管理学的范畴,可以分为知识产权行政管理和知识产权企业管理,前者实质是政府行为,后者实质是市场行为。

经济学认为,政府介入市场的理由在于市场失灵。“市场出清”“供需均衡”是市场经济的理想状态,但是信息不对称、垄断、外部性、公共产品等问题困扰着生产者和消费者双方,而双方通过自身力量又不能顺利解决,那就需要政府出面矫正失衡。知识产权行政管理的经济合理性也是如此:之所以要进行知识产权的行政管理,是因为知识产品市场出现了失灵,其中的知识产品的生产与知识产品的消费失衡了,需要政府进行知识产权行政管理以矫正之。政府通过制定法律、发布政策、营造环境、解决纠纷,以及提供基础性公共产品来促使知识产品的生产与消费趋向效率指向的均衡状态。当然,公共选择理论认为,政府也具有经济属性,也有追求自身利益和“寻租”行为的倾向,必须加以约束,“把权力关进制度的笼子里”,才能使知识产权行政管理的“模拟市场运作”符合市场预期。具体来说,就是主要看知识产权行政管理是否维护了市场竞争,是否促进了科学文化事业的长期发展和社会经济可持续增长,是否有利于减少社会总成本。[1]

知识产权企业管理则是市场主体对于知识产权的目标设定、明确责任、组织实施、过程监控、检查和评价、结果反馈及改进等过程。必须注意的是,管理成本必须小于管理收益,才能有管理效益。企业知识产权管理的内容将在“知识产权管理观”中详细阐述,在此不再论述。

四、知识产权保护的经济分析

知识产权保护无非是事前预防、事后救济,而后者则无非是违约救济、侵权救济,其中侵权严重到一定程度就是犯罪,入刑法而保护;行政诉讼也是对行政侵权的救济,入行政法和行政诉讼法而保护。

经济学认为,有侵权存在就需要有相应的预防投入,最有效率的产权保护

[1] 刘华.知识产权制度的理性与绩效分析[M].北京:中国社会科学出版社,2004:116.

措施就是成功激励预防并使救济成本最小化的产权保护措施。[1]在这方面，常见的措施是权利人为防止侵权而设置的技术障碍、采取的物理措施、制定的风险预警、推行的过程管控等，但道理很清楚，只有这些支付的成本小于预防收益时，才可行。

知识产权的违约或侵权行为，实际上会导致社会福利的增加，但知识产权所有者的福利将减少。从长远来看，这不利于激励知识产权所有者持有或研发新技术、新产品。因此，需要对知识产权的违约与侵权行为进行处理，甚至处罚和刑罚。知识产权的违约或侵权纠纷大多不会诉至法院，即便是诉至法院，大多也会和解或撤诉。在经济学看来，诉讼是需要耗费时间、精力、金钱的活动，当事人在起诉时就会衡量所投入的这些是否值得。当事人是否起诉，与当事人在诉讼中所投入的成本与可能获得收益直接关联。只有诉讼所带来的预期收益减去诉讼收益和胜诉概率之积，大于诉讼成本，当事人才会提起诉讼。[2]

知识产权侵权的实质是"侵权定价"——无须事前约定有偿使用知识产权，而是先使用再通过双方和解谈判或者司法予以定价。此时需要注意的是事后定价的高低问题，事后定价高，则侵权成本高；反之，侵权成本低。相对于维权人来说，就是获得赔偿数额低、维权成本高。这关涉侵权与维权的成本与收益问题。我国社会对于知识产权保护的现状，原来说得最多的"举证难、周期长、赔偿低、成本高"，其实质就是如此。

第三节　知识产权种类的经济分析

知识产权种类包括智力创造成果类、工商业标记类，前者又分为专利、版权、植物新品种、集成电路布图设计、商业秘密，后者又分为商标、地理标志等。因为智力创造成果类知识产权与工商业标记类知识产权有着不同的经济学解释，故分开来谈。[3]

---

[1] 魏建，周林彬. 法经济学[M]. 北京：北京大学出版社，2017：165.

[2] 冯玉军. 新编法经济学：原理·图解·案例[M]. 北京：法律出版社，2018：447-448.

[3] 本部分参阅了 SEARLE，BRASSELL. Economic Approaches to Intellectual Property[M]. Oxford：Oxford University Press，2016.

一、智力创造成果类知识产权经济分析

智力创造成果类知识产权,是把“产权”赋予“智力创造成果”,包括技术方案、作品、植物新品种、集成电路布图设计、技术信息和经营信息等“知识”的“产权”。本书仅阐述专利、版权、商业秘密的经济解释。

对此类知识产权,经典经济学的解释是激励创新、激励智力创造。知识产权在无形资产上设立财产权利,为创新者提供了一种实现投资回报的手段。支持这一观点的是社会契约理论。这种理论认为,知识产权是创新者和社会之间的协议。创新者对他们的创新成果拥有暂时的垄断;受保护的创新成果在权利期限结束后成为公共领域的一部分。在这些垄断条件下,社会最初用较高的价格获得较低收益,但最终社会将获得创新成果的长期利益。社会契约是在创新者、社会和未来创新者之间的一种利益平衡行为,短期内接受较高的社会成本,以此换取长期可持续的创新。在此环境中,受法律保护的知识产权可以激励重复创新。社会愿意接受短期内相对不利的条件,以便获得长期的优势。同时,创新是累积的,因为一种创新几乎总是建立在另一种创新之上。要实现持续创新,必须免费提供先前的创新成果,因此,权利是有期限的。社会授予创新者这些合法的垄断,条件是有限制的,公开(披露)创新成果,并最终落入公共领域。社会契约创造了知识共享的条件,创新者有持续的动力不断创新。

(一)专利经济分析

专利是知识产权作为经济工具的典范,是社会契约理论中最典型的知识产权。专利的主要经济方式是作为创新的激励。社会授予创新者专利,专利被公布之后伴随20年的垄断期。专利期满后即进入公有领域。专利政策以其完美的形式代表了一种共赢的交换条件。然而,在社会实践、诉讼活动、累积创新和公司战略中,我们可能并没有发现纯粹的激励创新的动机,这意味着专利经济学的现实并非像所预测的那样理想。此外,人们还担心被授予的专利质量、审查质量问题,以及无法进入市场的专利比例过高的情况。

累积创新是专利经济学的一个问题。当一项创新建立在另一项创新的基础上时,很难确定每项创新应如何获得回报。如果专利有利于最初的创新者,

那么开发后续创新的动机就会减弱。相反，如果专利有利于后续的创新，那么最初的创新者可能因为得到的奖励不足，从而进一步降低了创新的动机。不管怎样，对一个创新者不适当的激励均会降低专利的激励效果。专利经济学解释的另一个问题是专利在鼓励知识传播方面的作用。专利申请的公开标志着与创新相关的知识公开。对于专利所有人来说，这可能要付出代价，因为信息披露可能会暴露公司的战略。对其他创新者来说，这项专利有助于积累公众可获得的技术知识。专利的公布应该减少重复劳动，减少创新者所浪费的研发费用。专利的重要经济考虑是成本问题，专利的成本应该与它们所提供的合法垄断和潜在的经济垄断相称。如果专利太昂贵而无法获得，那么社会实际上是在不必要地补贴创新。相反的，如果专利太廉价，那么随着创新者发现成本大于收益，专利在激励创新方面的作用就会减弱。

专利的经济学解释还在于如何在经济上设定专利长度和专利宽度。专利长度是指专利的有效期限，它给予发明者在一段时间内拥有排他性权利，从而收回发明成本，也保证了期限届满之后，社会中的其他人可以自由无偿地使用该发明成果。专利长度对社会效益有较大的影响，专利长度越长，垄断利润越多，创新激励越大，但此时社会福利损失越大；专利长度越短，垄断利润越少，创新激励越小，但社会福利损失越小。倘若专利长度调整到社会成本超过社会收益之前届满，那么这些社会成本是能够减低到与社会收益相平衡的，或者说低于社会收益的。[1]我们有充分的理由缩短专利期限，专利期限较长实际上可能会阻碍创新，因为较长的合法垄断并不一定伴随着较长的市场垄断。例如，在移动电话技术等快速发展的行业，专利可能很快就会过时，因此，更长的专利期限将是低效的。这是个有意思的经济学问题。

专利宽度决定了一定相似程度以内的发明受原专利保护，新发明必须与原有发明的差别足够大才能获得新的专利。政策还可以通过调整专利的范围和宽度来影响现有专利和潜在的未来专利之间的关系。专利范围决定了哪些创新是可以申请专利的，专利广度是授予专利对现有技术贡献的“大小”，因此影响与发明步骤相关的阈值。而专利宽度决定了哪些创新是可以被视为侵权的，越宽的宽度将意味着，为了获得专利对创新（替代品）的使用必须与专

---

[1] 卢现祥，刘大洪．法经济学［M］．北京：北京大学出版社，2007：78-79.

利技术相异程度很高,而越窄的宽度将意味着越近的创新不会被视为侵权。当专利宽度相对于长度来说,对社会收益影响更大时,缩小专利宽度、延长专利长度将会更优;若对私人创新收益的影响更大时,扩大专利宽度、缩短专利长度将会更优。[1]

(二)版权经济分析

版权保护的是思想的表达形式,源于对思想进行保护会导致社会福利的损失,还涉及管理成本问题。版权保护的最佳水平,不仅取决于原始作品的数量和成本,而且取决于每个原始作品的复制件的数量和成本。版权的有效期限与追溯成本有关,规定版权的有效期限可以节约追溯成本。[2]

版权也是激励创新的知识产权。有了版权,创作者可以获得终身以及去世之后70年或更久的法律保护。根据社会契约理论,社会在版权保护期间支付更高的价格奖励创作者,以换取创作成为公共领域的一部分。

然而,以版权为主导的产业的经济特征使得激励创新的论据不那么直接。包括音乐、出版物和电影等版权密集型行业在内的创意产业,其特点是市场变幻莫测,且受创新点流行驱动。此外,随着数字媒体的出现,创意产业的商业模式也被严重打乱。创造者的创作可能是出于内在的动机,而不是为了经济利益。这些特点,再加上缺乏数据,使得版权的经济分析具有挑战性。

(三)商业秘密经济分析

如果不对盗窃商业秘密等过错行为造成的商业秘密泄露行为进行制裁,那么这种过错行为导致损失的概率就会增大,商业秘密权利人为防止这类损失的支出的边际效益递减,防范这类损失的支出将增加,防护支出的效率越低。

商业秘密与对知识产权的标准的经济理解不同。虽然商业秘密赋予了创新者保护其创新的手段,但并不需要创新成为公共领域的一部分。这似乎不符合创新者和社会之间的交换条件,在其他知识产权承认创新者的披露权的同时,也隐含着不披露权,即商业秘密权。商业秘密是对专利等其他知识产权的重要补充。

---

[1] 卢现祥,刘大洪.法经济学[M].北京:北京大学出版社,2007:81-82.

[2] 卢现祥,刘大洪.法经济学[M].北京:北京大学出版社,2007:72-74.

商业秘密不符合社会契约理论，但是不能忽略商业秘密对创新的总体影响。商业秘密提供了一种潜在的低成本和灵活的手段，允许共同创新者从他们的创新中取得收益。较低的交易成本可以提高市场效率，并为创新和经济增长铺平道路。与所有知识产权一样，商业秘密为创新者（主要是企业）提供了一种战略工具，对于某些企业来说，商业秘密可能比专利更重要，这已经成为一种颠覆性的认识。

二、工商业标记类知识产权的经济分析

工商业标记类知识产权，就是把“产权”赋予“工商业标记”，产权包括商标、地理标志等。对于工商业标记类知识产权，经济学认为有三个基本作用：一是传递商品信息；二是减少识别成本；三是激励守正创新。

（一）商标经济分析

与智力创造成果类知识产权，尤其是与专利不同，商标与创新的关系并不明显直接，而是间接的。一般情况下，商标是为广告、市场营销和品牌推广提供了一定的保护，刺激了在品牌建设方面的支出。其实，商标可以开发新的市场或发展现有的市场，同时形成的品牌本身就是创新——可以通过为商标提供产权，以及保护品牌不被抄袭来激励创新。商标与企业的创新活动紧密联系，企业通过开发市场，可以从市场获得收益。如果商标所有者缴纳续展费用，商标将永久存续。为了降低对贸易过度限制的可能性，商标仅限于规定的类别内，而且不可具有描述性，这是为了在授予商标合法垄断权与扩大经济利益之间取得平衡。

商标在经济学中的作用还在于为品牌提供保护的目标。品牌在信息采集和向消费者传递信息方面具有重要作用。一方面是信息收集，品牌化降低了收集有关每个品牌质量信息的成本。在购买过程中，消费者会对品牌的质量和其他认知有具体且特定的了解，从而为购买提供信息。依赖于过去的认知，消费者收集这些信息的成本降低了。另一方面是向消费者发出信号。除了消费者对产品或服务的直接体验外，还存在其他指示信息的指标。为了维护自己的品牌，企业被不断激励去保持特有品质。

商标在品牌的信号功能方面对其促进经济效率的正当性有着非常重要的

作用。品牌化可能是向消费者传递价值或质量的最有效的手段,商标为品牌的信号功能提供了法律保护。商标作为一个整体,可以被解释为通过信息信号提高经济效率的激励机制。如果没有对品牌的商标保护,其他企业就可以搭上竞争对手的营销顺风车。正如复制受版权保护的产品或逆向工程专利创新通常比独立创新更便宜一样,抄袭一个已有的商标,或使用与之有足够相似之处能够迷惑消费者的标识,是一种捕捉品牌所有者品牌推广努力的"便宜"方式。商标保护作为一种机制来阻止这种复制,以保护原创品牌,从而防止因搭便车引起的品牌淡化。

(二)地理标志经济分析

与商标的合理性相似,地理标志为消费者提供了商品来源的信息,其主要功能是阻止复制和搭上某个领域的"顺风车"。在这个意义上,就像商标一样,它们寻求改善生产者和消费者之间的信号传递。地理标志的设计旨在增进消费者和生产者的福利,改善市场准入,促进农村社区的经济发展,保护传统知识甚至保护生物多样性。

地理标志为与特定地理区域相关的产品的品牌和质量提供法律框架,旨在保护生产者免受来自其他地方生产的类似商品的竞争,避免这些类似商品不公平地从地理标志的品牌溢价中获益。然而,地理标志可能扭曲激励机制,影响产品数量。如果消费者对某个地区生产的地理标志产品的区分度降低从而误认而购买,该商品可能会面临更高的产量。在经济学中,这被称为是"公地悲剧",即共享公共资源(在这种情况下是品牌)被过度使用——因为对个人的利益大于成本,个人只承担了集体成本的一小部分,因此资源被以不可持续的方式消耗,保持品牌所需的质量和数量之间的微妙平衡可能会被地理标志的引入打破。地理标志对生产者的长期影响尚不清楚。现有生产商最初可能会受益于价格溢价和来自地理标志保护之外产品的竞争减少,但成本投入和扭曲的激励措施可能意味着这些利益的经济分配会随着时间而变化。因此,引入地理标志的最初目标可能无法实现。地理标志没有许可自由,并且不可转让。地理标志的集体所有权及管理它们的机构和规范更类似于卡特尔。虽然地理标志可能会使生产者受益,但它会导致价格上涨和竞争减少,而消费者却要为此付出代价。一些经济学理论分析认为,地理标志创造的卡特尔将减少社会福利。经济学上这些分析可能会颠覆现在国内的一些专家尤其是实务界的固有观点，这也提醒我们，我们在注重发挥地理标志经济正面作用的同时，加以注意化解地理标志可能带来的消极效应。

第四节　知识产权与经济增长

知识产权的经济观，还在于其清晰地表明知识产权对于经济增长有着有力的推动作用。依靠知识产权的数据，以及精巧的数学模型，经济学可以明白地告诉我们，知识产权对经济增长的绩效有多少。通常认为，知识产权可以激励创新和提高技术水平，实现知识广泛传播和推动社会文明，最终促进经济增长。[1]从经济增长的驱动力而言，经济增长依赖于“三驾马车”的拉动：投资、消费和出口。知识产权对于经济增长有着更为直接的驱动作用。

一、知识产权对于投资的驱动作用

知识产权作为一种“产权化”的创新性的高级“知识”，是一种优质生产要素，其数量与质量决定着这种生产要素投入后的市场主体的绩效——这是知识产权创造的作用。知识产权运用的方式之一就是可以作为企业资本进行投资，无论是股权化，还是证券化。知识产权管理的好坏与保护的强弱，关系到投资环境和营商环境，优良的环境可以很好地吸引国内和国外投资。正如习近平总书记所指出的，当前，我国正在从知识产权引进大国向知识产权创造大国转变，知识产权工作正在从追求数量向提高质量转变。我们必须从国家战略高度和进入新发展阶段要求出发，全面加强知识产权保护工作，促进建设现代化经济体系，激发全社会创新活力，推动构建新发展格局。加强知识产权保护，不仅是维护内外资企业合法权益的需要，更是推进创新型国家建设、推动高质量发展的内在要求。产权保护特别是知识产权保护是塑造良好营商环境的重要方面。

二、知识产权对于消费的驱动作用

知识产权制度推动的是一种“美好生活”，这种制度力图“消灭假冒伪劣”，力图“规范市场竞争”，使更多更好的物质更快地生产出来，以满足人民日益

---

[1] 魏建，周林彬．法经济学［M］．北京：北京大学出版社，2017：122．

增长的美好生活需要。习近平总书记在主持中央政治局第25次集体学习时指出,知识产权保护工作关系高质量发展,只有严格保护知识产权,依法对侵权假冒的市场主体、不法分子予以严厉打击,才能提升供给体系质量、有力推动高质量发展。知识产权保护工作关系人民生活幸福,只有严格保护知识产权,净化消费市场、维护广大消费者权益,才能实现让人民群众买得放心、吃得安心、用得舒心。保护知识产权的目的是激励创新,服务和推动高质量发展,满足人民美好生活需要。我们的生活要远离“假冒伪劣”,需要更多“新的好的东西”,当然更需要“诗和远方”,而这些都是“知识产权的客体”,保护好知识产权,我们的生活才更舒适,才有更多的获得感、幸福感。由此我们可以清楚地看出,知识产权对于消费的驱动作用,不仅提供保障作用,而且起着支撑与引领消费的作用。消费不但包括生活性消费,也包括生产性消费。

三、知识产权对于出口的驱动作用

知识产权与出口的关系有三种:一是知识产权可以直接出口,诸如许可证贸易、特许经营等。基于比较优势,许多知识产权拥有国把专利技术转让,以及把版权作品、商标品牌等许可给需求国相关主体,同时附加许多商业条件,以收取高额的费用。世界银行公开的信息显示:2021年美国知识产权(可通俗地理解成是收到的专利费、使用费)出口金额高达1248.27亿美元,几乎占据了全球知识产权出口总金额的30%,已成为美国服务贸易中的核心部分。[1]近年来我国知识产权出口额也在不断增加,占出口总额和国内生产总值的比例不断攀升,这是一个国家实力的象征。二是知识产权可以有效增加出口商品的技术、品牌、文化含量,增强出口商品的竞争优势,进而增加出口商品的市场附加值。新的专利产品具有初期的市场垄断性,新的专利方法可以提高生产率、降低生产成本;新的外观设计,不仅可以增加商品外观美感,而且改进某种功能;独创的作品是版权产业乃至文化产业的基石,也是一个国家文化软实力的彰显;商标品牌使出口商品的溢价不可思议;地理标志可以使其产品与众不同,进口国的国民品尝的不仅是产品也是出口国的文化等。三是降低或

[1] 知识产权出口:美国第1、日本第3、荷兰第4、印度第28,我国呢?[EB/OL].(2022-07-18)[2022-07-22]. https://baijiahao.baidu.com/s?id=1738694258120006717&wfr=spider&for=pc.

者减少或者防范出口商品、技术、劳务等的和技术风险。一些出口商品因涉嫌知识产权侵权在海关即遭受扣押、起诉，被封杀在国门之内。一些出口商品在当地国生产销售良好，却因为知识产权纠纷而处境艰难，如在美国可能因遭受“337调查”被处罚甚至被逐出美国市场。在非专利技术出口或者劳务出口时也可能遭受知识产权壁垒或者诉讼。知识产权分析预警可以防范这些风险，可以控制这些风险带来的损失。

【案例分析】

齐白石后人告江苏文艺出版社侵犯著作权案❶

著名画家齐白石的合法继承人以江苏文艺出版社在没有合法授权的情况下，以营利为目的，将齐白石的作品汇编成《煮画多年》一书并出版发行为由，向人民法院提起诉讼，要求法院判令江苏文艺出版社停止侵害著作权，以书面形式公开赔礼道歉，并赔偿经济损失10万元及为制止侵权行为所发生的合理费用，并提交了相关发票证明。

江苏文艺出版社辩称，在《煮画多年》一书出版前曾与湖南湘潭齐白石纪念馆签订过《图书出版合同》，并得到了齐白石后人齐某平与齐某根的授权，且已支付稿酬，故并未侵犯原告著作权。江苏文艺出版社提交了齐某平和齐某根在2008年8月21日出具的关于口头授权齐白石纪念馆同意出版的《证明》和经湘潭市第二公证处公证的《授权委托书》。

法院判决侵犯著作权不成立，其中内含经济学的合理解释。著作权的效率意义在于：通过市场交易收回足够的收入以抵偿生产他们的作品的成本或放弃对他们的时间进行其他有益使用的代价，这是对创作者提供激励、鼓励创造，使得有创造能力的人愿意创作出更好更多的作品，而不是使著作权人对作品的传播和使用享有绝对的垄断权。同时，法律对著作权的保护期限作出了一定限制，这从经济学角度是为了节约追溯成本，同时降低创作者创新作品的成本。

该案中，江苏文艺出版社在齐白石去世50周年活动之际出版《煮画多年》，具有一定的公益性质，符合著作权法促进文化传承和发展的精神，且其取得合法授权。从经济意义上说，出版《煮画多年》在传播文化的同时，也为

❶ 资料来自：魏建，周林彬．法经济学[M]．北京：北京大学出版社，2017：125-126.

新的创作者提供了好的借鉴和欣赏价值,鼓励他们进行新的创作,是符合社会价值最大化标准的。齐白石在其创作过程中因利用前人的作品而取得"收益",其现在的作品为后来作者提供了合理使用的材料而"支出",也获得后来作者赋予的稿酬,各方都取得效益,是一种良性循环。

【基本概念】

成本—收益分析;公共产品;交易成本;社会契约理论

【思考与分析】

1. 试述知识产权的经济合理性。
2. 论述交易成本理论在知识产权中的运用。
3. 试述当事人解决知识产权纠纷时的经济因素。
4. 论述知识产权对于经济增长驱动的原理。

【延伸阅读书目】

[1]陈昌柏.知识产权经济学[M].北京:北京大学出版社,2003.
[2]南振兴,温芽清.知识产权法经济学论[M].北京:中国社会科学出版社,2010.
[3]吴欣望.专利经济学[M].北京:社会科学文献出版社,2005.
[4]单晓光,许春明.知识产权制度与经济增长:机制·实证·优化[M].北京:经济科学出版社,2009.

第十三章 知识产权管理观

知识产权在管理学视角中是一种资源，是一种能够带来竞争优势的战略性资源，知识产权管理观也经历了从权利管理到资源管理再到战略管理的演变。知识产权资源的价值需要通过知识产权的维权、转移、转化等方式来实现，知识产权管理是一项复杂的系统工程。国家出台的针对企业、高等学校、科研组织的“知识产权管理规范”为各类知识产权主体提供了工作指引。这些规范指导上述主体强化知识产权创造、运用、管理和保护，完善管理体系，通过科学的规划和管理来提升并实现知识产权价值，以获取竞争优势。

第一节 知识产权管理观概述

管理学是一门系统地研究管理活动基本规律和一般方法的科学，管理的目的是探索在既定条件下，如何通过合理组织和配置人、财、物等因素，提高生产力的水平。企业知识产权管理是为规范企业知识产权工作，充分发挥知识产权制度在企业发展中的重要作用，促进企业自主创新和形成自主知识产权，推动企业强化对知识产权的有效开发、保护、运营而对企业知识产权进行的计划、组织、指挥、协调、控制等活动。[1]根据管理主体的不同，知识产权管理主要分为国家机关对知识产权的管理及权利主体对知识产权的管理，前者主要是对知识产权的宏观管理和行政事务管理，后者则是对知识产权的研究开发、获取、运用、保护等进行的管理。

一、知识产权管理的必要性

知识产权不仅仅是一项法定权利，也是重要的无形资产，通过加强知识产权管理，既可以保护企业的知识产权，防范和阻止侵权，也可以促进创新和知识产权价值实现，获取竞争优势。

---

[1] 冯晓青．企业知识产权管理[M]．北京：中国政法大学出版社，2012：11.

(一)促进创新发展

通过强化知识产权管理,建立内部合理的知识产权利益分配与奖励制度,有助于增强创新主体的创新意识和知识产权意识,激励创新。知识产权是企业的重要无形资产,但只有通过实际利用才能为企业带来实际收益。企业通过知识产权运营,如知识产权融资、投资,许可他人使用,进行转让等,让其为企业带来巨大的收益。创新成果的推广应用与转移转化,可以使企业和创新者获取较高的经济效益,有利于企业和创新者进一步加大投入,形成创新的良性循环。

(二)提高企业知识产权保护水平

通过知识产权保护管理,企业可灵活使用行政保护、司法保护、社会保护和自我保护策略,提升知识产权保护能力。而且通过及时有效的知识产权管理,企业能够更好地了解知识产权发展态势和竞争对手知识产权情况,避免重复研发和侵权,也能更好地应对竞争对手的知识产权进攻。

(三)有效保护企业无形资产

企业通过知识产权管理提升员工知识产权保护意识和保护能力,可以及时申请专利,有效防止商业秘密的无意泄露、商标的被抢注等事故发生,也可以通过合同约束,防止离职员工、合作伙伴造成知识产权信息泄露事故等。通过知识产权的价值评估管理,避免知识产权价值被低估等。

(四)提升国际竞争力

知识产权是一种私权,在国际竞争中常被用来遏制竞争对手的发展,是国际化的隐性壁垒。合理有效的知识产权管理是促进知识产权的创造、运用和保护,建设创新型国家的关键。一方面通过科学、有效的管理激发创造力,获取更多的高质量知识产权,提升企业和国家整体竞争力;另一方面可以营造良好的创新和保护氛围,改善营商环境,吸引外商投资,促进国际贸易。

二、知识产权管理观的演进

知识产权管理观是指进行知识产权管理时所秉持的基本观念。知识产权管理观受知识产权制度发展阶段的影响,需要适应知识产权制度的变革趋势,知识产权管理观也会促进知识产权制度的发展。

在知识产权制度的起源阶段，它是由封建君主、封建国家或封建社会的地方官员授予的在权力所及地域内的一种特权。君主授予的"独专其利"通过行会控制有被君主认同的特殊标记权、刻印专有权或者翻印特权等，体现的是"君主对思想的控制、对经济利益的控制或者一定形式的垄断经营等"，并非一种财产权或民事权利，也仅局限于区域之内，不具有管理的普遍性。

知识产权制度的产生是近代科学技术、文艺复兴与经济发展相结合的产物，也是对财产保护思想的制度落实。知识产权国际保护基本法律框架和体制的确立，使世界范围内的知识产权制度发展至全新阶段。知识产权法律制度赋予了智力成果的财产权形式，使具备相应条件的知识成为法律上的财产，进而推动科技发展、社会进步并保护权利人的特定利益。知识产权的财产性使我们不能将知识产权仅仅视为一种法定权利，由法律部门进行权利管理，还需要将知识产权视为一种资源、资产甚至资本，通过恰当的组合和安排增加或实现其价值，对知识产权进行综合管理。在当代企业及国家竞争中，知识产权又被视为战略性资源，用以获取并保持竞争优势。

三、知识产权管理观的形态

（一）知识产权权利管理观

法学视角下，知识产权是对智力劳动创造成果和工商业领域的识别性标记与成果在一定的时间和区域内所享有的法定的专有权利，这一权利的确定是维权的基础。在知识产权法律制度体系不断完善的过程中，知识产权主体主要利用知识产权的独占权作为侵权指控、创新宣传的利器，设置贸易壁垒，这主要是基于法学视角上的权利管理理念，以知识产权保护作为管理要点。知识产权保护管理维护了知识产权主体的合法权益，也在一定程度上促进了创新，企业也积极主动地去适应国内外知识产权法律变化趋势。但是单纯的权利保护是一种相对被动的管理理念，侧重于确权和侵权事后的救济，对于预防，尤其是知识产权的布局与运用不够重视，使知识产权价值不能得到充分发挥。

（二）知识产权资源管理观

在知识产权不断成为贸易壁垒和竞争利器时，更多人意识到知识产权不仅是一种法定权利，更是一种资源，一种在现代管理活动中可供支配、使用和增值的资本性资源。这种资源可以用于维护其权益，也可以通过使用、交易获取经济利益，并可以用于投资获得利润。知识产权资源管理观视知识产权为资源、资产或资本，相应的知识产权管理重点也由保护转向经营活动，通过产业化、市场化、资本化等方式创造经济利润。企业以知识产权经营利用为重心，使知识产权成为企业发展壮大的护身符和核动力，成为企业创造利润的发动机和加速器。[1]

（三）知识产权战略管理观

20世纪80年代以来，以迈克尔·波特为代表的竞争战略理论成为战略管理理论的主流思想。企业战略管理理论的研究重点转移到企业竞争方面，特别是企业如何获得和保持竞争优势的问题。竞争优势理论经历了从资源基础阶段到能力基础阶段、再到知识基础阶段（企业知识理论）的发展历程。[2]影响竞争优势获取的因素：一是企业所在产业的结构，即产业吸引力；二是企业在既定产业中的相对竞争地位，取决于企业的异质性资源。企业是各种资源的集合体，这些资源具有异质性，这种异质性决定了企业竞争力的差异，这解释了产业组织理论难以解释的"竞争优势维持"问题，可持续竞争优势是企业实施某种独特的价值创造战略所具有的长期优势（这种能够产生持续竞争优势的战略性资源形成了企业的长期竞争力），竞争对手短时间内难以模仿或替代。在各种类型的资源中，无形资产内在的复杂性和专有性，难以被竞争对手短期内复制或替代，可作为可持续竞争优势的来源。[3]作为无形资产的主要构成，知识产权也不是天生就能产生可持续竞争优势，需要进行鉴别、培育、保护与有效配置，即通过知识产权战略管理来实现，如品牌化、标准化、战略联

[1] 袁真富．企业知识产权的发展模式：从保护到经营之知识产权观念的改造［J］．知识产权，2006，16（4）：34-38.

[2] 尹碧波，张国安．以资源为基础的企业竞争优势理论的演进与发展趋势［J］．华东经济管理，2010，24（6）：89-92.

[3] COLLIS D J，MONTGOMERY C A. Competing on Resources［J］. Harvard Business Review，2008，86（7-8）：140-150.

盟等,系统管理、合作思维、组合与布局管理等是常见的战略性思维。从国家到企业,也越来越重视知识产权战略管理,相应地制定了国家知识产权战略、行业知识产权战略和企业知识产权战略,运用知识产权制度进行确权、保护与运用从而为谋取最佳经济效益进行了长期性、全局性的谋划。

第二节 知识产权管理主体

一、知识产权管理机构

管理机构是对人类社会经济活动进行管理的实施单位,知识产权管理机构是协调和组织知识产权资源的机关,对知识产权行使所有权和管理权。从主体类型来看,可以分为知识产权行政管理机构、企业知识产权管理机构、高校知识产权管理机构、科研组织知识产权管理机构等。

(一)知识产权行政管理机构

知识产权行政管理机构是负责国家和地方各级知识产权行政事务的行政机关,对最主要的专利、商标、著作权三大类知识产权,不同国家的知识产权行政管理机构设置模式有一定的差异。

第一种是将专利、商标、著作权的行政管理机构统一设置,即“三合一”模式,英国、加拿大、德国属于该种模式。中国香港特区知识产权署下辖商标注册处、专利注册处、外观设计注册处和版权特许机构注册处,全面处理专利注册、货品的商标注册及其他相关工作,以及处理有关版权的事宜。

第二种是“二合一”模式,将专利和商标的行政管理机构统一设置,著作权行政管理另设机构,美国、韩国和日本都是这种模式。美国专利商标局(USPTO)隶属于联邦商务部,主要负责专利和商标的注册、授权、受理、审查和文献管理等事务性工作;而美国版权办公室隶属于国会图书馆,主要负责著作权的申请、登记和审核,执行著作权法及半导体芯片保护法。日本分别为特许厅和文化厅,韩国为知识产权局和文化观光部。

第三种是分散管理模式,即每种类型的知识产权由独立的知识产权行政管理机构管理,我国曾经采用这种模式。2019年机构改革前,我国主要由国家知识产权局、原国家工商行政管理总局(商标局)、原国家新闻出版总署分别负责专利、商标、著作权的相关行政工作。根据中央机构改革部署,2019年国家知识产权局原专利复审委员会并入国家知识产权局专利局,原国家工商行政管理总局商标局、商标评审委员会、商标审查协作中心整合为国家知识产权局商标局,专利、商标相关行政管理工作统一由国家知识产权局开展,我国知识产权行政管理也构成了专利与商标“二合一”管理模式。

(二)企业知识产权管理机构

一个企业知识产权的数量、质量和覆盖领域,决定着企业未来的发展潜力和成长方向。企业对这些知识产权,需要有一个科学的专业管理机构,负责企业日常知识产权管理工作,制定企业知识产权管理策略、各项管理制度,并监督制度的实施情况,切实保证企业知识产权工作落到实处。这也是现代企业制度对企业管理的要求。企业知识产权管理机构的设置,需要与企业所在产业特点、知识产权水平、企业规模等因素相协调。一般而言,企业知识产权管理部门的组织结构设计有以下几种类型。

1. 隶属于研发部门

对于一些规模不大、业务较为单一的企业或者小型高新技术企业而言,可将知识产权管理部门设置于产品或技术研发部门下。此种方式便于沟通,能够辅助研发决策,又因较为了解专业技术发展方向和重点,企业知识产权战略制定较为准确、适用。但这种设置中知识产权管理部门位阶低,对企业整体发展目标了解不够,影响力小,也无法从事企业整体知识产权管理。

2. 隶属于法务部门

对于一些知识产权数量不多或者数量比较稳定但运用较广的新兴技术企业或销售类企业而言,企业容易产生法律纠纷,对法律服务要求较高,一般将知识产权管理部门定位于法务部门之下。在这种组织结构中,知识产权管理人员直接参与知识产权合同订立、侵权排除、侵权诉讼、反侵权措施制定等业务,对知识产权应用较为熟悉,有利于开展知识产权的运营管理。但与研发部门隔离,不易掌握研发动向,不能进行知识产权创造管理,也不利于制定技术含量较高的知识产权战略。

3. 直属于决策层

对于规模较大、知识产权管理较为复杂的企业而言,一般知识产权管理部门直属于决策层，是企业技术与经营部门的支撑单位。知识产权管理部门直属于总经理室，位阶较高，可以直接参与公司高层决策，可以推动相关的知识产权管理制度和战略。但可能不能及时掌握研发部门的信息，与法务部门也有距离，需要协调研发、生产、营销、法务等部门，部门沟通成本偏高。

（三）高校知识产权管理机构

高校集结了大量的科技创新人才，科技成果众多，其中专利授权量从2012年的6.9万项增加到2021年的30.8万项[1]，是主要的创新源，需要加强管理，促进成果转移转化，服务国家科技、经济和社会发展需要。我国高校知识产权管理工作比较普遍的是由科技处设立相关职能科室进行管理，如科研成果管理科，履行科技成果的评审、鉴定、验收及登记、公告、奖励、推广应用等职责。随着高校对知识产权的重视，很多高校逐渐开始设置专门的知识产权管理机构，如清华大学设置独立的成果与知识产权管理办公室，是学校知识产权管理领导小组的执行机构，以专业化、市场化的模式专门负责学校科技成果转化工作。

（四）科研组织知识产权管理机构

科研组织也是国家创新体系的重要组成部分，是建设科技强国的中坚力量。2017年1月1日我国开始实施《科研组织知识产权管理规范》（GB/T 33250—2016），对科研组织建立并完善知识产权管理体系提出系统要求，指出要建立知识产权管理机构，配备专职工作人员，以专门机构承担本单位的知识产权管理职能。以中国科学院各分院、研究所为代表的科研组织十分重视知识产权管理工作，设置一个或一个以上专门的知识产权管理机构负责知识产权日常管理和具体业务，如知识产权与成果转化处、知识产权管理办公室、成果转化处（部）等。我国第一家通过科研组织知识产权管理体系认证的科研机构中国科学院大连化学物理研究所，设立了知识产权与成果转化处（知识产权办公室），肩负知识产权管理和科技奖励管理、科技成果转移转化、产业化工作等职能。

---

[1] 教育部：去年高校专利授权量达30.8万项 近十年增幅346.4%[EB/OL].（2022-07-19）[2022-07-19]. https://www.thecover.cn/news/9463277.

二、知识产权管理人员

知识产权管理人员是指在组织中行使知识产权管理职能、指挥或协调他人完成具体任务的人。根据主体类型差异,知识产权管理人员可分为知识产权行政管理人员、企业知识产权管理人员、高等学校知识产权管理人员、科研组织知识产权管理人员。根据各主体知识产权贯标[1]的要求,企业、高校、科研组织都需要配置知识产权专业管理人员。

(一)知识产权管理人员素质要求

知识产权管理人员的素质影响着知识产权管理水平,甚至影响着企业发展。不同的知识产权管理岗位有一定的技能要求差异,但总体而言均需要具有以下专业素质。

1. 一定的技术知识基础

知识产权管理人员不是技术研发人员,一般也不直接进行知识产权申请文件的撰写工作,但是知识产权管理人员需要经常与技术研发人员进行沟通,审核、指导相关的知识产权申请工作,使其符合法律规定的形式,对知识产权加以运营和维护等,这些工作需要一定的技术知识支撑。

2. 熟悉知识产权相关法律

知识产权是依法获得并依法行使的特殊财产权利,从知识产权的申请获得,到知识产权的维护,再到知识产权的合法运用都离不开各种法律规定的要件和程序,涉及知识产权争端时更离不开相关法律的支持。为了做好知识产权的确权及维权管理,知识产权管理人员必须懂法律,尤其是知识产权相关法律。

3. 有一定的管理能力

知识产权管理涉及不同类型知识产权的全过程管理,工作烦琐,必要时需要建立数据库进行信息管理。知识产权管理不但关系着企业的技术开发和法律事务处理,还需要结合企业总体战略和具体业务战略制定并实施知识产权战略,这会进一步影响企业的生产经营和市场竞争力。因此企业的知识产权

---

[1] 知识产权贯标是为了确立各主体知识产权工作的规范体系,各主体贯彻国家标准并进行检查验收的活动,主要依据的国家标准为《企业知识产权管理规范》(GB/T 29490—2013)、《高等学校知识产权管理规范》(GB/T 33251—2016)、《科研组织知识产权管理规范》(GB/T 33250—2016)。

管理人员应具备一定战略视野，并能制定和实施高效而公平的知识产权奖酬制度等。

此外，知识产权管理人员还需了解国家的创新支持政策和产业导向，良好的人际沟通能力、表达能力、团队合作意识等综合素质也必不可少，涉外组织的知识产权管理人员还应具有良好的外语水平和外事沟通能力。

（二）企业知识产权管理人员

相较于高校和科研组织，企业知识产权管理部门设置和人员分工更为具体。当前企业知识产权管理人员岗位设置主要有：

高层管理者。一般最高管理者是企业知识产权管理工作的第一责任人，由高层管理人员，如副总裁兼任知识产权部负责人（管理者代表）。他们主要负责组织的知识产权方针、战略制定实施，以及相关资源的配备、知识产权对外公共关系等。

知识产权部门管理者。在企业知识产权管理部门，由专职的知识产权管理者负责实施知识产权战略并管理知识产权日常事务，如知识产权部总监、知识产权办公室主任等。他们是组织的中层管理者，全面负责本部门工作，推进实施知识产权管理体系、制定并落实年度工作计划，培训、指导、监督、考核部门人员等。

知识产权专业管理人员。企业根据工作需要配备专、兼职知识产权管理人员，负责落实知识产权工作，处理具体知识产权事务。

三、知识产权管理职责

企业可能会设置不同的知识产权管理体制或组织架构，但知识产权管理部门的职责都应包括知识产权的情报研究工作、知识产权的日常管理、知识产权的保护工作、知识产权的经营管理及知识产权的教育培训等。具体工作内容包括但不限于：

（1）根据企业总体战略和竞争战略，制定并推进本单位知识产权战略；

（2）规范企业知识产权相关业务流程，制定相关规章制度；

（3）与组织内外部密切沟通，指导、协助知识产权获取与运营管理；

（4）定期维护和管理企业各种知识产权；

(5)管理企业内外部知识产权相关事务;
(6)管理企业知识产权相关的技术资料、档案和合同;
(7)知识产权信息管理;
(8)知识产权维权与诉讼管理,构建企业知识产权预警机制;
(9)知识产权价值评估管理;
(10)培训企业知识产权人才,培育企业知识产权文化。

四、知识产权管理目标

不同组织的知识产权管理目标不同,我们主要以企业为研究对象。企业是技术创新的主体,是知识产权创造和运用的主体,其目标与行政组织、事业单位组织有较大差异。企业在一定时期的生产经营活动预期达到的经营目标中,利润最大化是其中最重要的一项,通过知识产权管理积极创造并恰当运用知识产权获取竞争优势也是其重要管理目标。

具体而言,企业通过知识产权管理可以有助于达成以下目标。

(一)增强企业的知识产权意识

管理者只有意识到某种资源能够给企业带来价值时,才会真正重视并保护这种资源。很多企业在享受到知识产权带来的好处或者遭受损失时,才开始意识到知识产权的重要性。而知识产权管理中,通过宣传、培训、教育等方式来主动增强企业管理层和员工的知识产权意识,为企业知识产权工作的顺利开展奠定基础。

(二)促进企业知识产权创造

企业知识产权管理的重要组成部分包括技术开发的管理、知识产权的获取、知识产权的运用和保护等。知识产权管理从鼓励创新的目的出发制定相应的激励政策,鼓励知识产权的创造和运用,进而促进企业自主知识产权的发展,增强企业的技术及市场竞争力。

(三)防止企业无形资产的流失

企业在知识产权管理中,系统制定各种规章制度来规范企业及其员工的行为,可有效防止企业无形资产的流失。企业设置专门的知识产权管理部门,进行知识产权信息情报的检索与分析，积极进行知识产权布局，防范他人抢注与侵权行为，并通过合理运营提升知识产权资产价值。对待他人侵权行为，可以通过警告、调解、起诉等多种方式进行维权，保护自己的合法权益，防止企业无形资产的受损或流失。

（四）提高企业知识产权收益

知识产权是企业的重要无形资产，但知识产权本身只有通过实际利用才能为企业带来实际的收益。企业通过知识产权的运用，如用企业的知识产权进行融资、投资，或者许可他人使用，或者进行转让等，都可以为企业带来巨大的收益。另外，企业通过将知识产权诉讼与商业策略相结合，可以实现获取高额赔偿、许可、交叉许可等目的，充分发挥知识产权效用。

（五）加强企业知识产权保护

只有通过及时有效的知识产权管理，企业才能知己知彼，既及时保护自身的知识产权不受侵犯，也避免重复研发和侵犯他人的知识产权，避免产生知识产权纠纷争端。企业知识产权管理不是被动地遭受侵权后寻求救济，而是通过多种保护措施进行侵权预防，防护效果更好而且保护成本更低。

第三节 知识产权管理制度

知识产权制度一方面“为天才之火添上利益之油”，另一方面也促进了科技发展和人类社会进步。[1]1994年《国务院关于进一步加强知识产权保护工作的决定》明确要求：“企事业单位要把保护知识产权作为建立现代企业制度和现代科研院所制度的一项重要内容……”企业知识产权管理是一种法制管理和规范化管理，离不开知识产权制度的保障[2]，知识产权管理制度在国家法律制度框架下的建立和完善，知识产权战略为知识产权具体制度提供导向，反过来也由具体的知识产权管理制度来落实。

企业知识产权管理制度，是指针对企业的性质、经营目标、市场策略、技术开发与国际国内法律环境等因素，对企业的知识产权加以分析、评估、运用所

---

❶ 王小兵．企业知识产权管理操作实务与法律风险防范［M］．北京：中国法制出版社，2019：13.

❷ 冯晓青．企业知识产权管理制度与激励机制建构［J］．南都学坛：南阳师范学院人文社会科学学报，2016，36（5）：65.

建立的一套经营管理和法律保护制度。[1]关于企业知识产权管理制度体系的内容,朱雪忠从知识产权过程管理角度[2],曾德国从知识产权管理目的角度[3],王小兵则从知识产权类型角度[4],分别进行了分类。本书认为企业知识产权管理制度体系主要包括以下四种管理制度。

一、知识产权战略管理制度

知识产权战略是知识产权制度的综合设计规划和整体运用方式,根据主体类型可以分为国家知识产权战略、行业/产业知识产权战略和企业(或其他组织)知识产权战略三个层次。企业需要根据企业发展需要、竞争态势、企业知识产权资源等情况制定知识产权发展战略,明确知识产权发展目标、工作重点和保障措施。企业知识产权战略明确了企业知识产权发展的战略思想、战略目标、战略定位、战略重点、环境与条件支持、实施策略等,是企业知识产权工作开展的基础依据。知识产权战略制度对知识产权管理具有导向原则,强调企业知识产权管理体系对企业发展战略的支撑。[5]

二、知识产权人员管理制度

企业应设立知识产权管理的专兼职岗位,明确任职条件和岗位职责,聘用人员并加强教育和培训,使之适应知识产权管理工作需要。对于知识产权创造、保护、应用等相关领域的工作人员,也需要建立相应的教育与培训制度。知识产权教育与培训贯穿于相关人员职业生涯,有针对性地进行入职、在职及离职知识产权教育。对涉及知识产权尤其是涉及商业秘密的工作人员,应建立入职员工的知识产权背景调查制度,避免侵犯其原单位的相关知识产权,必要时联合法务部门发函告知原单位,避免不必要的知识产权争议或纠纷;人事合同中约定知识产权权属和保密条款,必要时约定竞业禁止和补偿条款。对员工创新成果确定权属归属依据,尊重员工个人的非职务智力成果,对职务发

---

❶ 王小兵. 企业知识产权管理操作实务与法律风险防范[M]. 北京:中国法制出版社,2019:6.

❷ 朱雪忠. 知识产权管理[M]. 北京:高等教育出版社,2010:40-41.

❸ 曾德国. 知识产权管理[M]. 北京:知识产权出版社,2012:12.

❹ 王小兵. 企业知识产权管理操作实务与法律风险防范[M]. 中国法制出版社,2019:6.

❺ 山东省知识产权局,等. 企业知识产权管理规范解析与应用[M]. 北京:知识产权出版社,2016:22.

明等设立激励机制,保护其署名权,鼓励成果转化,共享转化收益等。确定知识产权及相关成果的奖励制度,确定奖励对象、范围、形式、级别等。设立离职管理制度,与知识产权工作相关的人员离职,须将从事知识产权相关工作的全部技术资料及成果交回,并有责任保护本企业的知识产权,不得擅自复制、发表、泄露、使用、许可或转让。

三、知识产权信息管理制度

(一)知识产权信息检索管理制度

企业应建立研发立项申报审核制度,在研发前必须进行信息检索和查新,避免重复开发或者产生知识产权纠纷,并确定创新项目是否符合企业可持续发展战略及能否产生知识产权,提高创新成功率。技术引进、产品进出口等相关活动也需要进行信息检索和查新,了解相关知识产权态势,辅助决策。对于并购活动更需要进行知识产权预警,充分评估所涉知识产权法律状态、技术水平、战略及经济价值,避免侵权风险和过度溢价。对所生产及上市产品,知识产权管理部门对其知识产权相关问题进行全面检验,防止隐含侵权瑕疵。[1]

(二)知识产权资料及档案管理制度

企业对知识产权相关工作也应建立信息资料备案和档案管理制度。对知识产权研发、转让、许可、融资等相关合同和文件应由知识产权管理办公室备案,涉及知识产权的批复、成果处理、规章制度等也应及时备案。研发项目要进行全过程管理,原始技术资料要收集整理后交由项目负责人归档,完整资料归档验收后方可结题。

涉及知识产权的档案材料集中统一保管管理,严格执行科技档案借阅制度,对借出、复印等行为落实审核登记制度。对商业秘密实行分级管理,划定保护区域,严格控制接触人员。信息发布、演讲报告、参观等活动中严格保守企业商业秘密。

---

[1] 罗琼. 论企业知识产权管理制度的构建与运作[D]. 上海:上海交通大学,2006:38.

四、知识产权保护管理制度

(一)各类合同管理

涉及知识产权的合同主要是指平等主体的自然人、法人、其他组织之间设立、变更、终止知识产权,权利义务关系的协议。包括知识产权的申请、注册、登记合同,知识产权的许可、转让合同,知识产权代理及托管合同,也包括采购、委托生产等涉及知识产权权属与运用等方面的合同。企业应设置合同管理相关制度,规定在上述涉及知识产权的各项活动中必须签订书面合同,在合同中必须订立知识产权归属及保护条款,并经由知识产权主管部门审查。重大的涉知识产权合同,须报知识产权主管领导批准,由法定代表人或其委托的代理人签署。

(二)知识产权确权与维权管理制度

指定部门负责知识产权确权、商业秘密的日常管理工作。企业积极进行知识产权登记、备案、申请确权工作,强化知识产权保护意识,避免泄露相关创新成果。积极采取预防措施防范侵权行为,聘请专业的知识产权人员指导知识产权保护工作。

(三)不同类型知识产权管理制度

企业可以对不同类型的知识产权建立相应的工作准则和操作规范,或者对自身主要的知识产权类型建立相应的管理制度。企业专利管理制度是企业开展专利工作的标准和依据,对专利申请、管理运用和保护方面的制度规范,商标管理制度与之类似,都涉及管理部门及职责、申请制度、维护制度、运用制度、保护制度、责任与处罚制度等,专利制度还包括职务发明创造奖励和报酬制度。[1]著作权管理制度则包括管理部门及职责、作品类型及登记、作品归属及职务作品界定、著作权档案管理、转让和许可使用、保护、责任和处罚制度等。[2]商业秘密管理制度主要是帮助企业建立完善的商业秘密认定、管理、使用、保护等方面工作的制度,特殊之处在于内容还包括商业秘密范围的界定和保密措施。[3]

---

❶ 王小兵.企业知识产权管理操作实务与法律风险防范[M].北京:中国法制出版社,2019:7-8.

❷ 王小兵.企业知识产权管理操作实务与法律风险防范[M].北京:中国法制出版社,2019:8-9.

❸ 王小兵.企业知识产权管理操作实务与法律风险防范[M].北京:中国法制出版社,2019:9.

第四节　知识产权过程管理

企业的生产经营活动是由一系列的为顾客创造价值的活动组成的，企业的知识产权管理贯穿生产经营活动全过程。

一、企业研发活动中的知识产权管理

研发活动指为发展新技术、新产品和改进老产品所进行的一系列科学研究和技术工作，是一种创新活动。研发包括创造性、新颖性、科学方法的运用、新知识的产生四个基本要素，与知识产权信息存在着密切的联系，需要既有知识产权信息的指导和支持，不断产生更多新的知识产权信息。研发过程中及研发成果的确权都需要做好知识产权管理工作。

（一）研发方式与知识产权管理

企业研发活动一般有自主研发、委托研发、合作研发几种方式或其组合方式。自主研发中产权较为明晰，企业拥有完全独立的知识产权，但委托开发和合作开发则需要通过合同明确约定各方权责和知识产权归属，以免产生知识产权纠纷。对于后续改进技术或衍生作品，同样需要约定其归属。如果双方未明确约定知识产权归属，也可以协商确定。在研发活动中也需要对研发人员和参与方进行保密责任约束，对委托方或合作方，还需要明确约定其素材来源的合法性，并且不能侵犯第三方的知识产权。[1]

（二）企业研发过程中的知识产权管理

1. 研发立项的知识产权管理

为了避免低水平重复研发或盲目研发行为、侵犯已有的知识产权，提升研发成功率，企业在进行研发之前需要进行知识产权信息检索与分析，以进行研发立项决策。通过对技术信息的系统分析，筛选出未来能够为企业带来竞争优势或经济效益的关键技术，通过研发立项自主获取相关技术，也可以通过其他途径如技术引进获取。

研发前的专利信息分析，可以了解竞争对手的技术状态，预测其市场导向和发展态势。一方面在研发中回避已有的专利和技术，避免专利侵权；另一方

---

[1] 王正志．企业全生命周期知识产权管理策略［M］．中国法制出版社，2022：73.

面根据竞争对手的策略和目标假设,预测下一步的发展路径,找到自己的产品定位和市场策略,指导技术研发和专利申请。

2. 研发中的知识产权管理

进入技术研发阶段后,也需要利用知识产权信息帮助确立或改进技术研发方案,针对性地解决技术攻关问题,规避专利侵权设计,实现技术解决方案。研发过程中还需要注意自身的知识产权信息管理,即对研发过程中的技术资料、过程文件、阶段成果等也要做好保密、归档等工作,以便在未来出现知识产权纠纷时留存证据,也为今后持续的研发活动提供技术和信息支持。

3. 研发成果的知识产权管理

研发项目验收后,需要对研发成果保护方式进行决策。对技术成果进行分析,确认是否具有可专利性,采取以哪种专利的形式进行保护,以及有没有申请专利的必要性,是否适合采用商业秘密形式进行保护,要不要进行技术公开等。这需要企业综合分析该技术的可专利性、企业的专利保护状况、确权维权费用、被侵权风险等信息,由此确定恰当的保护组合方式,以最大限度地规避侵权风险的同时,降低维权成本,实现利益最大化。

二、企业采购活动中的知识产权管理

极少有企业能够实现整个供应链的内部化,需要通过外部市场来协调其生产经营活动,原材料、零部件的采购在所难免,企业需要对采购活动进行规范管理,规避可能出现的知识产权风险。企业采购的生产资料存在知识产权侵权问题时,企业作为使用方生产产品,并进行销售,属于侵害他人知识产权的行为。企业需要证明该生产资料的来源合法,即使提供合法来源相关证据,不承担赔偿责任,但也要停止生产、销售、承担应诉成本,也会面临商誉损失。[1]企业可设置知识产权侵权保证金制度,在对方不能提供相关的知识产权证明时,双方约定支付一定的金额作为防范知识产权侵权的保证金。[2]采购中也需考虑原材料、零部件与自身技术水平的匹配,选择技术相似度较高的供应商,也容易学习和把握其技术特征,但也要避免侵犯供应商的知识产权。

---

❶ 王正志. 企业全生命周期知识产权管理策略[M]. 中国法制出版社,2022:111-112.

❷ 罗琼. 论企业知识产权管理制度的构建与运作[D]. 上海:上海交通大学,2006:48.

在确定供应商后，应对涉及的技术进行侵权可能性检索和分析，尽到合理注意义务，并通过合同条款予以控制侵权风险，签订严格的采购合同。尤其是涉及零部件及生产设备的进口时，需要对出口国、途经国和进口国就该设备相关的专利保护状况进行检索和分析，正确评估侵权风险。在定制或合作开发采购中，需要明确约定知识产权归属，避免供应商霸占相关知识产权甚至钳制采购方。采购合同也需约定商业秘密的保密义务，明确涉及的商业秘密内容和范围以及保密要求。

三、企业生产活动中的知识产权管理

企业生产加工环节最容易引起知识产权侵权与扩散风险，一方面需要较多的生产工艺、生产设备、原材料、零部件的改进和配合，涉及较多知识产权，另一方面生产加工环节会产生更多新的及改进的知识产权，企业需要重视生产中的知识产权管理。

我国代工企业众多，在承接委托生产业务时，企业应关注委托方专利、商标等知识产权在本国及在我国的合法性、有效性，并与委托方签订许可协议。对于生产过程中产生的改进及新的知识产权，应明确约定其归属及授权方式等。

企业将产品的生产加工环节委托给其他企业时，重点在于预防知识产权的扩散风险。首先，明确委托加工产品所涉及的知识产权权属，签订许可协议，约定使用范围。其次，在委托协议中也需要明确委托加工过程中产生的知识产权的归属，因为如果没有明确约定，一般情况下这部分知识产权将由承接方所有。最后，委托生产中，需要对质量进行管控，相应的技术指导与交流必不可少，但也可能造成技术秘密和经验的扩散，需要强化自身员工的保密意识，也需要约定对方的保密义务。

四、企业营销活动中的知识产权管理

在品牌经济时代，以品牌为核心整合企业知识产权等各种经济要素，带动企业产品销售。品牌感知力和品牌美誉度直接影响着产品或服务的价格，企业通过营销活动实现产品或服务的价值，知识产权的适当应用可以提升推广效果、促进销售，对商标的品牌建设和推广有助于树立品牌形象，知识产权要素的聚集可以为品牌建设增砖添瓦。但知识产权的滥用或误用可能会造成知识产权扩散,甚至触犯相关法律。如营销宣传中禁止使用未授予专利权的专利申请做广告,广告宣传涉及专利产品或专利方法的应当标明专利号和专利类型。因此,企业在营销宣传阶段,对宣传资料及相关信息进行知识产权评估,可以很好地规避侵权风险。产品上市时注意销售合同评审,明确相关的知识产权条款,制定知识产权保护与风险规避方案。上市后监管商标等知识产权的使用,主动防范知识产权侵权。

五、企业涉外活动的知识产权管理

在全球经济一体化的背景下,企业的涉外经济、技术活动越来越普遍,也有很多企业开始外向国际化,在其他国家和地区开展经营活动,海外知识产权纠纷更多、也更激烈。企业涉外经营活动知识产权管理的要点,首先是做好知识产权风险管理,提前识别和防范知识产权侵权风险。企业在开展涉外经营之前,一方面应做好本国和目标国家的知识产权调查,做好知识产权风险预警管理;另一方面应提前进行知识产权布局,知识产权具有严格的地域性,应在未来可能涉及的国家和地区进行申请或注册;此外还应进行知识产权人才储备,深入了解相关国家和地区知识产权制度,建立完善的知识产权管理制度。其次要积极应对知识产权纠纷,做好充分调查并决定是否应诉,选择合适的诉讼策略,做好证据收集勇于应诉,并积极寻求仲裁、调解等其他知识产权纠纷解决方式。

【典型案例】

中国科学院知识产权管理[1]

中国科学院成立于1949年,是中国自然科学最高学术机构、科学技术最高咨询机构、自然科学与高技术综合研究发展中心,集科研院所、学部、教育机构于一体,拥有11个分院、100多家科研院所、3所大学、130多个国家级重点实验室和工程中心。

中国科学院科技成果众多,一贯重视知识产权工作,知识产权机构设置、规章制度等较为规范。中国科学院院机关设置科技促进发展局,下设知识产

[1] 资料整理自中国科学院网站https://www.cas.cn/。

权管理处，负责知识产权发展规划和管理工作，负责院科技成果转移转化、成果宣传、统计、分析和奖励等，推动知识产权运用，促进院科技成果转移转化。中国科学院出台了众多知识产权规章制度，规范知识产权各项工作：《中国科学院促进科技成果转移转化专项行动实施方案》《中国科学院科技服务网络计划项目管理办法》《中国科学院院属单位知识产权管理办法》《中国科学院科技副职工作管理办法》等，与科技部联合印发《中国科学院关于新时期加快促进科技成果转移转化指导意见》。

中国科学院推动了我国科研组织知识产权贯标工作。与国家知识产权局、中国标准化研究院共同起草了《科研组织知识产权管理规范》（GB/T33250–2016），是科研组织知识产权管理体系认证的依据。之后，中国科学院进行了贯标工作的主要内容、工作流程及方法的探索与筹备，率先行动，在全院分批推进知识产权贯标，首批部署了32家研究所开展贯标试点工作，2018年11月召开了《科研组织知识产权管理规范》贯标工作启动会。

中国科学院大连化学物理研究所作为第一批贯标单位，相继成立贯标领导小组、协调小组以及工作小组积极推进贯标工作，职能部门和研究室（部）密切协作充分参与，把标准要求与研究所发展战略紧密结合，制定了知识产权方针和目标，梳理了知识产权管理制度，编制了知识产权管理手册和体系文件。2019年1月1日知识产权管理体系正式运行，顺利通过了中规（北京）认证有限公司的现场审核，于2019年5月15日获得体系认证证书，成为我国第一家通过科研组织知识产权管理体系认证的科研机构。

中国科学院为各院所贯标提供了大量支持。院科技促进发展局、知识产权研究与培训中心联合地方院所多次举办《科研组织知识产权管理规范》内审员培训班，解读《科研组织知识产权管理规范》，讲解知识产权管理体系建立与文件编写、内部审核管理评审和认证实务、内审模拟训练、研究所贯标过程经验介绍等，培养了大量的“科研组织知识产权管理规范内审员”，在各院所知识产权体系建设中发挥重要作用。中国科学院还组织《科研组织知识产权管理规范》贯标工作总结交流会，分享学习贯标经验和知识产权管理体系持续完善的运行现状等。

中国科学院越来越多的院所通过贯标认证,并按要求开展监督审核工作,以评价知识产权管理体系运行的持续符合性和有效性,获取保持认证。

【基本概念】

知识产权管理;知识产权管理机构;知识产权管理人员;知识产权贯标

【思考与分析】

1. 简述知识产权权利管理与资源管理的关系。
2. 简述知识产权人员应具备的素质。
3. 思考知识产权信息对知识产权管理的价值。
4. 简述知识产权过程管理要点。

【延伸阅读书目】

[1]王肃.企业知识产权管理[M].北京:知识产权出版社,2017.

[2]王正志.企业全生命周期知识产权管理策略[M].北京:中国法制出版社,2022.

[3]山东省知识产权局,等.《企业知识产权管理规范》解析与应用[M].北京:知识产权出版社,2016.

[4]余平.《科研组织知识产权管理规范》理解与实施[M].北京:知识产权出版社,2020.

第十四章　知识产权社会观

所谓知识产权社会观，就是法社会学视角的知识产权研究，或者说知识产权法社会学研究。知识产权法社会学的研究重点不是书本上的知识产权法，而是行动中的知识产权法。行动中的知识产权法研究考察知识产权法律制度运行中的社会影响因素，以及知识产权的功能实现问题，包括知识产权正功能和负功能的考察。

第一节　知识产权社会观概述

一、知识产权社会观释义

所谓知识产权社会观，就是法社会学视角的知识产权研究，或者说知识产权法社会学研究。法社会学即法律社会学，是“一门研究法律与社会关系的学科，它是法学与社会学相结合的产物”❶。对法律现象的研究有多种视角，包括法学视角、哲学视角、经济学视角、历史学视角等，其中法学视角的研究是常态，在这一视角下，我们会将“社会事实放到一个法律框架中去衡量和剪裁”❷，得出其法律关系的性质、是否违反法律规范、如何从法律上处理等结论。而社会学视角的研究不仅关注法律规范，而且要“把中心放到法律在社会中的运作过程的观察上”❸。按照这一逻辑，知识产权社会观就是从法社会学视角研究知识产权，观察知识产权法律制度在社会中的运作过程，以及知识产权在这个过程中功能实现的情况。

二、知识产权社会观内容

法社会学研究历史悠久，学术脉络丰富。既有理论法社会学框架构建研究，又有经验主义法社会学的实证研究。既有结构功能主义视角的宏观法社

❶ 朱景文．法社会学[M]．北京：中国人民大学出版社，2013：3．

❷ 朱景文．法社会学[M]．北京：中国人民大学出版社，2013：3．

❸ 朱景文．法社会学[M]．北京：中国人民大学出版社，2013：3．

会学研究,又有微观视角的个案研究。既有主要来自社会学家的以社会学为主的法社会学研究,又有主要来自法学家的以法学为主的"社会学法学"❶研究。目前来说,国外关于法社会学的研究已经形成若干学术脉络和派系,对理论法社会学的框架建构有着雄厚的理论基础。我国法社会学的研究由于历史不长,目前以经验主义法社会学的实证研究居多,而且尤以法学家为主的侧重于法律运行实践的研究占有较大比例。❷

从一个广泛的视角来看,法社会学关于法律与社会的研究视野十分宽广,它可以包括"法律多元"框架、"国家的法与非国家的法"(法人类学)框架、"政府的法与非政府的法"(法律多元主义)框架、"书本上的法与行动中的法"框架等。❸每一个框架都意味着不同的研究方向、研究维度和研究内容。在我国法社会学领域的实践研究中,更多是采取"书本上的法与行动中的法"的研究框架,即在研究相关法律问题时,不将重点放在社会事实的法律分析上,而是研究法律规范的社会影响和社会效果,研究实证法规则如何影响和改变社会,推进社会变迁,研究法律在创制、解释、适用、执行过程中受到哪些社会因素的影响,法律运行的结果是否达到立法者的初衷,研究"行动中的法"而非"书本上的法"。

遵循这一内容框架,知识产权法社会学的研究就不是将重点放在书本上的知识产权法,而是关注行动中的知识产权法,研究知识产权法律制度运行中的社会影响因素,包括知识产权立法、执法、司法、守法等过程中的法律、文化、经济、政治、自由裁量、交易等影响因素。与此同时考察知识产权的功能

---

❶ "社会学法学"这一术语不同于"法社会学",它有特定的含义,是指自美国发展起来的以霍姆斯、卡多佐、庞德、布莱克等为主要代表人物的现实主义法学以及社会学法理学,它是法理学三大主要流派(实证分析法学派、自然法学派、社会法学派)之一。与法社会学相比,它是法学家发展起来的,以法学智识为主要内容,以社会学知识为辅助内容的一种法学研究范式。

❷ 我国法学界关于法社会学的研究主要是经验主义的实证研究,具体的研究示例可参见:朱景文.法社会学[M].北京:中国人民大学出版社,2013。其中包括行动中的刑事法律、行动中的合同法、行动中的离婚法、行动中的民事调解法等法社会学研究。知识产权法社会学的研究在我国几乎没有,本章作者罗宗奎博士的博士论文即聚焦于知识产权法的法社会学分析,关注"行动中的知识产权法",是目前从法社会学视角研究知识产权少有的体系化成果,该著作待作者完善之后即公开出版。

❸ 参见:朱景文.法社会学[M].北京:中国人民大学出版社,2013:5-14.

实现问题，包括知识产权权利保护、激励创新、促进知识或信息传播、促进经济社会发展等正功能实现情况，也包括知识产权负功能等情况。

三、知识产权社会观研究范式与方法

知识产权法社会学研究范式和方法，可以借鉴经典法社会学的四种研究范式，即“功能主义范式”“冲突理论范式”“行为主义范式”和“建构主义范式”。其中，前两者从社会结构的宏观视野切入，后两者从个体行动的微观视角切入。

功能主义范式将法律视为一种维系社会整合的中立性框架，罗斯科·庞德和塔尔科特·帕森斯是这一理论的典型代表。在功能主义范式中，法律作为社会的一个子系统，其实现社会控制和整合的过程是AGIP模式，即行动调适、目标追求、社会整合和模型维系。如经济系统中如果出现了某种利益需求，认为现有法律规则可能对其不公正，首先就会对经济系统中的利益主体产生影响，他们可能会在行动上有所调整，这一调整最终会反映在政治系统中，寻求政治系统的权力媒介改变法律规则，实现目标，于是法律系统在政治系统影响下改变规则，进行社会整合，法律规则的改变最终需要在文化系统中被广泛接受，形成一个成熟的模型，最终实现利益协调、社会妥协，实现社会控制目标。功能主义范式适用到知识产权的法社会学分析具有重要意义。知识产权作为一种相对年轻的法律部门，事实上是在“知识公有”的现状下改变规则，设定一种合法的垄断，这种需求可能是某种利益集团追求的目标，这一目标通过议会的政治系统得以确立，然后以法律的形式固定下来，这些都体现了AGIP模式的运转过程，不过当这一模式运转到最后一个阶段，即“模型维系”时，就出现了许多问题，即文化系统对这种改变的接受。功能主义分析的研究者们自己也指出，经济系统、政治系统的转变是迅速的，到法律系统时速度就会变慢，而最难转变的就是文化系统。在知识产权领域，一个经济文化发展水平还未到一定程度的国家及其人民往往表现出对知识产权规则的抵制，即使法律已经规定，但执法往往显得异常艰难，正是文化系统对这种改变不适应的结果。这可以说是功能主义范式在知识产权法社会学研究中的一个代表性示例。

“冲突理论范式”将法律视为一种“社会冲突中的武器”以及“统治阶级为

自身利益镇压其他阶级的工具”。在冲突理论看来,社会从一个小规模、相对同质的社会组织向一个专业化组织网络的转变是由群体间真实力量中的不同利益和差异的演变导致的。当不同群体之间产生冲突时,每个群体都将竭尽全力地保护自身利益,并通过立法形式,将自身利益固定化。[1]这种范式的研究方法包括阶级分析法、权力分析法。冲突理论范式对知识产权社会观的研究也极具启发意义。在知识产权立法、执法等过程中,权利人、社会公众、国家等各方利益群体之间的利益平衡是一个十分棘手的问题。有时候这种利益平衡的过程可能表现出极端化的态势,演变成利益争斗或斗争。TRIPs 签订过程中,发达国家知识产权利益集团肆意争夺知识产权利益,不仅造成知识产权利益失衡,甚至损害公共健康,以致引发关于知识产权与人权的讨论,就是冲突理论范式的一个典型示例。

行为主义范式把法律行为看作影响或导致某种法律现象的变量,法社会学研究就是要测量这些变量及其相互关系,用来验证和建立起具有解释性的一般模型和理论[2],最终用以预测法律变化趋势。行为主义范式的代表人物是唐·布莱克,他认为:“法律随其社会环境的每一方面而变化——纵向方面、横向方面、文化方面、组织性方面或者规范方面。……所有这些都是法律的运作行为,而这一切又都是可能得到解释的。”[3]他还在《社会学视野中的司法》一书中以“案件社会学”方式对这种范式进行了具体的阐释。行为主义范式强调法律运作中的社会影响因素,法律裁决的做出绝不是纯粹法律推理的过程,而是受到各种社会因素的影响。如果将行为主义范式应用到知识产权法社会学的分析中,则有助于研究者将视野由纯粹的法律规范转移到更加宽广的领域。这样,知识产权法律制度的运作过程、一个具体的案件处理过程,就不是单纯只有法律在起作用,围绕案件的各种因素,如双方的社会地位、经济力量、舆论导向、律师水平、法官个性等,都会对个案裁决及知识产权法律运行实效产生不可忽视的影响,这种研究无疑具有重大的现实意义。

建构主义范式则认为:法律的效力和意义并非外在于人们行为实践的工

---

[1] 参见:瓦戈.法律与社会[M].梁坤,邢朝国,译.郭星华,审校.北京:中国人民大学出版社,2011:17.

[2] 参见:朱景文.法社会学[M].北京:中国人民大学出版社,2013:52.

[3] 布莱克.法律的运作行为[M].唐越,苏力,译.北京:中国政法大学出版社,1994:4.

具，而是在实践过程中不断建构起来的。在建构主义看来，法律与社会研究的目标和任务并不是要给出一个固定的、一元的关于法律的社会意义的解释，而是要揭示和阐释现实社会中法律的真实意义。探求行动者主体所理解和赋予的法律意义。建构主义范式体现平常人视角，从日常生活的视角去理解和解释法律。建构主义的分析方法一般有平常事件分析法、叙述分析法。按照建构主义范式，知识产权法社会学的研究就是要从平常人的视角，通过一些知识产权日常事件、平常人对知识产权的叙述，去发现知识产权在社会中的真实意义。

第二节　知识产权运行的社会影响因素

上一节提到，知识产权法社会学研究内容包括众多框架，但目前我国较为常见的研究框架为“书本上的法和行动中的法”框架，按照这一框架，行动中的知识产权法研究就成为重点研究内容。沿循这一路径，可以从两个方面切入研究知识产权社会观问题。一方面，要发现知识产权法运作过程中的社会影响因素，确定方向和变量；另一方面，对知识产权法运作过程进行实证性法社会学分析，发现现实中知识产权法的运行实效和结果，以及其功能实现情况。

本节针对第一个方面。在知识产权创造、运用、保护和管理过程中，势必要经历知识产权立法、执法、司法、守法等法律过程的规范，而这些法律过程绝不是纯粹的法律逻辑推理，必然会受到各种社会因素的影响，如经济、文化、政治系统等宏观视角的因素，再如当事人、法官、律师、检察官个体区别等微观视角的因素。这些因素最终可能会以交易和自由裁量的方式体现出来，影响知识产权运作的结果和实效，决定人们的知识产权行为模式，影响人们对知识产权意义或功能的理解和认识。

一、知识产权运行中的交易

交易在法律运行中无处不在。有合法的交易，有非法的交易，也有处于灰色地带的交易，它们都会对法律的运作产生重要影响。

首先，纠纷解决中的交易十分常见。美国的诉辩交易制度就是法律承认的一种交易,我国刑事诉讼中也允许认罪认罚,其相同点都是以被告同意一个较轻的刑罚换取更大的确定性,这实际上也是一种交易,而且这些都是公法之中的交易。既然公法领域都可以存在交易,那么私法领域的交易就更为常见了。多元纠纷解决机制存在的基础就是交易,调解就是双方当事人在法律规范基础上达成的交易。现实中知识产权侵权、合同等纠纷解决中存在大量的交易行为,比如数量众多的知识产权侵权系列诉讼,一个原告批量起诉多个被告,通常情况下都是通过诉前调解程序解决,被告同意支付一定的和解、调解金额,原告同意撤诉并不再追究被告的赔偿责任,双方息讼止争,就是典型的交易。

其次,知识产权立法中的交易也是大量存在的。在西方所谓的民主立法程序中,各利益群体、利益集团会想方设法使自己的利益最大化。“许多利益集团在华盛顿和州的首府都设有办公室……有些利益集团在与议员和行政官员打交道的时候,还要对律师事务所的服务支付费用。”[1]利益集团在影响立法的过程中,会充分利用自己的财力资源、信息资源、公共关系等,通过包括交易在内的各种方式影响立法。美国千禧年著作权法在利益集团的推动下将版权保护期延长20年,对知识产权塑造的利益平衡机制产生了极大影响,其中免不了交易在立法中的作用。在国际知识产权立法中也可以见到交易的影子。TRIPs签订前后,美国国内的知识产权集团先是推动美国国内贸易立法,制定“301条款”和“特别301条款”,将知识产权国际保护与市场准入和外国投资联系起来,通过双边贸易协定的方式,软硬兼施,迫使发展中国家以提高知识产权保护为条件换取贸易利益,最终不仅很快推进了TRIPs的签订,且在协定签订后,还不断通过这种方式使发展中国家负担超越TRIPs的知识产权保护义务。当然,中国特色的社会主义立法体系不允许这种立法交易的存在,我们的立法坚持人民原则、社会主义民主原则,坚持科学原则,在我国的知识产权立法中,虽然也有众多不同的利益群体和需求,但可以通过公平的立法过程表达自己的声音。

再次,在知识产权授权确权过程中也可能存在交易。由于知识产权的特

[1] 瓦戈.法律与社会[M].梁坤,邢朝国,译.郭星华,审校.北京:中国人民大学出版社,2011:131.

殊性，知识产权权利的授予、权利范围的大小等事项需要行政机关的参与，这就为权利寻租提供了机会。前些年我国商标法领域的“做驰名商标”现象，就是一种不正当交易的体现。在这种现象最为肆虐的时候，一个商标权利人找到一个愿意充当被告的小卖部，提起一件虚假的知识产权侵权诉讼，让法院在裁判文书中裁定该商标为驰名商标，然后就能在广告中以“中国驰名商标”的名义大肆宣传。为严厉打击和坚决杜绝上述行为，“驰名商标”当前只能由国家知识产权局和法院在个案中认定，且经认定的驰名商标不能用于商业宣传。

最后，在知识产权管理运营过程中也存在大量交易。知识产权是一种市场垄断权利，是企业市场竞争优势的体现，有时甚至决定着一个企业的命运。同时知识产权作为一种私权利，当然可以通过转让、许可、自己实施、质押、资本化等方式运营，这当然也是交易，但这是法律允许的正当交易，而且是知识产权运营不可或缺的过程。不过在正当交易的背后，由于企业、个人等市场主体的经济实力、技术地位、所处产业链条等的不同，也可能会影响交易的正当性、公平性。实践中的知识产权运营往往不会以立法者所设想的理想模型展开，企业甚至不会去使用相关部门建议的标准化知识产权合同，而是自由约定交易方案和细节。还有那些非专利实施主体（NPE）公司，通过各种交易汇聚海量专利，通过专利侵权诉讼盈利，这些市场创造的知识产权运营模式、方案都是通过交易完成的。

二、知识产权运行中的自由裁量

除了交易，自由裁量在法律适用的过程中也是无处不在的。如一个人违反合同需要承担多少违约金，三年以上十年以下的法定刑到底判几年合适，侵权损害赔偿额如何确定，等等，一方面因为法律条文的文义局限性、模糊性，另一方面由于任何法律的适用均需要考虑人的因素，因此均存在自由裁量的空间。也正是因为自由裁量的存在，法律的确定性永远无法实现，只能无限接近，且其他社会因素会以自由裁量为媒介，导入法律运行过程，对法律的功能产生影响。

知识产权运行中的自由裁量有其特色。总体来说，除了一般法律运行过程中存在的自由裁量外，权利授予与否、权利范围大小、侵权比对判断等知识产权自身的特点导致的自由裁量占比更高,裁量空间更大,对法律实施效果的影响也更深远。我们可以将前者称为“一般自由裁量问题”,后者称为“特殊自由裁量问题”。

首先就一般自由裁量问题来说,知识产权运行中也存在一般法律的自由裁量问题,如知识产权合同产生的违约金问题、知识产权侵权产生的损害赔偿额问题等。这些自由裁量与其他部门法相比,没有什么本质区别,需要结合个案给出最终判断。

其次就特殊自由裁量问题来说,这是由于知识产权这种权利的特殊性产生的,具体来说是由于知识产权客体的非物质性产生的。知识产权不像物权,物权客体是有形的物,边界清晰、对象明确,看得见摸得着,因此不论是确权、交易,都是清晰的,不容易引发争议。知识产权的客体是非物质性的,知识产权法对专利、商标等采取审查“登记”的方式,通过文字、图形说明等方式确定其保护范围,著作权虽然不用登记确权,但也需要通过作品本身的表达确定其保护范围。于是,在知识产权授权确权阶段,自由裁量就已经大量存在了。比如专利权,需要专利申请人在权利要求书中用精确的文字说明,辅以图形,明确自己的权利保护范围。这样在专利申请、审查、授予的过程中,专利申请人和专利审查员之间就专利能否授予、在多大范围内授予专利权的问题,就会展开沟通。而在这个问题上,不同的审查员可能会有不同的认识,其主观性很强,自由裁量就产生了。再如商标申请与注册问题,一个商标标识与已注册的商标是否构成近似,其所指定的商品是否构成类似,都需要商标审查员自己主观地判断,自由裁量权很大。授权确权阶段的自由裁量问题还会不断延展到知识产权运行的后续阶段。如在专利侵权案中,首先要确定专利权的保护范围,再去比对侵权技术方案与专利权利要求书,在这个过程中又会出现主观性很强的自由裁量空间。商标法上也存在同样的问题,一个商标到什么程度可能构成“有一定知名度”,再到什么程度能够构成“驰名商标”,驰名商标跨类保护的范围究竟能有多大?不同的法官可能会有不同的判准。这也正是知识产权运行中要解决法律统一性遇到的最大阻碍。

第三节　知识产权运行中的社会功能

知识产权社会观的研究,最终要定位于知识产权法的功能实现问题。在前述知识产权运行社会影响因素的基础上,运用法社会学研究范式和方法,去发现知识产权法功能实现的情况,就顺理成章了。具体来说,运用法社会学功能主义学派的分析框架,知识产权法功能实现情况的研究可以从两大方面进行。一是知识产权正功能实现情况的研究,正功能是立法者所赋予和期待的法律功能。二是知识产权负功能产生情况的研究,负功能是立法者不予期待的功能,负功能可能体现为对正功能的消减,也可能体现为意料之外的其他不良影响。

一、知识产权的正功能

从知识产权制度创设的正当性、追求的价值等方面考虑,知识产权法的正功能至少可以包括以下几个方面:(1)权利保护功能;(2)激励创新功能;(3)促进知识或信息传播功能;(4)促进经济社会发展功能。这四个正功能按照利益平衡理论可以分为两组,前两个方面作为一组,体现知识产权对权利人利益的保护和促进;后两个方面作为一组,体现知识产权对公共利益的保护和促进。

权利保护功能即知识产权人权利受保护的状况,这方面的实证研究可以包括若干视角,使用不同的方法进行。比如可以通过定量和定性分析的方式,以知识产权制度的司法实践为研究分析对象,通过对案件的统计分析得出结论。也可以通过知识产权权利人的视角,以问卷调查、个案访谈的方式进行,得出实证结论。

激励创新功能即知识产权制度对创新的促进作用,这方面的研究可以通过知识产权产出数量和质量方面展开,具体研究方式既可以包括相关创新指数指标的考察,也可以包括典型个案分析,且此处的个案既可以是微观的某一企业,也可以是中观的某一产业领域,重点放在知识产权对企业、产业创新指标、经济指标的积极影响上。

促进知识或信息传播的功能即在保护权利人利益的同时,对知识或信息传播的促进抑或阻碍的情况。该项功能最终的指标是公众接近知识或信息的难易度。从这一指标出发,实证研究的方向可以从若干视角进行,比如涉及权利人权利与公众利益平衡的相关知识产权制度的历史变迁过程,通过制度变迁可见公众接近知识或信息难易度的变化。知识产权学界实际上已经有过这方面的研究,比如互联网时代,由于技术的变迁,公众接近知识或信息的难度不降反升,就是该项功能真实状况的一个写照。再如,可以从一些典型司法案例入手,仍然从历史视角进行个案分析,考察司法实践中个案裁决的纵向变迁,发现该项功能的实现情况。当然,还可以从平常人的视角,通过个案访谈、问卷调查的方式直接获知公众对此的感受,考察该项功能实现的情况。

促进经济社会发展功能可能是知识产权正功能中最为间接的一项功能,但也是知识产权制度立论基础的一个方面,因此也是必不可少的。对该项功能的实证分析,也可以从宏观和微观两个方面进行。宏观方面的研究方案主要是从统计数据中观察知识产权相关指标与社会发展相关指标之间的相关性。比如知识产权申请量、授权量等指标与国民经济发展、就业、产业、科教文卫、工资收入等经济社会发展指标的相关性关系。微观方面的研究方案可以从一个企业或一个产业的视角切入,考察知识产权发展情况与企业、产业经济发展、劳动合同签订、劳动者素质、工资收入等方面的相关性情况。当然,该项功能的实证分析也可以通过问卷调查或个案访谈的方式,直接获得社会公众的感受和认识,不过由于该项调查更多是相关性而非因果性,一般公众恐怕较难给出准确的感受和认知。

二、知识产权的负功能

知识产权负功能的研究主要是观察知识产权制度实施、变迁过程中所带来的消极影响。知识产权制度是一个利益平衡器,一头是知识产权人创造权益保护利益,另一头是社会公众公共领域扩大利益。知识产权负功能的考察可从这两方面入手。

从这个角度来看,学界其实早就有类似研究成果出现。首先,版权法上公共领域的侵蚀就是一个表现。自20世纪后期以来,许多国家版权保护水平逐渐提升,版权保护客体扩张,版权保护期限延长,合理使用条件趋严,等等。美国传播学者西瓦·维德亚纳森已经指出,20世纪的版权史是一个不断扩张、延长、加固保护的历史,美国的版权政策已忘记其当初鼓励创新、促进科学与民主的目标。版权对大众的活动进行征税和限制,从而成为经济强者获取更多补偿和进行文化控制的一种手段。[1]版权扩张对公共领域的侵蚀已经引起众多学者的关注。其次,专利权领域的负功能也是存在的。专利权的利益平衡需要专利的充分公开,这也是专利制度所规定和要求的,然而实践中专利申请很难做到充分公开,专利申请人基于市场竞争优势利益的考虑,都会在获得专利权的前提下尽可能保留技术秘密,实际上限制了技术信息的传播,也是对公共领域的侵蚀。另外,在电子信息等产业领域"专利灌丛"的存在导致对创新的阻碍而不是促进,也是专利权负功能的典型体现。在这些产业领域,虽然专利申请和授权数据相当可观,表面上看技术信息越来越多,公共领域越来越大,但专利之间盘根错节、交叉丛生,而任何一个新的创新都无法绕开现有专利技术,要想彻底摆脱现有专利束缚基本没有可能,这样的"专利灌丛"反而阻止了进一步创新,因此专利权不但未能促进创新,反而阻碍了创新。最后,利用知识产权这种合法专有权,跨国公司通过推动和修改国际知识产权保护规则,逐步将知识产权与人权、主权捆绑,成为知识霸权的一种工具。这一现象主要是美国文化娱乐产业、医药产业等强势知识产权利益集团推动的结果,用彼得·德霍斯和约翰·布雷斯韦特的话说,这些知识产权利益集团是在进行一种"知识游戏",利用知识产权营造知识霸权,他们不仅侵蚀公共领域,控制文化表达,甚至还波及了公共健康等伦理、人权,以及一国的主权。这些都是知识产权制度创设之初所意想不到的消极影响。

【案例分析】

"潼关肉夹馍"商标维权系列案

2021年11月,媒体报道了"潼关肉夹馍"商标维权系列案,引起了社会巨大反响。潼关肉夹馍协会拥有"潼关肉夹馍"地理标志集体商标(图文组合商标),协会针对陕西潼关地区之外以"潼关肉夹馍"为招牌的众多经营者发起侵权诉讼,通过调解、判决等方式,获得赔偿金。协会在诉讼请求之外,还要求经营者以支付加盟费的方式加入协会,引发众多经营者的反对,被媒体曝光

---

[1] 库姆. 商品文化、私人审查、品牌环境与全球贸易政治:法律与社会研究中的知识产权问题[M]//萨拉特. 布莱克维尔法律与社会指南. 高鸿钧,等译. 北京:北京大学出版社,2011。

之后,更是成为舆论热点。随后,国家知识产权局、最高人民法院等先后发出声明,厘清地理标志集体商标的权利边界,针对某些主体知识产权恶意诉讼问题提出警告。潼关肉夹馍协会最后发出道歉声明,事件逐渐降温。

该维权系列案主要涉及地理标志集体商标权利边界这个专业问题,引发了业界、公众对地理标志法律制度的热烈讨论和学习,实际上也是一次很好的普法。该案件可从两个视角来看:第一,从知识产权专业角度来看,潼关肉夹馍协会的许多诉讼实际上并没有问题,针对那些确实与潼关肉夹馍没有任何关联却打着潼关肉夹馍招牌的经营者而言,商标侵权的可能性还是很大的,因为既然潼关肉夹馍图文商标被授权,其商标所有权人就拥有相应的商标专用权,那么这些诉讼中,原告有权提起诉讼,被告有权在诉讼中答辩,也可以提出不侵权抗辩理由,最终商标侵权是否成立,原告诉讼请求是否应予支持,被告应该承担什么样的法律责任,都应该交于法院、法官进行专业裁判,不能进行媒体审判,造成公共舆论干扰司法。第二,从法律与社会的视角来看,就不是单纯的法律逻辑推理了。潼关肉夹馍协会提出诉讼究竟是正当维权还是利用商标获取非法收益,不同的利益主体站在不同的立场就有不同的观点。知识产权权利保护功能过度是否会产生垄断的负功能?知识产权和民生产生矛盾时该如何取舍?媒体报道专业法律事件时是否该有倾向性立场?因为媒体引领舆论,如果媒体立场不客观,可能会导致法律实施的困难和功能实现的掣肘。如该系列案件中,媒体在报道时重点关注了潼关肉夹馍经营者的民生问题,诉说他们的不易,言下之意,协会是在恶意诉讼,侵害民生,获取非法收益。社会公众作为平常人,受到舆论的影响,可能会对知识产权形成一种不同于其原初意义的认识,那么知识产权的实施是否还能持续不断地得到社会的支持?这个视角就是知识产权法社会学的研究内容了。

【基本概念】

知识产权社会观;知识产权法社会学;知识产权运行;知识产权功能

【思考与分析】

1. 知识产权社会观研究什么?
2. 知识产权法社会学有哪些研究范式和方法?
3. 知识产权运行中的社会影响因素有哪些?

4. 如何进行知识产权功能研究？

【延伸阅读书目】

[1]瓦戈. 法律与社会[M]. 梁坤，邢朝国，译. 郭星华，审校. 北京：中国人民大学出版社，2011.

[2]萨拉特. 布莱克维尔法律与社会指南[M]. 高鸿钧，等译. 北京：北京大学出版社，2011.

[3]朱景文. 法社会学[M]. 北京：中国人民大学出版社，2013.

[4]布莱克. 法律的运作行为[M]. 唐越，苏力，译. 北京：中国政法大学出版社，1994.

第十五章　知识产权教育观

未来社会的竞争是知识产权的竞争，而知识产权竞争的核心在于人才的竞争。知识产权教育事关知识产权事业发展的全局，必须加快发展知识产权教育事业，完善知识产权宣传教育体系，创新知识产权人才培养模式，培育知识产权文化，提高全民知识产权素养。在知识产权教育的发展进程中，尤其要注意与知识产权文化培育相结合，实现二者的良性互动和共同发展。

第一节　知识产权教育观概述

一、知识产权教育的内涵

知识产权教育指根据受教育者的不同层次和教育的不同目标，通过各种途径，如宣传、培训、讲座和授课等方式，向公众传授知识产权相关法律知识，知识产权创造、保护、管理、运用方面的相关知识以及知识产权发展的最新动态和研究成果，还包括知识产权意识教育和文化观念的培育。其主要任务是普及知识产权相关知识，教育引导人们树立尊重知识、崇尚科学、进取创新的精神，增强公众保护知识产权的意识，使人们自觉遵守创造、利用、消费知识资源的科学行为准则、自觉维护知识产权法律法规，在全社会营造保护知识产权、鼓励知识创新、诚信竞争的环境。

知识产权教育应重视内容的全面性。从纵向方面来看，知识产权教育不仅要重视知识产权基本知识教育，而且要重视思想意识教育以及文化观念的培育；从横向方面来看，不仅要重视知识产权保护，而且要重视知识产权的创造、管理和运用。我国的教育体系，一贯坚持以德育为首、全面发展的育人方针。所以知识产权教育不应囿于一般知识产权知识的传授，而应重在提高受教育者的知识产权意识，使其能以宏观战略的眼光看待知识产权与社会发展的关系，培养他们通过具体知识产权运作与管理来提高所属组织或整个国家竞争优势的能力。

从不同角度出发，知识产权教育目标具有多样性。从国家创新战略角度看，知识产权教育的目标是培养具有创新精神和创新能力的人才；从知识经济的角度分析，知识产权教育既要重视培养创新人才，更要重视培养具备科技应用和转化能力的经营、管理人才；从贸易角度看，知识产权教育目标应包括自主创新能力的培养，更应包括知识产权的“物化”能力；从国际竞争角度看，知识产权教育的目标就是要培养和提高我国知识产权的国际竞争能力；从风险角度看，知识产权教育的目标显然是要培养被侵害风险、遭到侵权指控风险的应对能力。总的来讲，知识产权教育的目标就是提高受众对知识产权进行物化的各种能力，如知识产权创造能力、保护能力、应用能力和管理能力。❶

二、知识产权教育的重要性

（一）国家利益的要求

知识经济时代，知识产权日益成为国家发展的战略性资源和国际竞争力的核心要素。中国作为一个发展中国家，其经济、科技与文化的可持续发展离不开知识产权，也避不开与国外知识产权的较量。目前，我国高层次复合型应用型知识产权人才急缺，很多复杂的知识产权事务无法应对，国家的科技经济发展因而受到影响。因此，加强知识产权教育，大力培养知识产权专门人才，不断提升全社会的知识产权保护意识，提高知识产权创造、保护、运用、管理能力，是我国适应经济全球化竞争的必然选择。

中国作为世界上最大的发展中国家，正积极参与和影响国际知识产权规则的制定，维护发达国家与发展中国家之间的利益平衡，促进世界各国科技经济的协调发展。知识产权问题一旦上升为国家关系问题，则需要有一批精通知识产权的专门人才去研究知识产权国家政策，代表政府谈判，参与争端解决，制定国际经贸规则等。目前，我国需要一大批知识产权专门人才充实到立法、司法、执法、贸易、经济、管理、教育、研究等领域。

（二）企业竞争的需求

我国加入世界贸易组织（WTO）后，国外企业即加大了对我国市场的开发

❶ 姚王信、范芳妮、苑泽明．知识的物化：物权思想与知识产权教育研究［J］．教育与现代化，2010（3）：63.

力度，许多欧美企业联手在中国掀起一股“知识产权圈地运动”，利用知识产权这一竞争性资源构建“知识产权壁垒”，提高市场准入门槛，对我国不少企业形成了包围态势。反观我国企业，运用专利技术和知识产权的能力不强，绝大多数企业没有配备专门的人员和部门，更不懂得把企业的经营战略和决策与知识产权的运用结合起来为企业的发展服务，专利申请的结构不够合理，缺乏商标意识和利用商标开拓国内外市场的战略眼光，知识产权战略意识薄弱。知识产权战略的制定和实施需要充足的人力资源来支持，为此政府应积极发展知识产权教育，加强知识产权专门人才的培养。

三、知识产权教育体系的构建原则

(一)政府部门牵头领导的原则

国家的教育事业是在党的领导下为社会主义建设事业服务的。同样，知识产权教育事业的发展也离不开相关政府部门的领导和支持。构建知识产权教育体系也应该遵循相关职能部门牵头领导的原则。国家和地方各级政府相关职能领导机构应坚持全局观点、长远观点、发展观点，从国家和社会发展的高度看知识产权教育，在知识产权教育体系中通过制定政策、监督检查和物质资助等方式充当保障机制的作用。[1]

(二)拓宽受教育者覆盖面的原则

知识产权教育的对象应为全体公民，这是由知识产权自身的特点所决定的。知识产权涵盖文学、艺术、科技等各个领域，渗透人类社会生产和生活的各个方面，涉及广泛的创作、应用群体和消费群体。切实实现知识产权在国家经济竞争力方面的作用，必须依赖于全民知识产权意识的普及和提高。因此，构建知识产权教育体系必须拓宽受教育者的覆盖面。

(三)分层次逐级深入的原则

知识产权教育的对象是全体公民，素质参差不齐，在开展教育时要考虑受教育者的群体差异，有区别、分层次地逐级深入。知识产权教育分为学历教育和非学历教育，学历教育指的是专业化教育，非学历教育包括职业化教育、普

[1] 郭玉琼.构建创新型国家中的知识产权教育体系研究[D].合肥:合肥工业大学,2006:24.

及化教育。知识产权专业化教育是指以高等教育为主的专业化教育,主要是国家通过在有条件的综合性大学设立知识产权本科专业、知识产权第二学位专业、知识产权硕士和博士授权点等途径来培养高层次的知识产权教学、科研及复合型实用人才。知识产权职业化教育是指知识产权职业培训教育,主要是对从事知识产权职业的各种人员进行有针对性的继续教育,不断提高他们处理复杂知识产权事务的能力。知识产权普及化教育是指大众层面的知识产权普及教育,通过在各类学校设立知识产权课程和其他形式开展知识产权的普及教育工作,提高全民知识产权素质,形成全社会尊重知识产权的氛围。知识产权普及化教育的阵地,不仅在高校,还应注重中小学知识产权普及教育,加大对中小学生知识产权意识、创新精神与创新能力的培养。此外,还应该把知识产权教育的范围扩大至全社会,使知识产权教育走进农村、社区、企业,实行真正意义上的平民教育。

(四)系统进行的原则

构建知识产权教育体系是一项系统工程,需要各方面的高度重视和各环节的配合。各层次的教育机构应设立评议团队,对教育结果进行反馈。在开展教育活动时,一方面要充分发挥学校等正规教育系统的作用,另一方面也不能忽视诸如大众传媒、社会教育和自我教育等非正规教育系统的教育作用。

第二节　知识产权宣传教育

一、知识产权宣传教育的意义

习近平总书记在2018年博鳌亚洲论坛上指出,“加强知识产权保护,这是完善产权保护制度最重要的内容,也是提高中国经济竞争力最大的激励”,将知识产权保护的重要性提到了前所未有的新高度。因此,新形势下,强化中国知识产权保护,优化中国知识产权生态,已成为中国克服风险挑战、推动经济发展的重要保障。知识产权包括专利、商标、版权及地理标志等,涵盖科技、文学、艺术等各个领域,渗透在人们生产生活的各方面,涉及广泛的创作、运用和消费群体。知识产权制度本质上是一种契约规则,有赖于全体公民的集体认可和共同遵守。如果社会公众没有建立牢固的知识产权意识,那么知识产权制度就缺乏生根发芽的土壤,得不到真正的落实。因此,新形势下,建立完善的知识产权宣传教育体系,倡导创新文化,普及知识产权,提升公民的知识产权保护意识,弥补中国知识产权环境土壤的不足,是强化知识产权保护题中应有之义。❶

二、知识产权宣传教育的结构

建立知识产权宣传教育体系是一项系统工程,需要各方面的高度重视和各环节的配合。在这个体系中,国家和地方各级职能领导机构通过制定政策,监督检查和物质资助等方式为整个体系提供保障。执法机关、行政机构、民间组织、社会舆论和教育管理机构等应发挥其评议监督的作用,建立评价制度,确定评价的指标、方法,定期提出相关的报告。充当执行职能的子系统包括学校教育子系统、社会教育子系统和家庭教育子系统。❷

学校教育是指由教育部门认可的教育机构所提供的有目的、有组织、有计划、由专职人员承担的、以影响入学者的身心发展为直接目标的全面系统的训练和培养活动。学校教育子系统包括基础教育和高等教育。基础教育针对的是中小学生,高等教育针对的是大专院校的学生。❸在中小学阶段,知识产权的法律概念相对比较难以理解,知识产权教育的重点在于培养青少年尊重和保护知识产权的意识,引导青少年通过开展创新活动、社会实践活动等,学习和了解知识产权制度的作用和意义。而在高等教育阶段,学生的理解能力和实践能力有所增强,知识产权教育除了培养知识产权法律专业人才之外,应当面向学生将要从事的专业领域开展面上的普及,即在加强培养知识产权意识和创新意识的同时,更注重学生创新能力和运用知识产权制度能力的培养。

社会教育指的是除了学校教育和家庭教育以外所有有目的、有组织、有计划的以及一切在社会活动中对人的身心产生实际教育结果和影响的教育活动。它以全民为教育对象,以社会为其范围,以社会整体发展为目的。社会教育系统包括继续教育、大众传媒宣传、社会文化设施和社区教育以及自我教育

---

❶ 唐颖,王晓茜.构建完善的知识产权宣传教育体系提升公民知识产权保护意识[J].科技与创新,2020(17):144.

❷ 郭玉琼.我国知识产权教育的现状及对策思考[J].广西青年干部学院学报,2008(7):63.

❸ 郭玉琼.我国知识产权教育的现状及对策思考[J].广西青年干部学院学报,2008(7):63.

四个部分。其中,继续教育主要是针对相关领导干部、企业管理人员及员工;大众传媒宣传系统覆盖面很广,包括全体公众,主要是起舆论导向性作用;社会文化设施和社区教育充分利用图书馆、科技馆、博物馆等公益设施,通过社区活动等形式进行;自我教育的学习方式是相对于传统教育的一次变革,它强调自导式学习,通过利用计算机网络、软件等教学手段进行。对于尚不十分了解的知识、内容,采取边使用边摸索的学习方式进行,实现“用中学”“干中学”。❶

家庭教育指的是家中长辈通过言传身教和生活实践对后代施加影响的活动。它是与学校教育、社会教育并行的一种重要教育形式,对于培养青少年的知识产权意识有特殊的作用。家庭教育利用亲情优势、早期教育优势、长期性连续性和一致性的优势,对青少年造成终身的影响,有着学校教育、社会教育不可替代的作用。❷

整个知识产权宣传教育体系是不可分割的有机整体。保障机制、评议机制和执行机制之间各司其职又相互影响。政府职能领导机构是评议团体的重要成员,为评议机制和执行机制功能的正常发挥提供政策指导和物质支持。而评议团体的评议结果为政府职能领导机构制定政策、采取措施提供参考,也将为执行机制功能的提高产生建设性的作用。各教育子系统则是评议团体监督和评估的对象。整个体系在“反馈—改进—反馈”的过程中不断达到功能的完善,从而实现提高全民知识产权意识和激发全社会的创新意识的作用,为建设创新型国家提供思想基础和人才基础。❸

三、知识产权宣传教育应注意的几个问题

一是要注重教育体系的多面性,建立全方位、多层次的知识产权教育体系。公民意识提升并非一日之功,需要建立覆盖全体公民的全链条教育模式,并根据不同群体的特点开展适应性、需求性教育。例如,针对高等院校、科技工作者等创新主体着重开展运用型、专业性教育,针对中小学学生开展普及型、启发型教育,针对社区公众等开展渗透性反面警示型教育,让创新文化和

❶ 郭玉琼. 我国知识产权教育的现状及对策思考[J]. 广西青年干部学院学报,2008(7):63.

❷ 郭玉琼. 我国知识产权教育的现状及对策思考[J]. 广西青年干部学院学报,2008(7):63.

❸ 郭玉琼. 我国知识产权教育的现状及对策思考[J]. 广西青年干部学院学报,2008(7):63.

知识产权理念融入各行各业的不同群体中。[1]

二是要注重积累丰富的宣传教育经验,完善知识产权教育课程体系设计。完善知识产权继续教育、应用教育和普及教育课程设计,放宽职业教育渠道,优化专业教育体系,推广中小学及社区教育经验,不断提升知识产权教育实际成效。[2]

三是要充分利用新媒体手段开展大众知识产权教育,有效发挥知识产权教育社会大课堂的作用。例如,在2020年知识产权宣传周期间,通过某直播等网红平台,为公众普及知识产权知识,取得良好成效。[3]

第三节 知识产权人才培养

一、知识产权人才的定义

对于知识产权人才的定义,至今没有一个明确清晰的表述,在国内外能够普遍被接受的说法是:知识产权人才是指在知识产权领域从事知识产权创造、运用、管理和保护等工作的专门人才。[4]这个定义仅仅描述了知识产权人才具体从事的工作类型,但并没有就知识产权人才应具备的能力素质作出表述。我们认为,"知识产权人才"应该是从事知识产权一项或多项相关工作的人才,这种人才应该是具有一定的知识产权专业知识或专门技能,进行创造性劳动并对社会作出贡献的人。[5]

二、知识产权人才的素能

人才是"素质能力"的结合,知识产权人才应该具备以下四种素能。[6]

---

❶ 唐颖,王晓茜.构建完善的知识产权宣传教育体系提升公民知识产权保护意识[J].科技与创新,2020(17):144.

❷ 唐颖,王晓茜.构建完善的知识产权宣传教育体系提升公民知识产权保护意识[J].科技与创新,2020(17):144.

❸ 唐颖,王晓茜.构建完善的知识产权宣传教育体系提升公民知识产权保护意识[J].科技与创新,2020(17):144.

❹ 王淑贤.知识产权人才发展面临的问题与对策[J].前线,2011(11):42-43.

❺ 王肃.知识产权人才之概念探析[J].学习论坛,2014(12):59.

❻ 王肃.知识产权人才之概念探析[J].学习论坛,2014(12):59-60.

(一)知识产权人才的知识

知识产权人才应该具有什么样的知识,与对知识产权的学科性质和专业属性认识有关。教育部在2012年的专业目录中把知识产权列为“法学”之列,可见知识产权人才应该首先具有法学知识,而且应具有产生或者赋予“财产权”与“人身权”的民商法知识,以及与此相关的法律知识。但是,知识产权的无形客体却根植并发展于有形的技术方案、工业设计、商业标识、创意作品等。

这些思想、信息、智慧与科学技术、工商业活动密切相关,要想深刻理解知识产权,就必须了解有关的科技知识和工商业知识。同时,法定的知识产权与有形财产权不同,其客体的无形性特点决定了知识产权的占有、使用、收益、处分的形式与本质有自己的特殊性,其价值实现与发挥的独立性与附着放大性,也决定了知识产权的流动与交易——商品化、市场化、产业化有别于有形财产权,这就需要知识产权人才掌握独特的知识产权管理知识和经济学知识。当然,鉴于知识产权及其制度的国际性,知识产权人才也要求具有一定的外语知识。

总之,知识产权人才具有的知识应该包括:以赋予“知识”以“产权”的法律知识为主体,向前触及至知识产权产生的科技知识,向后延伸至知识产权经济化的管理知识和经济知识,其中“知识产权法学”和“知识产权管理学(经济学)”是知识产权人才应该具有的主要分支。当然,知识产权人才应该具有的“知识”复合或集成起来最好,具有一个分支知识也可以。

(二)知识产权人才的技能

“技能”是知识的外化性表现。具体而言,知识产权人才应该具备的技能范围如下:能够把科学技术知识或商业标识“产权化”,符合国家法律和政策所要求的产权化标准,如专利申请、复审、授权,商标申请、复审、授权等;能够按照国家公共政策的要求,对知识产权制度进行修订完善,按照职能划分进行知识产权执法与司法,或对知识产权进行保护;能够对知识之权利、权利化知识进行宏观与微观管理,把知识产权这种无形资产商品化、市场化、资本化、产业化,整合与放大知识产权的价值,服务于国家、区域、行业、产业、企业的利益诉求;能够对知识产权及其制度进行深刻透视,揭示知识产权制度及其相关问题的内涵机理和运行机制,发掘知识产权制度的价值性及其实现路径,为政府与市场主体和相关主体的决策提供参考,培育知识产权意识与观念,传播知识产权文化,培养知识产权人才,为知识产权事业发展提供不竭的可持续发展动力。

概而言之,知识产权人才的技能应该为:知识产权创造力、知识产权运用力、知识产权保护力、知识产权管理力,涵盖对知识产权及其制度的科学研究、知识产权人才培养、知识产权社会服务、知识产权文化传承,包括知识产权决策、立法、执法、司法、行政管理、企业管理、中介服务、教学科研等。当然,知识产权技能要求不苛求全面性,具备一种或者多种都可以。

(三)知识产权人才的创造

"创造"是知识与技能的高境界形式,它表示知识产权人才可以将技能发挥到一个其他人或者普通人没有达到的新颖独到高点。前述"知识"与"技能"或许一般人可以具有,但是将二者结合起来产生原始性或集成性、衍生性的创新,则不是一般人可为,因此知识产权人才的高一级素能应为创造。

"创造"素能要求知识产权人才具备将"知识产权法学知识、知识产权管理学(经济学)知识"创新性发散出来、传播出去,把"知识产权创造力、知识产权运用力、知识产权保护力、知识产权管理力"以新颖别致的方式发挥出来,在知识产权及其制度的科学研究、知识产权人才培养、知识产权社会服务、知识产权文化传承等方面,在知识产权决策、立法、执法、司法、行政管理、企业管理、中介服务、教学科研等领域具有创新举措。与前两种素能要求类似,知识产权人才创造素能并不求全责备,而是在某一方面或者某一领域有所创新即可。

(四)知识产权人才的贡献

"贡献"是国家对知识产权人才的价值认可或者判断,是知识产权人才"德"的重要评判标准。一个人在知识产权领域可能具有知识、技能,甚或具有创造素能,但是如果其过程与结果并不符合国家与社会的行为规范与效果准则,仍不能称之为"知识产权人才"。

贡献素能要求知识产权人才的知识、技能、创造的外显形式与国家和社会的目标追求相一致。例如促进与激励知识产权的创造，使知识产权的“量”与“质”达到一定的程度；促进知识产权的有效运用，使知识产权能够转化成现实生产力，特别是实现知识产权的运营高级化；促进知识产权的依法保护，使国家法律赋予的“知识”之“产权”始终处于安全境地，且避免落入知识产权陷阱；促进知识产权的科学管理，通过对知识产权无形资产的有序整理、排列组合、连横合纵，实现知识产权价值的最大化；促进知识产权人才培养与文化传播，奠定和夯实知识产权制度运行的基础，实现知识产权制度的不断创新与可持续发展。知识产权人才分类不同，对知识产权人才“贡献度”的形式和内容要求也不尽相同。

三、知识产权人才的分类

知识产权人才的分类目前也没有统一的标准，其划分至少有四个维度。

第一个维度是根据知识产权的种类来划分，可以称为“种类维度”，如专利人才、商标人才、版权人才和其他知识产权人才，以及综合性或基础性知识产权人才。

第二个维度是根据国家知识产权战略所界定的知识产权环节来划分，可以称为“环节维度”，如知识产权创造人才、知识产权运用人才、知识产权保护人才、知识产权管理人才。其中，知识产权创造人才发展的具体类型包括专利信息分析人员、专利导航人员、专利代理人、商标代理专业人员；知识产权保护人才发展的具体类型包括知识产权执法人员、知识产权司法人员、知识产权仲裁人员、知识产权调解人员等；知识产权运用人才发展的具体类型包括知识产权运营人才、知识产权金融人才；知识产权管理人才包括知识产权行政管理人才和企业知识产权管理人才，知识产权行政管理人才包括专利审查专业人员、专利管理专业人员、商标审查审理专业人员、商标管理专业人员、版权登记与版权管理人员。[1]

第三个维度是根据人才的层次来划分，可以称为“层次维度”，如高级知识

[1] 窦璐，刘小砚．新时期我国知识产权人才发展路径探究：目标、类型及重点任务[J]．高等教育，2021(33)：60.

产权人才(包括知识产权国际保护人才、知识产权战略人才、知识产权师资等),中级知识产权人才(包括企业知识产权主管人员等),普通知识产权人才。[1]

第四个维度是根据“所在行业与所从事工作”为标准进行划分,可以称为“行业与工作维度”,包括五大类:一是知识产权行政管理人才,主要是分布于各级各类知识产权行政管理部门;二是知识产权司法人才,主要是分布于各级公检法知识产权司法机关;三是知识产权教学研究人才,主要是分布于各高等院校、科研院所;四是知识产权企业管理人才,主要是分布于各类企业等市场主体;五是知识产权社会服务人才,主要是分布于从事知识产权社会服务的中介机构。[2]

四、知识产权人才的多方协同培养

(一)知识产权人才多方协同培养的必要性

1. 知识产权作为综合性交叉学科的要求

知识产权是一门综合性极强的学科,其具有多门学科知识融合交叉的知识结构,即文理交叉、科技与法律并举,并兼有国际贸易、情报、外语等方面的学科。然而纯知识产权法人才培养模式在知识产权结构、知识产权背景等方面固有的局限,限制了知识产权人才培养的成效,无法体现知识产权人才的学科交叉特性。因此,有必要探索、推进知识产权人才培养中的学科融合。[3]

2. 作为应用性学科的人才培养规律的要求

知识产权是一门实践性极强的“应用性”学科,其所涉及的领域非常广泛。例如,企业不仅仅需要专注于法律保护的知识产权人才,还需要专注于技术创新保护与运营管理实践的知识产权人才,譬如技术创新中的立项的前置检索、发明方案的权利保护范围的大小、权利要求书的撰写、专利的组合应用、侵权诉讼中的专利稳定性的判断、专利引进中的价值评估等,这些问题的解决无一不需要较高的理论水平,还需要较强的实践能力与应用能力。而传统的知识

---

[1] 钱建平. 论高校对知识产权人才的错位培养[J]. 江苏社会科学,2010(6):254-256.

[2] 王肃. 知识产权人才之概念探析[J]. 学习论坛,2014(12):60.

[3] 肖冬梅. 知识产权强国建设与知识产权人才培养[M]. 湘潭:湘潭大学出版社,2017,41.

产权法人才培养模式缺乏针对性，从法律层面的教学与培养更多关注知识产权实体问题与知识产权权利实现的诉讼程序，而对技术与法律结合的知识产权的保护、管理、运营的现实问题，在课程设置、师资储备、学生知识产权结构等方面投入的关注均不够。❶

3. 协同是现代教育理念的要求

“协同”是现代教育理念，是高校培养创新型人才的有效模式，也是促进高等教育改革创新、全面提高人才培养质量的重要举措。结合“协同”的现代教育理念，促进学科间的师资、课程与生源等方面的协调与整合，在高校与实务部门间搭建科研、人才培养等相应的协同机制，无疑将更有利于培养复合型、应用型知识产权人才，满足“知识产权强国建设”对知识产权人才培养提出的新要求，培养更多为社会所接纳的知识产权人才，夯实知识产权强国建设的人才基础。❷

（二）知识产权人才多方协同培养机制的实现形式

1. 高校校内的学科协同

知识产权人才的协同培养，首先应实现校内各学科的协同。整合高校校内各个相关院系的师资力量，培养学生的综合能力，构建一个科学的、符合社会需要的教学结构。譬如，可通过鼓励理工科、经济学、信息管理等学科的本科生攻读法律硕士（知识产权方向）或知识产权专业硕士，实现知识产权人才培养的多学科背景与学科交叉特点，并依其本科的学科背景制订个性化培养计划，设置不同培养目标，如将法学本科背景的学生培养为精通知识产权法的实务人才，将管理或经济学背景的学生培养成擅长运营的知识产权管理人才，将理工科背景的学生培养成懂技术的复合型专利人才，实现真正意义上的生源的学科交融；实施知识产权和理工科双学位的本科培养模式。❸

2. 政府、企业、高校多方主体的协同机制

知识产权人才的实务能力的培养离不开实务部门的全程参与和配合，知识产权管理部门（如专利审查部门、知识产权审判机构、企业知识产权部门以

❶ 肖冬梅. 知识产权强国建设与知识产权人才培养[M]. 湘潭：湘潭大学出版社，2017，41.

❷ 肖冬梅. 知识产权强国建设与知识产权人才培养[M]. 湘潭：湘潭大学出版社，2017，42.

❸ 肖冬梅. 知识产权强国建设与知识产权人才培养[M]. 湘潭：湘潭大学出版社，2017，42.

及知识产权中介机构等社会主体)既能为高校提供前沿的问题与指明市场趋向,也能为人才培养提供活生生的现实素材。更重要的是,通过搭建与实务部门的协同平台,可弥补高校在双师型师资、实践平台以及培养经费等方面的不足。通过强化高校与政府管理部门、企业及中介机构的多元主体协同培养,使其从分割到互动对接,加强政府、社会的有效参与,实现高校与社会的无缝对接。[1]

第四节 知识产权文化培育

随着知识产权事业的不断发展,知识产权文化的培育逐渐为人们所重视。世界知识产权组织早在2003年就提出创建知识产权文化的设想,倡导每个国家发展一种适合其需要的知识产权文化,包括各有侧重的国家知识产权战略、最适宜的国家知识产权制度,并在全国范围内提高对知识产权作为促进经济、社会和文化发展的强有力手段的认识。知识产权文化具有传播和交流功能、激励功能、协调和平衡功能、教育功能以及所有文化形态所具备的包容性。倡导知识产权文化不仅有助于在国际层面知识产权思想的沟通,填平各国在对知识产权制度认识上的鸿沟,缓解国际和区域间的知识产权矛盾和冲突。而且在我国也有利于全民知识产权意识的普及和崇尚创新文化氛围的形成,进而为知识产权制度的运行提供基础性支撑,为提升我国经济发展的核心竞争力和效率贡献力量,为完善我国的国际形象、改善投资环境,从而吸引投资、拓展国际市场营造良好环境。[2]

一、知识产权文化的内涵

知识产权文化是以知识产权意识形态为核心,由有关知识产权的价值观念、道德规范、法律法规、服务和管理体系及行为方式等构成的有机整体,包括知识产权观念文化、知识产权制度文化、知识产权物态文化和知识产权行为文化。[3]知识产权文化不是从来就有的,其产生于知识产权制度之后,是一个国家在其特殊的历史发展过程中逐步形成的,并对该国的知识产权制度实施

---

❶ 肖冬梅. 知识产权强国建设与知识产权人才培养[M]. 湘潭:湘潭大学出版社,2017,43.

❷ 刘华,周莹. 我国知识产权文化建设的层次与目标[J]. 知识产权,2006(3):18-19.

❸ 姜国峰. 我国知识产权文化培育研究[M]. 郑州:河南人民出版社,2016,32.

和公民的价值取向发挥柔性作用。知识产权文化的基本理念是:尊重知识、崇尚创新、诚信守法、公平竞争。

尊重知识彰显了知识产权文化的基本价值观念,是知识产权文化建设和发展的主要目标。崇尚创新体现了知识产权文化的基本精神品质,是知识产权文化生长和延续的基本前提。崇尚创新就是要发扬创新变革、勇于竞争、宽容失败的精神。诚信守法确立了知识产权文化的普遍道德标准和行为准则,是知识产权文化良性发展和有序传承的思想基础。诚信守法就是要推行诚实信用、遵纪守法、遵从公益、和谐发展的风尚。公平竞争是知识产权文化理念不可割舍的重要组成部分,是知识产权文化建设的目标。倡导"公平竞争",就是要通过严格保护知识产权,落实惩罚性赔偿制度等措施,有效发挥知识产权制度激励创新的基本保障作用,稳定市场预期,扩大对外开放。同时,做到公正合理保护,对滥用知识产权获取不正当利益的行为进行有效规制,维护公平竞争的市场环境,实现激励创新与公共利益兼得,为国家经济高质量发展提供坚实的知识产权文化支撑。

二、知识产权文化的结构

知识产权文化的内在结构分为四个层面,是一个以观念文化为引导、制度文化为支撑、物态文化为保障、行为文化为驱动的文化同构体。[1]

(一)知识产权观念文化

知识产权观念文化是人们对知识产权的认识、认知及认同的综合反映,体现了人们关于知识产权的思维方式和价值体系。知识产权观念文化不但指导着人类的思维方式、行为习惯,而且还影响着人类的精神世界及价值观,潜移默化引导人们的日常行为,并自觉将这种价值观应用到知识产权事务的相关实践活动中,促进知识产权活动顺利进行。知识产权观念文化在整个知识产权文化内容体系中居核心和第一层次,起引导作用。[2]

(二)知识产权制度文化

知识产权制度文化指能够将人们的知识、技能、经验等形成的知识或智力

[1] 姜国峰. 我国知识产权文化培育研究[M]. 郑州:河南人民出版社,2016,39.

[2] 姜国峰. 我国知识产权文化培育研究[M]. 郑州:河南人民出版社,2016,39.

成果作为财产的一种涉及知识产权事务体制设计和制度安排的社会关系,包括知识产权政策与法律制度、运行制度、管理与服务制度等。通过完善知识产权的相关制度保障知识产权文化培育效果,在整个知识产权文化内容构成中处于第二层次,起保障作用。❶

(三)知识产权物态文化

知识产权物态文化指人们从事与知识产权有关的生产活动方式和产品的总和,这些生产活动和产品既能影响知识产权事务的发生和发展,又是可感知的、具有物质实体的文化事物,属于知识产权文化的外层表现。例如"4·26世界知识产权日""创新展示馆""亚太地区知识产权中心"和鼓励创新的科技创新平台等与知识产权文化培育相关的基础设施建设,也有以文化产品和各种文化形式作为表达方式的文化产业,在知识产权文化内容构成中居第三层次,起支撑作用。❷

(四)知识产权行为文化

知识产权行为文化指面对知识产权价值取向、知识产权行为方式和知识产权行为环境等要素时,人们行为方式和行为结果的总和,包括道德选择、法律遵守及对知识产权文化的弘扬与传播等,在知识产权文化内容体系中居第四层次,起驱动作用。❸

三、知识产权文化的特征

(一)物质依附性和文明性

一个国家知识产权文化的产生和发展都应建立在一定社会的经济基础之上,与这个国家的经济实力和科技发展的客观水平相适应,其物质依附性就表现在它与赖以存在的经济基础的紧密联系上。同时,知识产权是工业文明的产物,随着人类社会由工业经济向知识经济的发展,知识产权文化品位和层次不断提升,它是人类文明和进步发展的重要体现。

---

❶ 姜国峰.我国知识产权文化培育研究[M].郑州:河南人民出版社,2016,47.

❷ 姜国峰.我国知识产权文化培育研究[M].郑州:河南人民出版社,2016,50.

❸ 姜国峰.我国知识产权文化培育研究[M].郑州:河南人民出版社,2016,53.

（二）历史继承性和相对稳定性

所有文化类型都必然是历史的、渐进的。[1]人们是文化的创造者也是文化的承载者，不仅受到已有文化形态的影响，而且在自身的历史活动中传递和延续着特定的文化。知识产权文化具有相对稳定性，其变动速率往往与知识产权制度的变动不同步。

（三）民族性和国际性

各国的知识产权文化与该国家的文化传统、价值观体系是紧密相连的。东西方之间存在文化传统和价值观体系的差异，造成各国的知识产权文化并不相同。同时，知识产权制度的国际性决定了知识产权文化具有很大程度上的国际性。传统本土文化和外来文化之间必须互相学习和相互借鉴，社会才能不断进步。

（四）发展性和能动性

任何民族、国家的知识产权文化都不是一成不变的，而是随着社会经济的发展而不断变化。知识产权制度和知识产权文化之间存在相互能动性，一方面，经济发展和技术进步带来知识产权制度的变迁，要求人们的知识产权意识和价值观念发生相应改变；另一方面，知识产权文化的改变反过来又进一步推动知识产权制度的深度发展。

四、我国知识产权文化培育的目标

就我国知识产权文化培育的目标而言，对知识产权文化内涵的界定，决定了我国知识产权文化培育的目标必须围绕观念文化、制度文化、物态文化与行为文化等进行设计。其中，我国知识产权观念文化培育的首要和核心任务是从观念层面促使全体社会成员提高尊重知识产权的意识；我国知识产权制度文化培育，需要以知识产权制度为切入点，实现构建和谐知识产权新秩序的目标；我国知识产权物态文化培育，需要通过加快促进科技创新载体建设，以及实现创新发展的文化产业建设，不断夯实文化软实力提升基础；我国知识产权行为文化培育，需要从法律和道德两个层面规范全体社会成员知识产权运用的行为，并通过有效的传播渠道，弘扬我国知识产权文化的核心理念，扩大我

---

[1] 埃尔曼．比较法律文化[M]．北京：清华大学出版社，2002：10.

国知识产权文化的影响力,为我国实施创新驱动发展战略指明方向。[1]

(一)增强尊重知识产权的观念

我国知识产权法律制度在很大程度上得益于法律移植,一方面,促使我国在较短时期建立了较为完善的知识产权法律制度;另一方面,也使我国知识产权法律制度因为缺乏本土价值观意蕴而显得水土不服。所以,在我国进行知识产权文化培育,首要任务应该是培养尊重知识、崇尚创新、诚信守法、公平竞争的知识产权观念,进而唤起人们对制度本土化的关注、物质保障的重视以及对行为规范的热衷。[2]

(二)构建和谐知识产权新秩序

就国际市场而言,应该构建和谐的知识产权国际新秩序。当今社会,世界各国越来越倾向于将知识数量和质量的竞争、知识产权经济发展和知识产权规则的制定权竞争作为经济增长的决定性因素。所以,将构建公平参与知识产权市场竞争的国际新秩序作为我国知识产权文化培育的目标之一,既有利于促使我国为了迎合国际规则而不断调整和修改相应的知识产权制度和运行规则,又有利于促使我国致力于改变知识产权国际旧秩序,进而争取实现经济利益的最大化。就国内市场而言,应该构建和谐的知识产权国内新秩序。目前我国已建立了完善的知识产权法律体系,并启动了从国家到地方政府的各级各类知识产权战略或规划,但知识产权的配套法规和利益分配机制仍不健全,一些复杂的知识产权问题尚缺乏明确的法律规制;优胜劣汰、合理配置资源的市场法则体现并不明显,全社会的创造积极性不高等问题仍然存在,在一定程度上影响了知识产权的正常运转和公平参与市场竞争新秩序的形成。所以,将构建和谐的知识产权新秩序作为我国知识产权文化培育的目标之一,有利于不断约束和监督市场竞争主体经济行为的正当性和合法性,营造良性竞争的市场环境,以维护整个国内市场的和谐稳定。[3]

(三)夯实文化软实力提升基础

知识产权文化作为文化范畴的一个子系统,是促进创新、构建和谐社会和

---

❶ 姜国峰. 我国知识产权文化培育研究[M]. 郑州:河南人民出版社,2016,152.

❷ 姜国峰. 我国知识产权文化培育研究[M]. 郑州:河南人民出版社,2016,159.

❸ 姜国峰. 我国知识产权文化培育研究[M]. 郑州:河南人民出版社,2016,161-162.

维护经济秩序的良好文化氛围的重要保障,其培育效果自然会影响国家文化软实力的提升。我国知识产权制度建设起步晚,尚缺乏形成知识产权文化的时间积累和思想沉淀,导致公众知识产权意识不强,盗版、假冒等侵权行为经常发生。我国应以此为鉴,大力培育知识产权文化,完善知识产权管理与服务体系,发展与知识产权文化相关的文化产业,营造一种以崇尚创新、追求创新为价值取向的创新文化。以此不断缩小各国在知识产权制度认识上的鸿沟,缓解国际和区域间的知识产权矛盾和冲突,进而成为推动国家文化软实力提升的重要助力。[1]

(四)规范知识产权运用的行为

知识产权行为文化培育不仅仅有赖于观念的引导,更需要对行为本身的确认,包括法律层面知识产权运用的行为和道德层面知识产权运用的行为,对于促使人们在增强知识产权观念的基础上,形成尊重知识产权的行为自觉性具有重要作用。其中,法律层面知识产权运用的行为指人们在从事与知识产权相关的活动中所发生的具有法律效力、能够产生法律效果的行为,这种行为是人们关于知识产权的一切活动的意识反映,包括不作为的法律行为(又称为消极的法律行为)和作为的法律行为(又称为积极的法律行为)两种。道德层面知识产权运用的行为是个体在一定道德认识、道德情感和道德意志的指引和激励下,在知识产权方面表现出对他人或对社会所履行的具有道德意义的一系列具体行为,包括道德的行为和不道德的行为两种。[2]

五、知识产权文化与知识产权教育的关系

从根本上说,文化与教育相伴而生,二者自身具有一种天然的联系。只有通过教育的不断积累,才能逐渐引导人们形成普遍认可的观念,并最终演化成某种文化。也就是说,教育是文化形成的基础和途径,文化是教育活动的必然后果。文化给教育以社会价值和存在的意义,教育给文化以生存依据和生机活力。[3]这一原理同样适用于知识产权教育与知识产权文化的相互关系。首

[1] 姜国峰. 我国知识产权文化培育研究[M]. 郑州:河南人民出版社,2016,163-164.

[2] 姜国峰. 我国知识产权文化培育研究[M]. 郑州:河南人民出版社,2016,164-165.

[3] 刘西平,曹津燕. 知识产权教育与知识产权文化[J]. 知识产权,2007(1):68.

先,知识产权教育对知识产权文化具有决定性作用。知识产权教育是知识产权文化的基础,如果没有知识产权教育,就很难形成知识产权文化。知识产权教育不仅决定了知识产权文化的内容,还会影响知识产权文化的发展和变化。此外,知识产权文化也必须依赖知识产权教育才能得以传播和发扬光大。其次,知识产权文化也会在一定程度上影响知识产权教育。知识产权文化是被动形成的,是知识产权教育价值的体现,而知识产权教育是主动性实施的过程。因此,知识产权文化的好与不好,会影响知识产权教育的调整。例如,针对我国现实中存在的商标抢注现象以及山寨文化,就需要通过知识产权教育予以避免和解决。总之,知识产权文化的形成,离不开知识产权教育的基础性作用。良好的知识产权文化氛围,必然有助于知识产权教育的全面发展,二者相辅相成、相互促进、共同发展。[1]

【典型案例】

华为的知识产权人才培养

华为公司特别注重知识产权专业人才的选拔和培养,从高层领导者、各级经营管理者、科技工作者到普通员工,对知识产权都有较高的认识。在知识产权专业人才的选拔上,华为公司注重应聘人员的兴趣爱好方向、学历背景、专业背景、英语水平、性格等综合能力和素养。在兴趣爱好上,公司要求新录用人员能爱好知识产权并将知识产权作为长期专业方向;在学历背景上,公司要求硕士以上学历;在专业背景上,注重复合专业背景,一般本科为通信电子专业,硕士为法律或知识产权相关专业;在英语水平上,要求至少大学英语六级,非专利职位,以英语本科优先,口语流利,且通过专业八级;在性格方面,要求新聘人员性格开朗,有很强的沟通和表达能力,能吃苦耐劳,适应在全球各地工作。华为公司在每年的招聘启事中,有校园招聘和社会招聘,不仅注重从高校招收优秀的应届毕业生,同样注重对社会有经验人士的招纳:从其他公司、各个科研院所、海归人员中招聘大量五湖四海的优秀人才为己所有,可以说,华为公司对知识产权的保护做到了全员参与。

在知识产权人才的培养上,不限于知识产权专业人才,每一名员工进入华为公司时,都必须接受知识产权方面的培训,培训内容包括知识产权法律制

[1] 王思锋.知识产权教育与文化建设研究[J].教育评论,2011(4):15.

度，公司内部的文件管理规则、保密措施，专利和商标的申请程序、应用途径、维权手段等。经培训教育后，员工大多能形成自觉保护企业知识产权，遵守国家法律法规和公司规章制度的基本意识。为普及专利知识，华为公司组织了形式多样的专利知识讲座，编发了《专利管理办法》《国内专利申请流程》《国外专利申请流程》等文件，专业知识的普及保证了华为公司的每一项业务都在实体和程序的规范下有序发展。华为公司除注重知识产权基础知识的灌输外，还注重知识产权专门问题的研讨和知识产权发展前沿问题的关注，积极参加知识产权学术会议。

近年来，华为公司招录和培养了大量的具有理工科背景、技术与法律相结合的复合型、应用型知识产权专业人才。专业人员的配备和交叉学科背景人才的大量聘用和培养，使得华为公司对科技、经济、市场和法律等诸多理论和实践有着准确的理解和正确的把握，为公司内部形成高效的沟通渠道奠定了良好的基础，从而保证了企业知识产权保护工作的有序开展和良好效果。公司新的发明创造成果及时申请专利，公司知识产权的利用率、知识产权的商品化率和产业化程度都处于较高的水平。

【基本概念】

知识产权教育；知识产权人才；知识产权文化

【思考与分析】

1. 简述知识产权教育的定义和类型。
2. 简述知识产权人才的素能和分类。
3. 简述知识产权文化的定义和特征。
4. 简述知识产权教育与知识产权文化的关系。

【延伸阅读书目】

[1]陶鑫良. 中国知识产权人才培养研究[M]. 上海：上海大学出版社，2006.
[2]刘鸿锋，等. 中国知识产权高等教育论[M]. 北京：知识产权出版社，2010.
[3]林炳辉. 知识产权文化读本[M]. 北京：知识产权出版社，2008.

主要缩略语

简称	全称
《宪法》	《中华人民共和国宪法》
《刑法》	《中华人民共和国刑法》
《专利法》	《中华人民共和国专利法》
《专利法实施细则》	《中华人民共和国专利法实施细则》
《商标法》	《中华人民共和国商标法》
《商标法实施条例》	《中华人民共和国商标法实施条例》
《著作权法》	《中华人民共和国著作权法》
《著作权法实施条例》	《中华人民共和国著作权法实施条例》
《植物新品种保护条例》	《中华人民共和国植物新品种保护条例》
《反不正当竞争法》	《中华人民共和国反不正当竞争法》
《反垄断法》	《中华人民共和国反垄断法》
《民法典》	《中华人民共和国民法典》
《民事诉讼法》	《中华人民共和国民事诉讼法》
《行政诉讼法》	《中华人民共和国行政诉讼法》
《仲裁法》	《中华人民共和国仲裁法》

参考文献

[1]谢尔曼,本特利.现代知识产权法的演进:英国的历程(1760—1911)[M].金海军,译.北京:北京大学出版社,2006.

[2]孔狄亚克.人类知识起源论[M].洪洁求,洪丕柱,译.北京:商务印书馆,1989.

[3]萨拉特.布莱克维尔法律与社会指南[M].高鸿钧,等译.北京:北京大学出版社,2011.

[4]布莱克.法律的运作行为[M].唐越,苏力,译.北京:中国政法大学出版社,1994.

[5]阿伯特,科蒂尔,高锐.世界经济一体化进程中的国际知识产权法(上册)[M].王清,译.北京:商务印书馆,2014.

[6]默顿.十七世纪英格兰的科学、技术与社会[M].范岱年,等译.北京:商务印书馆,2000.

[7]瓦戈.法律与社会[M].梁坤,邢朝国,译.郭星华,审校.北京:中国人民大学出版社,2011.

[8]斯科奇姆.创新与激励[M].刘勇,译.上海:上海人民出版社,2010.

[9]兰德斯,波斯纳.知识产权法的经济结构[M].金海军,译.北京:北京大学出版社,2005.

[10]渡步俊也.创新人员的知识产权管理:从"技术诞生"到"开放式创新的收益化"[M].陈爱华,蔡万里,译.北京:知识产权出版社,2020.

[11]富田彻男.市场竞争中的知识产权[M].廖正衡,译.北京:商务印书馆,2000:6.

[12] SEARLE N, BRASSELL M. Economic Approaches to Intellectual Property [M]. Oxford: Oxford University Press, 2016.

[13]曹阳.商标实务指南与司法审查[M].北京:法律出版社,2019.

[14]陈昌柏. 知识产权经济学[M]. 北京:北京大学出版社,2003.
[15]陈志兴. 读懂法官思维:知识产权司法实务与案例解析[M]. 北京:中国法制出版社,2019.
[16]崔国斌. 著作权法:原理与案例[M]. 北京:北京大学出版社,2014.
[17]崔哲,裵桐淅,张源埈,等. 知识产权金融[M]. 金善花,译. 北京:知识产权出版社,2017.
[18]单晓光,许春明. 知识产权制度与经济增长:机制·实证·优化[M]. 北京:经济科学出版社,2009.
[19]冯书杰. 商标法原理与应用[M]. 北京:中国人民大学出版社,2017.
[20]冯晓青,刘友华. 专利法[M]. 北京:法律出版社,2017.
[21]傅宏宇,谭海波. 知识产权运营管理法律实务与重点问题诠释[M]. 北京:中国法制出版社,2017.
[22]高志宏. 知识产权:理论·法条·案例[M]. 南京:东南大学出版社,2016.
[23]国家知识产权局. 专利审查指南2010(2019年修订)[M]. 北京:知识产权出版社,2020.
[24]何培育,涂萌. 知识产权行政管理体制变迁及其走向[J]. 改革,2018(3):62-73.
[25]胡海容,杨宇静,曾学东. 地理标志申请与保护实务[M]. 北京:国防工业出版社,2016.
[26]黄晖. 商标法[M]. 北京:法律出版社,2016.
[27]李昶. 中国专利运营体系构建[M]. 北京:知识产权出版社,2018.
[28]李琛. 论知识产权法的体系化[M]. 北京:北京大学出版社,2005.
[29]李春成,等. 知识产权运用理论、政策与案例[M]. 北京:知识产权出版社,2020.
[30]李钟,于立彪. 企业知识产权管理体系构建与运行[M]. 北京:知识产权出版社,2020.
[31]李尊然. 知识产权法律实务[M]. 郑州:河南人民出版社,2019.
[32]林炳辉. 知识产权文化读本[M]. 北京:知识产权出版社,2019.

[33]刘春田. 知识财产权解析[J]. 中国社会科学,2003(4):109-121.
[34]刘春田. 知识产权法[M]. 北京:中国人民大学出版社,2002.
[35]刘德权,王松. 最高人民法院司法观点集成·知识产权卷[M]. 北京:中国法制出版社,2017.
[36]刘鸿锋,等. 中国知识产权高等教育论[M]. 北京:知识产权出版社,2010.
[37]刘华. 知识产权制度的理性与绩效分析[M]. 北京:中国社会科学出版社,2004.
[38]吕淑琴. 知识产权法学[M]. 北京:北京大学出版社,2007.
[39]南振兴,温芽清. 知识产权法经济学论[M]. 北京:中国社会科学出版社,2010.
[40]齐爱民. 知识产权法总论[M]. 北京:北京大学出版社,2010.
[41]山东省知识产权局,等.《企业知识产权管理规范》解析与应用[M]. 北京:知识产权出版社,2016.
[42]邵兴东. 外向型企业应积极实施知识产权管理规范贯标[J]. 对外经贸实务,2019(11):44-47.
[43]四川九鼎智远知识产权运营有限公司. GB/T 29490—2013《企业知识产权管理规范》实施手册[M]. 北京:知识产权出版社,2016.
[44]苏平. 专利法[M]. 北京:法律出版社,2020.
[45]陶鑫良,袁真富. 知识产权法总论[M]. 北京:知识产权出版社,2005.
[46]陶鑫良. 中国知识产权人才培养研究[M]. 上海:上海大学出版社,2006.
[47]田力普. 发明专利审查基础教程[M]. 北京:知识产权出版社,2012.
[48]王洪友. 知识产权理论与实务[M]. 2版. 北京:知识产权出版社,2022.
[49]王迁. 知识产权法教程[M]. 7版. 北京:中国人民大学出版社,2021.
[50]王肃. 企业知识产权管理[M]. 北京:知识产权出版社,2017.
[51]王太平. 商标法:原理与案例[M]. 北京:北京大学出版社,2015.
[52]王小兵. 企业知识产权管理操作实务与法律风险防范[M]. 北京:中国法制出版社,2019.
[53]王珍愚,单晓光. 试析中国政府在培育知识产权文化中的作用[J]. 科学管理研究,2009(4):116-120.

[54]王正志.企业全生命周期知识产权管理策略[M].北京:中国法制出版社,2022.
[55]魏建,周林彬.法经济学[M].北京:中国人民大学出版社,2017.
[56]吴汉东.知识产权法学[M].8版.北京:北京大学出版社,2022.
[57]吴汉东.知识产权制度基础理论研究[M].北京:知识产权出版社,2009.
[58]吴汉东.知识产权总论[M].4版.北京:中国人民大学出版社,2020.
[59]吴汉东,等.知识产权制度变革与发展研究[M].北京:经济科学出版社,2013.
[60]吴欣望.专利经济学[M].北京:社会科学文献出版社,2005.
[61]肖延高,范晓波,万小丽,等.知识产权管理:理论与实践[M].北京:科学出版社,2016.
[62]谢惠加.知识产权法[M].武汉:华中科技大学出版社,2016.
[63]薛虹.十字路口的国际知识产权法[M].北京:法律出版社,2012.
[64]易继明,初萌.后TRIPs时代知识产权国际保护的新发展及我国的应对[J].知识产权,2020(2):3-16.
[65]尹新天.中国专利法详解(缩编版)[M].北京:知识产权出版社,2012.
[66]余平.《科研组织知识产权管理规范》理解与实施[M].北京:知识产权出版社,2020.
[67]张俊浩.民法学原理[M].北京:中国政法大学出版社,1997.
[68]张玉敏.知识产权的概念和法律特征[J].现代法学,2001(5):103-110.
[69]张玉敏.知识产权法学[M].北京:法律出版社,2017.
[70]张志峰.知识产权疑难解答与实务指导[M].北京:中国法制出版社,2017.
[71]郑成思.知识产权法教程[M].北京:法律出版社,1993.
[72]郑成思.知识产权论[M].北京:法律出版社,2003.
[73]支苏平.企业知识产权管理实务[M].北京:知识产权出版社,2016.
[74]周延鹏.知识产权:全球营销获利圣经[M].北京:知识产权出版社,2015.
[75]朱景文.法社会学[M].北京:中国人民大学出版社,2013.

[76]朱雪忠，胡锴．中国知识产权管理40年[J]．科学学研究，2018，36(12)：2151-2153.

[77]朱雪忠，乔永忠，詹映．知识产权管理[M]．3版．北京：高等教育出版社，2022.

[78]朱雪忠．知识产权管理[M]．北京：高等教育出版社，2022.